电网企业财务精益管理创新与实践

嘉兴供电公司管理会计典型案例汇编

黄颖　主编

ZHEJIANG UNIVERSITY PRESS
浙江大学出版社
·杭州·

图书在版编目(CIP)数据

电网企业财务精益管理创新与实践 ：嘉兴供电公司管理会计典型案例汇编 / 黄颖主编. — 杭州 ：浙江大学出版社，2022.11

ISBN 978-7-308-23148-0

Ⅰ.①电… Ⅱ.①黄… Ⅲ.①供电—工业企业—企业管理—管理会计—案例—汇编—嘉兴 Ⅳ.①F426.61

中国版本图书馆 CIP 数据核字(2022)第 189862 号

电网企业财务精益管理创新与实践

——嘉兴供电公司管理会计典型案例汇编

DIANWANG QIYE CAIWU JINGYI GUANLI CHUANGXIN YU SHIJIAN

——JIAXING GONGDIAN GONGSI GUANLI KUAIJI DIANXING ANLI HUIBIAN

黄 颖 主编

责任编辑 陈逸行
责任校对 郭琳琳
封面设计 雷建军
出版发行 浙江大学出版社
(杭州市天目山路 148 号 邮政编码 310007)
(网址：http://www.zjupress.com)
排　　版 杭州朝曦图文设计有限公司
印　　刷 浙江新华数码印务有限公司
开　　本 710mm×1000mm 1/16
印　　张 17
字　　数 321 千
版 印 次 2022 年 11 月第 1 版 2022 年 11 月第 1 次印刷
书　　号 ISBN 978-7-308-23148-0
定　　价 68.00 元

编 委 会

主　编　黄　颖

副主编　林春红　彭　斐　张利炜　刘旭升　张　萍

编　委　郑　辉　凌晓英　胡兆杰　徐文滨　高　露　陆嵊晨

鲁佳茜　陈诗羽　孙晓刚　刘龙米　胡　恒　徐依伟

张　慧　冯志琴　朱美燕　许　玥　俞婷倩　薛　俊

姚　骏　胡松松　庄　谦

前　言

国家电网有限公司历经十余年信息化发展，以提升企业信息流通与运行效率、建设覆盖全业务范围的企业级信息系统为目标，逐步实现主要业务从分散向集中、线下向线上、孤岛向集成的转变，在运信息系统较好地支撑了各项生产经营管理活动。随着企业改革不断深入，财务信息化转型势在必行，国家电网有限公司提出了“财务集约化”概念并成功实施，为财务数字化转型提供了宝贵的实践经验。

国网浙江省电力有限公司是最早实施财务管理信息化的企业之一。国网财务信息化建设经历了从传统手工记账到会计电算化到财务集约化再到数字化转型的历程，一直走在全国企业的前列，为实现“智慧财务”体系奠定了基础，为国家电网有限公司全面推进多维精益管理体系建设提供了浙江经验、浙江做法。

国网嘉兴供电公司在国网浙江省电力公司的统一工作部署下按照输配电价核定方式，调整、改革、优化相关经营管理策略，建立适应输配电价改革和政府监管要求的管理机制，全面完成会计管理化改造，以数字化运营为特征的多维精益管理体系初步建成，进入全面应用和优化提升阶段。

为适应数字经济发展，有力地推动电网企业降成本、补短板、提质量、促发展，总结提炼电力企业管理会计信息化建设经验，国网嘉兴供电公司以近年的管理会计改革创新实践为蓝本，全面开展管理会计典型案例汇编工作，总结管理会计信息化在优化企业资源配置、改善公司治理、强化内控运行、实现价值创造及可持续发展等方面取得的经济效益、社会效益和生态效益，对企业的组织架构、制度安排及运行效率等产生的影响，并提出了管理会计信息化发展展望与规划建议，力争在全省乃至全国的电力企业中起到示范与引领的作用。

回顾国网嘉兴供电公司从创建、历史传承，到机构转制、高速深入发展、取得优异成果的历程，特别是对2018—2020年公司财务数字化转型阶段的管理会计创新与实践成果的总结，“嘉兴供电财务人”更加坚定信心，继续坚持勇于创新的精神，努力在未来企业财务数字化改革的攻坚阶段争创优异成绩，交出满意答卷。

黄颖

2022年7月

目录
Contents

第一章　电力企业财务及信息化发展历程

第一节　国家电网有限公司及其信息化建设现状

一、企业简介

国家电网有限公司成立于 2002 年 12 月 29 日，是根据《中华人民共和国公司法》设立的中央直接管理的国有独资公司，注册资本 8295 亿元，以投资建设运营电网为核心业务，是关系国家能源安全和国民经济命脉的特大型国有重点骨干企业。公司经营区域覆盖我国 26 个省（自治区、直辖市），供电范围占国土面积的 88%，供电人口超过 11 亿。2019 年在《财富》世界 500 强中排名第 5 位。近 20 多年来，国家电网持续创造全球特大型电网最长安全纪录。截至 2020 年 9 月，国家电网已累计建成投运“十三交十一直”特高压工程，成为世界上输电能力最强、新能源并网规模最大的电网。投资运营菲律宾、巴西、葡萄牙、澳大利亚、意大利、希腊等国家和地区的骨干能源网，连续 7 年获得标准普尔、穆迪、惠誉三大国际评级机构主权级信用评级。

二、企业信息化建设情况

国家电网有限公司历经十余年信息化发展，以提升企业信息流通与运行效率、建设覆盖全业务范围的企业级信息系统为目标，经历 SG-ERP 1.0（SG186）、SG-ERP 2.0 和 SG-ERP 3.0 三个阶段，公司信息化建设逐步实现主要业务从分散向集中、线下向线上、孤岛向集成的转变，在运信息系统较好地支撑各项生产经营管理活动。

（一）数字化基础建设取得长足发展

公司已建成央企领先的一体化集团级信息系统，建成北京、上海、陕西三地集中式数据中心，实现两级部署、多级应用，部分系统实现全网一级部署，覆盖公司各级单位、各项业务和各类人员，信息设备超过200万台/套，注册用户超过2亿人，在线用户人数峰值超过1000万人，日均处理业务数据1100万条，有力支撑了约160万名职工、3万亿元营业收入、4万亿元设备资产、近5亿只智能电表的在线管理，为数字化转型奠定坚实基础。

（二）业务应用建设取得积极成效

电力物联网建设方面，公司已在能源生态、企业中台和智慧物联等领域开展了业务探索和试点建设；电网运行业务应用方面，建成规划计划、基建管理、设备运维精益管理等系统，全面支撑电网规划、基建工程管理、设备运维检修、安全风险监督和线损在线监测；企业经营业务应用方面，建成ERP（企业资源计划管理系统）、人力资源、财务管控、现代智慧供应链、数字化审计等系统，全面支撑人财物集约化、精益化管理；客户服务业务应用方面，建成网上国网、用电信息采集、电力交易平台、新能源云、线上产业链金融等系统，全面支撑客户交费、办电、新能源、电动汽车、电力交易、金融交易在线办理。

（三）企业级数据管理和应用持续推进

在总部各业务部门设立数据处，支撑机构新增大数据中心，推动数据管理规范化、精益化。数据管理方面，健全规范公司数据管理标准，构建统一数据模型（SG-CIM）；完成一级部署系统数据资源盘点，在线发布数据目录；出台基于共享负面清单的数据应用授权机制，推进数据共享应用。大数据应用方面，对外立足于服务政府决策、社会治理，在支撑疫情防控和复工复产、住房空置率分析、环保监测、服务小微企业授信、“电力看经济”等方面取得一定成效，受到政府与社会好评；对内立足于服务公司党组决策，服务部门管理和基层业务提升，在台区健康诊断、设备缺陷识别、用户行为分析等方面形成了一系列成果。

（四）跨界融合的能源互联网生态初步构建

通过模式创新和互联互通，在基础资源规模化运营、新业态落地实施、生态建设等领域先行先试，迭代探索，形成一系列创新突破。积极推进新能源云、智慧车联网、能源大数据等新业态、新模式建设和运营，推进公司与政府及各利益相关方的数据共享和交互。组织成立中国电力大数据创新联盟，助力搭建电力大数据产学研用创新平台，推进电力大数据技术创新和产业协同，建立产学研上下游资源共享机制，推动建立电力大数据标准及评价认证体系。

三、企业财务信息化发展与建设

2002 年成立之初，国家电网有限公司及下属各单位就有着较为良好的会计电算化基础。随着企业改革不断深入，财务信息化转型势在必行，国家电网有限公司提出了“财务集约化”概念并成功实施，为财务数字化转型提供了宝贵的实践经验。

（一）财务集约化阶段

所谓财务集约化，是指国家电网公司要求以“实现业务与财务管理的一体化、实现业务流程管理的规范化、实现全面预算管理的网络化”为目标，建设集团账务管理、预算管理、资金管理、收入成本费用管理、在建工程管理、固定资产管理、财务决策支持、财务业务一体化等八大业务模块 18 个子系统的财务信息系统集成平台，达到“横向集成、纵向贯通、信息集中”的建设效果，推动财务管理向价值管理转变。

为了进一步夯实财务管控基础，实现集团资源优化配置，从 2008 年开始，国家电网公司围绕建立健全内部控制机制，大力推行财务管理创新，积极构建以“六统一、五集中”为主线的财务集约化管理体系。

1. 推行“六统一”夯实公司财务管控的政策标准基础

（1）统一业务流程。全面梳理了核算、预算、资产、资金等八大类 200 多项财务管理流程，形成 1 万多条财务主数据标准，明确了与前端业务的衔接集成关系，并在 ERP 中固化应用；对总部、省、市（县）公司三级财务机构的职责权限和管理界面进行了调整优化。

（2）统一组织体系。按照“纵向压缩管理层级、横向归并财务机构”的原则，公司全面清理整合各级、各类财务机构，制定相应的岗位和人员配置标准，统一规范执行。

（3）统一信息标准。引进国际成熟的 SAP（思爱普）集成软件，并以此为基础构建统一的 ERP 系统平台，建立了涵盖供应商、资产分类、银行账户等 12 大类 11615 条主数据标准；制定了 136 项财务与业务信息集成标准；制定了 1.4 万项财务信息编码标准。

（4）统一会计政策。统一制定了会计政策和应用手册，规范了 295 项重要会计政策，对各类财务要素的确认和计量方法进行了全面统一。

（5）统一会计科目。全面修订了《国家电网公司会计核算办法》，规范了各业务板块 28 类 1384 项经济业务的财务处理方法，统一制定发布了覆盖公司各业务板块的1613个会计科目,2258个预算科目。

(6)统一成本标准。在作业分解、典型设计、动因分析基础上,组织制定和实施了统一的标准成本体系,共统一成本支出标准46类、检修运维定额2737项,涵盖了电网检修运维和运营管理各环节。

2.实施"五集中"建立财务资源的集约化管控

(1)实施会计集中核算。实现了集团"一本账"统一管理。公司对4284个会计主体集中部署账务系统,建立并实现了公司总部和网省公司两级数据中心级联,形成逻辑"一本账"。同时,开发应用协同对账平台,实现从业务信息向财务信息的自动转化和报表自动生成。

(2)实施资金集中管理。建成了集中统一、安全高效的资金管理运作体系。建立以集团账户为核心的"资金池"管理体系,实现集团资金的自动实时归集;推行集中支付,建设集团统一结算平台;加强资金安全监控,实现在线监控;深化融资计划管理,统筹安排集团融资规模、结构与进度。

(3)实施资本集中运作。健全完善了资产产权管控体系。将公司整体产权级次基本压缩到4级;对存量固定资产进行全面清查,完成账、卡、物的清理核对;建立了统一、完善、有效的知识产权、品牌和土地使用权等无形资产管理体系。

(4)实施预算集约调控。显著提升了集团全面预算调控能力。公司强化目标预控,将年度预算的编报流程由"两上两下、先上后下"调整为"两下两上、先下后上",实现由公司总部科学主导编制年度预算;在公司总部、省公司建立两级项目储备库,推行项目预算管理。加强预算偏差考核,建立以年度预算为基础、以月度现金流量预算为支撑的财务预算体系。

(5)实施风险在线监控。大幅提升了财务风险管控能力。公司制定了统一的《财务内部控制流程手册》和《财务内部控制评价手册》,建立了重大财务事项报告机制;组织实施财务内部控制评价,推动了各单位财务内控体系的建立和完善;公司总部主导建立了由17类1847条稽核规则组成的稽核规则库,并嵌入财务管控流程,实现在线稽核。

2012—2013年,财务集约化管理信息系统在国网公司层面建立统一的政策、制度和标准体系,统一的业务标准、规范和流程,完善会计核算体系,建立跨行业、跨地域集中核算信息平台,并在此基础上建立集团完整的管控业务体系,帮助国网公司实现财务资源集约化管理的战略目标。

(二)财务数字化转型阶段

随着输配电价改革,国家发展改革委、财政部对电网企业电价和成本监管不断升级，要求电网企业按期披露投资、运行、成本和电价执行等方面信息，划小成本核算单元，从电压等级、成本属性等多维度对业务活动进行记录与反映。传统的以会计科目为核心的单维价值信息反映，已无法适应和满足改革新形势下的政府监管要求和电网企业精益管理需要。

多维精益管理体系是财务核算模式和精益管理模式的深刻变革，多维精益管理变革以价值创造为目标，以数据连接推动业务融合，以数据应用驱动管理变革，以创新实践促进数字化转型，推动价值与业务关联更加紧密，精益管理深度和广度不断拓展，数字化经营能力大幅提升。该体系主要从会计科目设计、管理维度设计、业财信息自动化反映规则设计几个方面出发，落实数据和技术标准，满足外部监管要求，推动业财共建共享，支撑财务转型升级，逐步贯通业财信息链路。具体包括以下四个方面。

(1)构建业务全景系统。该系统覆盖公司的电网、产业、金融、国际化四大板块各类经济业务，在模型参数取值上向监管核价靠拢，实现了在强监管下的公司价值最大化。

(2)建立多维扫描系统。该系统能深入分析影响公司经营的核心变量，对多变量同时变化下的经营指标进行叠加、跨周期测算，提升了总体模型与实际应用场景的契合度。

(3)实现业财融合。将模型数据源向业务前端延伸，为每一个重要数据项找到合适数据源，并通过总体模型与专业模型的信息交互，夯实模型应用的数据基础和测算逻辑。

(4)便捷应用。基于实际需求开展场景化模拟测算，动态展示并应用测算结果，提升依托模型指导实践的能力。

国家电网有限公司 2019 年发布了《特大型电网企业推动数字化转型的多维精益管理变革》相关内容，变革将从构建体系、贯通流程、划小单元、创新应用四个方面进行，基于会计管理化改造、数字化体系搭建和流程在线贯通的价值精益管理，将覆盖到国网 160 万名员工、13 万个基层班组、16 万个作业、4 万亿元电网资产和 4 亿名客户。多维精益管理体系变革工作全面建设规划可以分为以下三个阶段。

第一阶段：2018—2019 年，贯通业务财务流程和信息交互链路，多维度、多渠道反映展示业财信息，实现信息反映精益化。

第二阶段：2020—2021 年，推进价值细化管理到每一个员工、每一台设备、每一个客户、每一项工作，支撑精准评价、激励和业务决策，实现经营管理精细化。

第三阶段：2022—2024 年，内外互联、敏捷响应、智慧共享，实现企业管理精细化。

第二节　国网浙江省电力有限公司财务信息化建设

国网浙江省电力有限公司是中国最早实施财务管理信息化的企业之一，国网财务信息化建设经历了从传统手工记账到会计电算化到财务集约化再到数字化转型的历程，一直走在全国企业的前列，为实现“智慧财务”体系奠定了基础。

一、财务电算化阶段

1986年10月22日，在浙江省电力工业局自行开发的单机版“供电企业计算机辅助财务管理系统”软件的鉴定会上，计算机方面和财会方面的专家一致认定该软件功能较强，使用方便，建议在浙江电力系统内广泛推广，以实现手工记账向计算机记账的过渡，提高财务管理水平。次年3月，绍兴电力局率先在电力系统实现会计核算电算化。1988年12月15日，绍兴电力局申报的“供电企业计算机辅功财务管理系统”被水利电力部科学技术进步奖评审委员会评为四等奖。1991年1月1日起，杭州电力局下属的余杭、萧山、富阳3个县(市)供电局实行会计核算电算化管理，并进行为期3个月的双轨制运行，成为全省第一个实现会计核算电算化的地(市)级电力局。1996年，浙江省电力公司开发了供电企业会计核算辅助系统，1997年开发了供电企业计算机应用系统。截至1990年，浙江省电力工业局举办了80多次计算机培训班；所属的38家核算单位中有28家单位应用计算机进行会计核算，其中16家单位停止了手工核算；1991年起，所属的38家核算单位全部应用计算机进行会计核算，停止了手工核算。

二、财务集约化阶段

1996年，浙江省电力公司的电网自动化程度已在全国处于领先地位，但管理自动化还没有施行。公司决定以财务作为管理自动化的突破口，利用世界银行贷款实施浙电先锋FMIS(The Financial Management Information System，财务管理信息系统)项目，推动浙江电力系统的改革与财务信息化建设。1998年5月，在以北仑二期工程为主贷款的世界银行贷款的技术援助下，浙江省电力公司启动“先锋”号项目，开始建设具有国际先进水平的财务管理信息系统。决定实施FMIS项目是浙江省电力公司财务管理信息系统建设的关键里程碑。

浙江省电力公司于1998年完成了FMIS咨询报告，确定SAP R/3为系统平台，并落实项目实施的具体机构，正式组建了由总经理任领导小组组长的SAP项目指导委员会。1999年8月，浙江省电力公司本部和绍兴电力局的

FMIS 正式上线，12 月通过华东电业管理局会计核算功能验收。项目很快由试点工作进入推广阶段，到 2001 年 12 月 31 日，FMIS 项目已经推广到公司系统内 10 家供电分公司、1 家发电分公司、3 家供电子公司以及公司本部共 15 家单位、32 个会计核算主体。FMIS 项目也发展成为以财务为核心覆盖公司众多职能部门的信息系统。这是浙电 ERP 系统建设的第一阶段。

“FMIS 项目”是浙电“公司化、商业化及 FMIS”项目的简称。浙江省电力公司通过实施 FMIS 项目引入国际先进的管理理念和管理手段，达到信息实时反映和实现远程控制，使业务信息与财务信息在时间上和空间上的基本同步；同时达到整体协调统一，实现财务信息为核心的各种业务信息集成，推进集中式财务管理。“先锋 FMIS 项目” 拥有一个高起点，在实施过程中始终坚持项目指导委员会制定的“核心软件购买为主，开发为辅”“系统采用集中式构架，数据库集中，应用集中”“选用国际先进的 ERP 系统 SAP R/3 系统作为 FMIS 的平台”三大重要决策，采取了循序渐进的方式：就单位而言，先试点，后推广；就应用模块而言，从少到多，先实施财务管理模块，以此为基础，逐步完善其他模块。2002 年 6 月，温州电业局、台州电业局顺利通过 SAP R/3 系统 FI-CO（财务和管理会计）模块的实用化验收，标志着浙江省电力公司 FMIS 系统建设基本完成，投入实际运行。

浙江省电力公司在 FMIS 系统成功上线并推广应用的同时，也着手开始建设企业资源规划（enterprise resource planning，ERP）系统，目的是为实现财务与业务高度集成、业务流程化控制、信息共享、运行高效，能为公司各层面的管理提供决策支持的管理信息系统搭建一个平台；同时完善管理结构，解决先进的自控系统与滞后的管理系统的矛盾。浙江省电力公司从 SAP 物料管理、项目管理、设备管理模块、人力资源管理模块开始试点实施，通过 SAP 系统将物料采购、工程管理、人力资源管理、设备管理、财务管理等业务集成起来，实现数据的共享以及对业务流程的全过程管理，逐步形成浙电的企业资源规划系统。

2002 年，浙江省电力公司现代化管理企业资源计划软件进一步推广，10 个地区供电局全部实现财务模块单轨制运行，SAP 的项目管理（PS）模块扩展应用在绍兴电力局获得成功。2004 年，国网浙江省电力有限公司引进全面预算管理的理论体系，设计了结合公司实际的预算管理业务模式与详细业务流程体系，建立了以 SAP 与 Hyperion 为平台的预算管理系统，为公司推行全面预算管理奠定了坚实基础。通过建立统一的 Hyperion 预算管理系统，实现信息共享，帮助各个地区局编制、审批各种业务预算。同时，通过 Hyperion 预算管理系统和 SAP 系统的有效集成，确保预算编制、审批、分析以及预测在 Hyperion 预算管理系统完成，预算的执行和控制在 SAP 系统实现。

2006年，浙江省电力公司推进SAP系统财务应用，扩大覆盖范围，在浙江省电力试验研究院、浙江电力教育培训中心成功上线SAPFI/CO模块，杭州市电力局电费账务中心进入配置阶段。展开营销系统和SAP系统接口工作，建立财务营销一体化体系，实现电费收入的资金流、业务流、信息流三流合一。积极配合实施财务数据仓库SAP BW项目，为公司领导建立"财务管理驾驶舱"，提供实时查询分析平台，便于公司领导及时掌握公司系统经营状况，有效提高财务报表数据的利用效率。充分利用新型金融工具，在嘉兴局、公司本部试点网上报销系统，减少现金收付流转，提高财务日常服务工作效率。2007年2月9日，浙江省电力公司印发《"营销系统与SAP财务接口"项目协调启动会议纪要》。会议要求加快建设省电力公司营销系统与SAP财务接口，切实做好项目的设计、开发工作；确认此次项目目标及范围；成立项目小组，明确项目小组主要成员及职责、确认项目试点实施阶段及时间计划。通过建立省电力公司新一代营销系统与SAP系统的接口，实现电费相关财务会计信息的电子化交互。具体内容包括：实现新一代营销系统与SAP系统、银电联网系统与SAP系统之间电费核算、收费等会计信息的自动化、电子化数据传输；保证新一代营销系统中的账务数据与SAP系统财务数据的一致性；增强新一代营销系统与SAP系统、银电联网系统与SAP系统之间财务数据的共享和交互，提高数据的准确性和时效性。

浙江省电力公司于2009年统一业务流程，加强信息集成。统一信息的分类标准、编码标准、业务流程和集成标准，从业务源头出发，规范业务信息流，实现财务与其他业务的横向集成。全面推进财务管控系统上线工作，稳步开展会计核算、报表管理、预算管理、资金管理、电价管理、产权管理、评价稽核、综合管理八大模块的实施。网上报销系统统一设置参数和流程，制定网上报销系统典型设计，为实施财务集约化管理提供有力的支撑。

2010年10月21日，浙江省电力公司成立财务信息化领导小组和专业工作组。12月，浙江省电力公司统一部署了公司内省市县ERP一体化系统建设，财务管理、人力资源、物料管理、项目管理、设备维护管理模块协同推进。

2011年8月起，浙江省电力公司实现"一键式"快报单轨运行，每月1日24时锁定并自动抽取账务和快报数据。2011年9月28日，浙江省电力公司就推广实施县局财务与营销应用协同作出部署，分4批在64家单位实施营销系统与SAP系统的集成。

根据财政部《会计基础工作规范》《会计电算化工作规范》《国家电网公司会计基础工作规范(试行)》及其他有关规定，2012年7月10日，浙江省电力公司印发《财务信息化管理办法》，以提升公司财务信息化管理水平，支撑"三集五大"体系建设需要，促进公司财会工作更加集约、高效、健康、可持续地发展。

国网浙江省电力有限公司于2018年试点上线国家电网商旅App，员工可以通过手机终端走报销程序。公司还推进财务机器人研发进度，实现财务物资结算、自动销账等财务机器人的实际应用。

2019年8月29日，国网浙江省电力有限公司为进一步加强公司风险防控，有效提升在线稽核工作效率和质量，在公司系统各单位全面推广应用开展财务智能稽核平台。

三、财务数字化转型阶段

2018年6月，国家电网有限公司启动多维精益管理体系变革工作。国网浙江省电力有限公司作为综合试点单位，坚持“业财协同、共建共享、统筹规划、有序推进”的原则，以“管理模式创新＋业务模式整合＋IT新技术应用”为主线，积极顺应能源革命和数字革命融合发展新形势，聚焦数字驱动创新发展和价值创造，全力推进核心维度及管理维度建设、损益类科目切换、资产负债类科目切换、“四个一”价值精益管理等多维精益管理体系建设任务。2018年9月，国家电网有限公司率先实现SAP系统自动出具全口径监审报表，实现输配电成本按业务环节、电压等级、资产类型和用户类别进行披露，为国家电网有限公司全面推进多维精益管理体系建设提供了浙江经验、浙江做法。

根据国家电网公司要求，2019年1月，国网浙江省电力有限公司完成损益类科目切换。12月，杭州、宁波、嘉兴、绍兴供电公司四家试点单位，分别完成“每一台设备”“每一类客户”“每一项工作”“每一个员工”专项试点建设任务。2020年1月，以资产负债类科目顺利切换为标志，公司全面完成会计管理化改造，以数字化运营为特征的多维精益管理体系初步建成，进入全面应用和优化提升阶段。2020年3月，与互联网部、国网杭州供电公司、国网台州供电公司、国网金华供电公司和国网温州供电公司协同试点开展业务中台和数据中台建设，提高公司财力资源数字化服务能力。2020年4月，全省推广应用多维成本分析、每一项工作应用，推动输配电成本多维度分析、项目全过程管控分析。2020年5月，与金融产业单位合作，基于区块链技术，打造新型供应链金融平台，解决传统供应链金融无法多级供应商穿透的难题，助力中小微企业复工复产，打造电力能源价值生态圈。2020年11月，全省推广应用客户经济账，客户经济账、营销成本多维洞察等成果在营销服务投入与客户拓展、精准营销、优质服务等方面的应用；全省推广应用设备经济账，推动设备经济账、检修成本多维洞察等成果在检修策略优化，提升设备运检质效等方面的应用。2020年12月，国网湖州供电公司试点建设供电所数字化运营平台，服务各专业部门、各管理层级辅助经营决策，引导供电所运营质效最优化。

国网浙江省电力有限公司通过自动竣工决算、财务物资结算机器人等应用，极大地推动了流程自动化，大大减轻了业务人员、财务人员的工作压力，为解放劳动力、向财务数字化转型提供了有力支撑，并通过预算大数据管控、项目资产一体化管理、财务智能稽核、资金日排程、多维精益体系、智慧税管家等“大、云、物、移、智”方面的财务创新应用，显著提升预算管理、项目资产管理、稽核管理、资金管理、核算管理等财务管理水平，在财务数字化转型、“智慧财务”建设的道路上干在实处、勇立潮头。

第三节　国网嘉兴供电公司财务及信息化发展历程

国网浙江省电力公司嘉兴供电公司(简称嘉兴供电公司)，是浙江省电力有限公司下属公司，在国网公司及省电力公司财务信息化建设发展的背景下，同样经历了从传统手工记账核算到电算化、集约化、数字化转型的阶段，不仅完全按上级公司要求完成各项财务核算与管理工作，也结合本级电网建设及供电业务的特点，积极深入开展管理会计创新与实践并取得优异成绩。

一、传统手工记账核算阶段

1910 年 7 月，嘉兴地方绅士金沧伯等人向社会招股集资 5 万银圆，创办了民营嘉兴永明电灯公司。1912 年，永明电灯公司成功发电，为嘉兴地区有电之始。嗣后，该公司在海宁、海盐、平湖、桐乡等县相继建厂，直配供电。1919 年，该公司更名为嘉兴永明电气股份有限公司。1937 年冬，嘉兴沦陷，嘉兴永明电气股份有限公司被日商华中水电株式会社吞并，改名嘉兴电厂，各县电厂大部分倒闭。1945 年 10 月 9 日，国民政府经济部战时生产局苏浙皖区派官员蒋抚青，接收日本侵略军掠夺后的嘉兴电厂，复名嘉兴永明电气股份有限公司。民国时期，各发电厂独立核算、自负盈亏。

1949 年 5 月，嘉兴市解放。12 月 31 日，全市共有 22 家电厂，发电装机总容量 4619 千瓦，年发电量 873.5 万千瓦时。1953 年 7 月，永明电气公司实行公私合营。1957 年，杭州至海宁的 35 千伏杭州输电线路及长安变电站建成投运，不仅促进了农村电力排灌，而且推动了嘉兴电网建设。1960 年 10 月，嘉兴电厂更名为嘉兴县电力公司，由县工业局管辖。1961 年 7 月，110 千伏嘉兴变电站建成投运，嘉兴电网并入浙江电网。1962 年 7 月，嘉兴供电局成立，隶属浙江省电业管理局，对嘉兴、平湖、嘉善、海宁、海盐、桐乡、吴兴、长兴、德清 9 个县的电力公司实行统一领导，财务管理实行“统收统支”，即所有收入全额上缴，各项支出由嘉兴供电局按季下达指标。同年9月，110千伏石门变电站投产，与110千伏嘉兴变电站有一条110千伏线路相连，从而形成了当时“一线两变”的嘉兴电网雏形。1977年12月，220千伏南湖变电站建成投运，成为浙江电网和上海电网的一个连接点，同时成为嘉兴电网的主电源。

1978年6月，嘉兴供电局更名为嘉兴电力局。1980年6月，开展清产核资工作，通过实物资产盘点进行价值重估，重新核定企业资产的价值，从而解决账面与实际价值相背离的问题。1982年7月，所属县(市)电力公司更名为相应的县(市)供电局。1984年5月，湖州供电公司及长兴、德清、安吉三县供电局从嘉兴电力局分出成立湖州电力局。

二、财务电算化阶段

1987年1月，嘉兴电力局着手开展会计电算化的应用工作，开始使用浙江省电力公司自行研发的会计电算化软件，纸质账簿与电子记账双轨运行。两年后通过浙江省电力公司验收，从1990年1月1日开始，实现完全独立的电子记账。

1991年，嘉兴电力局(含各县供电局)实现会计电算化应用全覆盖，开展财务知识讲座培训，对非财务人员(重点针对相关领导)普及财务知识。

1993年，在中国经济体制改革的背景下，嘉兴电力局开展新老会计制度转轨、清产核资、电费电价改革和经营承包责任制等重大工作。6月，完成新老会计制度转轨工作。是年，嘉兴电力局成立清产核资领导小组及清产核资工作小组，开展清产核资工作，夯实了会计电子数据的准确性与可靠性。

1995年，嘉兴首个资金结算中心在桐乡落地，以进一步提升资金利用率。是年，嘉兴电力局对集体企业开展会计电算化应用业务指导，于1996年全面完成会计电算化在集体企业的推广运用。

1999年，嘉兴电力局制定农电体制改革中农电资产清查和农电财务合并工作方法，落实开展农电资产清查和农电财务并账工作，本部的会计基础工作通过嘉兴市财政局会计基础工作规范化验收。

三、财务集约化阶段

嘉兴电力局先后于1999年和2002年分两期采用了SAP R/3系统中FI(财务管理)、CO(成本管理)、AM(固定资产管理)、PS(项目管理)和PM(生产管理)等模块，将当年传统手工核算记账的财务管理模式改造成以翔实的财务信息集成为基础，可以实时进行决策控制和科学预算的现代型企业雏形。

2000年，嘉兴电力局财务管理信息系统(FMIS-SAP)初步建设完成，分批分次对财务人员进行 SAP 专业培训。

2002 年，嘉兴电力局开展全面预算管理工作，结合 Hyperion 软件开展预算管理模块设计，实现预算编制集成性、预算控制动态性、预算反馈及时性的目标。

2004 年 9 月，嘉兴电力局所属县供电局 ERP 项目正式启动，采用德国 SAP 系统，首期实施的 FICO(财务模块)，为新会计制度的实施打下基础。

2005 年 1 月，嘉兴各县供电局全面实现财务核算统一在 SAP 系统中进行。嘉兴电力局财务 SAP 项目上线基金模块，实现财务管理与成本控制应用，同时进行总账会计、应收应付管理、资产管理、成本中心管理、内部订单管理和基金管理等项目的应用，为网上报销项目的上线运行奠定了基础。

2006 年 5 月，嘉兴电力局县级供电企业 SAP 项目二期全部通过验收，全局实现人力资源、财务、物资、设备和项目等业务在 SAP 平台上的集成和运用，为浙江省电力系统内首家，处于国家电网公司系统前列。12 月，浙江省电力公司新一代营销系统在嘉兴滨海分局成功试点上线，并在全省推广，加快新一代营销系统与 SAP 财务接口建设。是年，嘉兴电力局组建电费管理中心，成为全省地市电力局中首家实行财务扁平化管理的单位。

2007 年 1 月，嘉兴电力局 SG186-SAP 财务网上报销项目正式启动，分为项目准备、业务蓝图、系统实现、最后准备和上线支持五个阶段。6 月，嘉兴电力局副总会计师包志法调入浙江省电力公司财务部。是年，嘉兴电力局开展网上报销系统(一期)全省试点工作，建立统一规范的网上报销平台，实现报销流程规范化，审批流程透明化。

2009 年 3 月，南湖、秀洲、滨海三个分局的网上报销系统(二期)同时上线，网上报销项目在嘉兴局实施工作全面完成。

2010 年 8 月，嘉兴电力局开通网上支付宝缴电费业务。是年，嘉兴电力局以 SAP、企业门户、海波龙、网上报销等信息化系统为预算管理服务，通过信息化建设实现对预算执行的控制、实现业务预算与财务预算的协同。

2011 年 4 月，省地县一体化 ERP 全覆盖项目实用化检查专家组，开展对嘉兴下属五个县局的 ERP 实用化检查工作。10 月，嘉兴电力局会计核算中心成立。11 月，嘉兴电力局财务集约化深化应用工作通过浙江省电力公司验收。

2013 年 4 月，嘉兴海盐县供电公司率先在全省开展原始凭证电子化试点工作，并制定《海盐县供电局原始凭证电子化管理规范》，从 5 月 1 日起，对原始凭证审核管理、电子化操作、项目报销、一般费用报销管理等方面进行电子化规范。

2013 年 7 月，嘉兴电力局改制为国网浙江省电力公司嘉兴供电公司(以下简称嘉兴供电公司)。

2014 年 5 月，嘉兴供电公司成为浙江省电力公司市县财务“一体化”管理试点单位，10月，嘉兴供电公司市县财务一体化管理上线试运行，翌年1月正式运行。是年，国网海宁供电公司依托远方公司软件进行资产管理，从业务端发起流程，再从财务侧同时维护，提高设备资产联动率。

2015年，嘉兴供电公司建立地市层面的内控体系建设，成立风控及内控委员会组织机构，编制内部控制和评价手册，提升企业经营全过程管理能力。是年，开展国网基建辅助转资试点项目，开发应用辅助出具竣工决算报表的系统工具，出具国网公司统一格式、内容、维度等信息的竣工决算报表。12月，嘉兴供电公司总会计师余立军调入国网宁波供电公司任总会计师，由黄颖任嘉兴供电公司总会计师至今。

2016年，嘉兴供电公司编制"营改增"费用报销指南，梳理相关业务，防范税务风险。5月，嘉兴营财一体化正式上线，实现应收电费核算到户、充值卡税金自动计提等功能。

2017年4月27日，嘉兴供电公司SG186-SAP/R3财务网上报销项目正式启动。该项目整个实施过程共分成项目准备、业务蓝图、系统实现、最后准备和上线支持五个阶段。该项目在嘉兴供电公司本部、四个工区（线路、修试、变电运行、运检）、三个供电分局（南湖、秀洲、滨海）获得应用。10月，项目上线后，费用的申请、制单、审验、审批和付款的所有流程在网上流转完成，彻底改变了传统的财务报销纸质填写和审批的模式。在此基础上，是年，嘉兴供电公司试点应用资金分级授权体系，完成集团账户搭建，推行"一市一行一户"；创新"轻量化"支付模式，优化居民的光伏业务，利用系统数据率先实现居民光伏代开发票批量开具功能，提升财务结算工作效率。

四、财务数字化转型阶段

2018年2月，国网浙江省电力公司嘉兴供电公司更名为国网浙江省电力有限公司嘉兴供电公司。同年，嘉兴供电公司分布式光伏结算"微应用"上线运行，在公司所属各单位范围推广运用，并在国家电网系统推广上线。是年，嘉兴供电公司开展多维精益管理体系建设工作，成为首批三家开展落地方案编制工作的单位之一，承担了四大类子方案建设工作，完成多维管理报表编制。

2019年，嘉兴供电公司多维精益管理体系变革工作进一步深化，"四个一"的建设将推进企业价值管理细化到每一个员工、每一台设备、每一个客户和每一项工作，是财务数字化转型重大任务。国网浙江省电力有限公司作为国家电网有限公司综合试点单位，选取了嘉兴供电公司等四家供电公司作为试点单位，由其承担"四个一"专项试点任务。是年，嘉兴海宁建成全国首个城市级能源互联网示范项目，区内可再生能源100%接入并消纳，清洁能源、高效电网、低碳建筑、智慧用能、绿色交通广泛开放互联，实现电网侧与消费侧的绿色共享。

2020 年，嘉兴供电公司财务与运检专业联合行动，于 3 月对逾龄输电线路开展技术鉴定，通过资产溯源、制定线路地理走向图等方式核对线路铁塔、导线的实际参数，共盘查出 25 条满足正常运行要求的逾龄输电线路，总价值 0.17 亿元，评估价值 2.06 亿元，实现增值 1.89 亿元。同月，嘉兴供电公司与嘉兴市税务局建立联合工作机制，通过构建税电融合指标，共享企业增值税发票和用电数据，从销售经营和生产运行角度综合反映全市各行业和规上企业生产经营效率效益变化情况，编制的《税电融合大数据分析报告》准确地反映企业达产复销情况，深入挖掘经济运行信息，为服务政府决策提供数据支撑。7 月，嘉兴供电公司与嘉兴市税务局联动完成浙江省电力类非税收入明细申报管理试点中的数据清分和初步筛选匹配工作，嘉兴平湖、湖州安吉先行开展涉电类非税收入明细申报管理试点工作。8 月 10 日，嘉兴全社会用电负荷历史首破千万千瓦，达到 1010.1 万千瓦。8 月 11 日，国网海宁市供电公司与海宁市税务局联合分析工业经济发展情况，开出全省首张县级“税电融合”分析单。是年，嘉兴供电公司部署 109 项提质增效重点任务，完成电费资金“省级直收”试点工作。26 个营业厅入驻政府便民服务中心，完成直接交易电量 162.72 亿千瓦时。市县一体推进闲置房地产资源置换，换入资产 2.62 亿元。

第二章　我国电价市场化及电力企业财务管理改革

第一节　我国电价市场化改革历程

电是工业产品的一种，但与其他所有产品不同的是，电是无法储存的(在储能技术得到大规模推广应用前)，即电是实时生产、实时消耗、动态平衡的。因此，电没有库存。作为一种没有库存的产品，理论上其价格会因为缺乏调节工具而出现极端剧烈的波动。因此，对于电价的管控就成为必需，电价也呈现出极强的政策管制属性。

国内电价的形成机制随着电力供求关系、市场结构的变化而多次调整。1985 年以前，我国电力工业发、输、配、售电一体，尚未形成独立的上网电价。1985 年后，为鼓励电力投资，先后出现了“还本付息电价”“燃运加价”“经营期电价”等多项电价政策，有力引导了资源参与电力工业建设，但并未形成市场化的概念。

一、建立合理的市场化电价形成机制

1995 年 12 月 28 日经人大常委会审议通过并自 1996 年 4 月 1 日起施行的《中华人民共和国电力法》在第五章中对于电价做出了如下定义:“电价，是指电力生产企业的上网电价、电网间的互供电价、电网销售电价。”这成为上网电价、输配电价、销售电价的初步设定。

2002 年以来，与电力体制改革的进程和需要相适应，国家在推进输配电价改革、完善输配电价制度、规范输配电价管理等方面实施了一系列改革措施。

国务院于 2002 年 2 月颁布《关于印发电力体制改革方案的通知》(国发〔2002〕5 号)，明确提出“建立合理的电价形成机制。将电价划分为上网电价、输电电价、配电电价和终端销售电价”。2003 年 7 月，国务院颁布《关于印发电价

改革方案的通知》(国办发〔2003〕62 号),明确将输电电价与配电电价合并称为输配电价,并且提出了输配电价改革的原则、步骤和输配电价体系。

2004 年 11 月 11 日,国家发展和改革委员会办公厅印发《关于在华东地区进一步开展输配电价和销售电价改革试点工作的通知》(发改办价格〔2004〕2070 号),华东电网公司会同华东各省(市)物价、电力部门对输配电价和销售电价改革试点工作进行了研究,提交了研究工作大纲和初步的测算方案,改革试点基础工作取得了阶段性进展。为了进一步推进华东地区输配电价、销售电价改革试点工作,确定华东地区输配电价及销售电价改革试点工作小组由华东区域电网公司,上海、江苏、浙江、安徽、福建省(市)物价局、电力公司参与组成,国家电网公司派员参加,其中华东区域电网公司为牵头单位,上海市发展和改革委员会负责协调汇总各省(市)物价部门的意见。

2005 年 3 月,为了推进电价改革的实施工作,促进电价机制的根本性转变,国家发展和改革委员会颁布《关于印发电价改革实施办法的通知》(发改价格〔2005〕514 号),制定《上网电价管理暂行办法》《输配电价管理暂行办法》《销售电价管理暂行办法》三个电价管理办法,进一步明确了输配电价改革的具体内容,提出了输配电价管理的原则,明确了输配电价体系、输配电价确定的基本原则和方法等内容,规定按照平均销售电价扣减线损电价、平均购电价格的原则,核定并公布了各省级电网 2006 年和 2007 年的输配电价暂行标准。国家电力监管委员会于 2005 年 7 月制定了《输配电成本核算办法》(电监价财〔2005〕16 号),于 2007 年 7 月制定了《跨区域输电价格审核暂行规定》(电监价财〔2007〕13 号)。

为逐步建立独立的输配电价体系,推进电力市场建设和大用户直购电试点工作,国家发展和改革委员会、国家电力监管委员会等部门于 2009 年启动发电企业与大用户直接交易试点,对不同电压等级输配电价的核定提出了一个原则性的处理意见。2010 年 5 月,国务院颁布《关于 2010 年深化经济体制改革重点工作的意见》(国发〔2010〕15 号),要求"推进电力体制改革,完成电网企业主辅分离改革,制定输配电体制改革试点工作意见,研究制定农电体制改革方案并开展试点"。6 月,国家发展和改革委员会颁布《关于开展输配电价研究测算工作的通知》,决定在全国开展输配电价研究测算工作。通知要求以电网企业实际财务数据为基础,研究测算省级电网企业目前实际的输配电价标准,根据电价改革的要求,测算省级电网企业准许收入和相应的输配电价标准,并在以上测算基础上,研究提出理顺各地输配电价的目标、步骤及配套政策措施。

二、实施独立输配电价监管阶段

2014 年 10 月，国家发展和改革委员会印发《关于深圳市开展输配电价改革试点的通知》（发改价格〔2014〕2379 号），标志着新一轮输配电价改革工作正式开始。该文件在新一轮输配电价改革各试点中首次明确了“准许成本加合理收益”的独立输配电价监管模式，提出以三年为周期进行电价监管，建立输配电价激励约束机制，同时设立平衡账户平抑电量波动对电网企业准许收入回收的影响等。

2015 年 3 月，中共中央、国务院颁布《关于进一步深化电力体制改革的若干意见》（中发〔2015〕9 号），提出电价改革重点在实施独立输配电价监管，完成了第一个监管周期省级电网、区域电网和专项输电工程独立输配电价监管的全覆盖。同年 6 月，国家发展和改革委员会、国家能源局联合印发《输配电定价成本监审办法（试行）》（发改价格〔2015〕1347 号），明确了输配电定价成本的范围、参数及核定方法，为规范输配电定价成本监审行为，提高输配电价制定的科学性、合理性和透明度提供了理论依据和支撑。

2016 年 9 月，国家发展和改革委员会印发《关于全面推进输配电价改革试点有关事项的通知》（发改价格〔2016〕2018 号），在已开展 18 个省级电网输配电价改革试点的基础上，要求进一步提速输配电价改革试点工作，在浙江等 14 个省级电网全面推进输配电价改革试点。12 月，国家发展和改革委员会印发《省级电网输配电价定价办法（试行）》（发改价格〔2016〕2711 号），在全国范围内全面推行省级电网输配电价改革，建立规则明晰、水平合理、监管有力、科学透明的独立输配电价体系。

2017 年 7 月，国家发展和改革委员会发布《关于核定河南等 12 个省级电网 2017—2019 年输配电价的通知》（发改价格〔2017〕1261 号），制定省级电网首个监管周期输配电价，同时要求：积极推进发电侧和销售侧电价市场化。参与市场交易的发电企业上网电价由用户或市场化售电主体与发电企业通过自愿协商、市场竞价等方式自主确定，电网企业按照本文件核定的输配电价收取过网费。参与电力市场的用户购电价格由市场交易价格、输配电价（含线损和交叉补贴）和政府性基金及附加组成；未参与电力市场的用户，执行政府规定的电价。

2018 年 8 月，国家发展和改革委员会发布《关于降低一般工商业电价有关事项的通知》（发改价格〔2018〕500 号），以贯彻落实中央经济工作会议关于降低企业用能成本和《政府工作报告》关于降低一般工商业电价的要求，通过全面落实已出台的电网清费政策、推进区域电网和跨省跨区专项工程输电价格改革、进一步规范和降低电网环节收费、临时性降低输配电价等措施，落实一般工商业电价平均下降10%的目标要求，进一步优化营商环境。

2019年5月，为提高输配电价制定的科学性、合理性和透明度，国家发展和改革委员会、国家能源局印发《输配电定价成本监审办法》(发改价格规〔2019〕897号)，进一步完善对电网输配电成本的监管，规范输配电定价成本监审行为，促进电网企业加强成本管理。

2020年1月，国家发展和改革委员会印发《关于核定2020—2022年省级电网输配电价的通知》(发改价格规〔2020〕1508号)，在严格成本监审的基础上，制定省级电网第二监管周期输配电价，标志着中国输配电价监管体系日趋完善。

第二节　浙江省电力企业财务改革及面临的挑战

一、国网浙江省电力有限公司改革

国网浙江省电力公司于2016年积极响应政府供给侧结构性改革号召，严格执行降低电价政策，降低企业用能成本。开展两批次电力用户与发电企业直接交易，提升电力市场化运作水平，缓解电价矛盾，得到浙江省委、省政府主要领导的充分肯定。

2017年，国网浙江省电力公司积极配合第一轮输配电价成本监审工作，积极向政府部门做好汇报沟通。2017年7月，国家发展和改革委员会批复浙江省2017—2019年首个监管周期分电压等级输配电价水平。8月，浙江省物价局印发《关于浙江省电网2017—2019年输配电价有关事项的通知》(浙价资〔2017〕122号)，明确2017年7月1日起执行新的输配电价。国网浙江省电力有限公司全面宣贯国家价费政策，严格执行核准输配电价，落实国家取消和降低基金附加征收标准等相关政策，退补清算电费和基金；同时，配合开展哈郑线、宾金线特高压专项输电成本监审，开展电价交叉补贴量化，研究持续优化光伏结算管理系统，优化购电业务流程。

2018年9月，国家发展和改革委员会印发《关于降低一般工商业电价有关事项的通知》(发改价〔2018〕1191号)，要求各地完善两部制电价制度，两部制电力用户可自愿选择按变压器容量或合同最大需量缴纳电费，也可选择按实际最大需量缴纳电费，以减轻有关企业用电负担。是年，国网浙江省电力有限公司优化集团账户和电费账户“一市一行一户”模式，提高内部点解结算效率。同时，有效落实大用户直接交易、一般工商业电价调整、临时接电费清退等政策，坚决落实国家降价降费部署，降低一般工商业电价，减轻企业电费支出。配合做好清理转供电加价工作，集中清退临时接电费，开展浙江电力市场技术支持系统建设，主动延伸投资，将小微企业接户线、表箱费用改由电网投资，降低接电成本。

国网浙江省电力有限公司于2019年坚决落实国家降价降费工作部署，执行降低一般工商业电价政策，通过降低高可靠性供电费、完善电力用户基本电价执行方式等举措，完成跨区域省间富余可再生能源现货交易，在减轻浙江生态压力的同时，支持全国解决弃水、弃风、弃光问题。

2020年，新冠肺炎疫情发生以后，国网浙江省有限公司坚决贯彻落实党中央、国务院决策部署，统筹做好疫情防控，服务经济社会发展，先后制定5批42项举措，做好“六稳”工作，落实“六保”任务。在降低用电成本方面，公司坚决落实阶段性降低用电成本政策，专题研究制定8项举措，2月1日—12月31日，减免非高耗能大工业企业电费的5%和非高耗能一般工商业企业电费的5%，延长支持性两部制电价政策执行期限，支持大工业和一般工商业企业复工复产。公司多措并举落实各项降电费举措，确保电力客户应知尽知、政策红利应享尽享。公司创新开发全国首个“转供电费码”，通过比对客户电价信息确定电费减免政策是否执行到位。9月8日，江浙沪皖四地电网企业在杭州签订《长三角区域省间配电网互联互供电费结算意向协议》，明确了长三角区域配电网互联互供电费结算机制。

二、电网企业财务改革面临的挑战

电网企业传统主营业务的盈利模式由购销价差转变为输配电“合理成本+准许收益”。在这样一种模式下，输配电价很大程度上决定了公司经营效益，进而影响企业投资能力、成本费用和薪酬水平等各个方面。2018—2020年，电网企业财务改革面临以下挑战。

(一)第二轮输配电价改革背景

受全球经济不确定性增大、贸易摩擦负面影响加剧、我国主动调整经济结构等因素综合影响，经济下行压力不断增大，特别是浙江省外向型特征明显，受全球经济环境的影响更大、变数更多。

(二)国家降价减负要求

面对错综复杂的国内外经济形势，为增强我国企业的竞争力，党中央、国务院要求采取有力措施降低实体经济负担。2019年1月末，国务院总理李克强单独召集部分央企负责人，要求央企带头降价，目的就是给制造业减负。同年3月5日，李克强在《政府工作报告》中明确提出，深化电力市场化改革，清理电价附加收费，降低制造业用电成本，一般工商业平均电价再降低10%。

（三）企业经营形势

2018年，为贯彻国务院一般工商业降价10%的要求，电网企业经营压力普遍增大，国网系统内已有9家网省公司亏损，亏损额超过90亿元。与此同时，受贸易摩擦、产业结构调整、能源"双控"等内外因素共同影响，售电量增速放缓，经营形势不容乐观，严重影响公司的投资能力和可持续性发展。

（四）输配电价改革更加严苛

国家发展改革委价格司拟通过调整定价机制、改变核价参数等方式，并实施最严格的成本监审等措施筹措降价资金来源。从修订办法看，不考虑新增投资和新增电量核定输配电价，同时下调部分参数取值，把成本审核标准具体化，消除自由裁量权，并采取严格监审。从成本监审程序看，建立两级团队（"一线监审团队＋二线督战队"），流程上采用标准流程，鼓励各省成本监审组提前进点。

（五）成本监审原则要求

结合《输配电定价成本监审办法》和《政府制定价格成本监审办法》（国家发展改革委2017年第8号令）要求，2018—2020年成本监审思路将按照一致性、合法性、相关性、合理性原则开展审查。

1. 一致性原则

一致性原则是指上报的定价成本数据应与企业实际账面数据、实际业务数据均保持一致。根据规定，经营者拒绝提供成本监审所需资料，或者提供虚假资料、不完整提供资料的，定价机关可以中止成本监审、按照从低原则核定成本。一致性审核重点体现在"账表审"，通过公司提供的账面数据，进而对提供的会计报表、统计台账、监审报表上报数进行了详细校核后，确定公司监审账面数据。监审过程中，部分单位的会计报表同会计账面数据存在差异，对最终监审账面上报数的确定带来了不利影响。要求各单位进一步加强会计信息质量管理，确保证、账、表数据的一致性；对差异情况积极做好沟通解释。

2. 合法性原则

合法性原则是指计入定价成本的各项费用必须符合国家有关法律、法规和财务会计制度等规定。合法性审核主要体现在"政策审"，主要强调电网投资要纳入政府规划并履行相关审批程序，输配电成本列支要依法合规，以会计法规为依据对上报资料进行审核。对照会计制度、相关行业管理办法、有关部门规定的计费和定额标准,对公司提交的资料是否符合规定进行审核。对照计提性费用开支范围,审核相关开支项目是否准确,是否存在将计提的费用列入其他成本科目中开支导致既计提又实列的重复开支、虚增成本问题。

3. 相关性原则

相关性原则是指计入定价成本的费用必须是为经营被监审商品或服务而支出的费用。由于企业可能从事多种经济活动,生产多种产品或提供多项服务,成本监审要求将所有耗费按照产品进行归集,将与政府定价商品或服务相关的全部费用按照一定比例分摊计入定价成本。结合输配电价定价成本监审实际工作,相关性审核主要体现在"业务审",以业务范围为依据对上报资料进行审核,强调公司资产和成本与输配电服务的相关度。为防范核减风险,各单位提前做好业务梳理,准备各类相关性佐证材料及业务说明。

4. 合理性原则

合理性原则是指生产经营过程中各种技术标准(如物耗指标、损耗率等)要符合行业规范;各项成本费用指标(如人工费用、管理费用等)要符合国家有关规定或社会公允水平;共同费用的计提和分摊方法要科学合理等。合理性审核主要体现在"标准审",以规定标准为依据对上报资料进行审核,如要求公司论证电网投资的有效性、职工薪酬的合理性、关联交易的公允性等。各单位对内部关联交易、服务委托等合同标准逐一进行梳理,明确现有办法、政策和成本依据是否合理,成本标准既要结合同行业、国内外的标准,同时也要结合企业自身的合理水平确定有效系数进行认定,从而促进成本监审工作的标准化、透明化、精益化。

第三节 国网嘉兴供电公司财务改革重点

为全面贯彻浙江省公司关于适应输配电价改革优化经营管理策略的相关要求,2018—2020 年嘉兴供电公司在省公司的统一工作部署下按照输配电价核定方式,调整、改革、优化相关经营管理策略。嘉兴供电公司根据公司实际经营情况,建立适应输配电价改革和政府监管要求的管理机制。

一、投资方面

输配电价改革后,政府监管部门将依据电网规划确定监管周期内电网投资规模,超核价范围投资和低效无效投资将不能计入有效资产、获得合理回报。不符合电力规划、未履行必要备案程序投资建设的固定资产不纳入核价范畴。

(一)加强投资计划管理

以电网基建项目为切入点,开展发展、财务、基建、设备、调控、物资跨部门数据贯通和联合分析,研究建立电网基建项目工程建设进度、投资完成进度、成本入账进度“三率合一”数据监测分析体系。依托规划计划信息管理系统,推进电网基建项目“三率合一”数据监测分析体系的推广及深化应用,以三率曲线为校核手段,自动监测项目异常进度,促进投资统计数据做真用实;针对问题项目,查找偏差原因,促进问题整改,提升各层级统计监督能力。

(二)加强项目精准投资评价

嘉兴供电公司认真贯彻落实国网公司和省公司要求,坚持改革创新,担当作为,综合考虑新的输配电价机制对电网企业带来的要求和挑战,梳理配电网项目实施过程中的各个环节,逐级解析项目决策、投资管控的业务要求,逐步形成了覆盖项目全周期的“三化”管控手段,即加强“事前”决策精细化,提升“事中”管控精密化,推进“事后”评估精益化,形成以科学合理的项目决策为基础,精密化的投资计划、项目进度管控为抓手,全面系统的配网投资效益后评估体系为支撑的配电网精准投资管理体系。通过开展配电网项目全过程“三化”管控,有效提升了配电网项目管理水平和投资效率,推动了配电网项目精准投资。

(三)有序推进项目可研核准

完成海上风电送出、东部电网优化 2 项 220 千伏工程可研;完成秀洲、平北输变电 2 项 110 千伏工程可研;完成 220 千伏史桥 110 千伏太平、余南输变电工程前期选所选线工作。取得 220、110 千伏输变电工程核准批复 11 项,包括岑山输变电、大德扩、连杭扩 220 千伏工程,冷仙、东陈、新光、龙渡扩、岑山变送出、海宁绿能送出、平湖生态送出、海盐爱拓送出 110 千伏工程。取得 12 个 110 千伏间隔扩建工程核准。

(四)加强电网项目核准(备案)管理

履行好投资项目核准、备案等程序,110 千伏及以上电网基建项目全面履行核准程序,35 千伏及以下项目履行备案等程序,在配电网项目核准上取得突破,做到应核(备)尽核(备),进一步加强合规性管理,夯实有效资产基础。在全省率先实现配电网投资新开工项目属地备案的基础上,开展全市范围内 35 千伏及以下配电网项目投资核准程序,并实现配网核准“满堂红”。截至 2019 年底,完成综合计划内全部配网项目属地投资核准工作,共收到核准文件 11 份,核准项目

242个，涉及投资16.13亿元。

二、资产方面

输配电价改革要求规范电网企业资产管理行为；与省内共用网络输配电业务无关的固定资产，不符合电力规划、未履行必要备案程序投资建设的固定资产不纳入核价范畴。

(一)强化电网项目管理

2019年，嘉兴供电公司总结电网项目管理经验，有针对性地开展“两率”难管控的课题研究，主要采取以下策略：一是督促按照项目里程碑计划开展项目投产，协同工程管理部门做好项目转资，推进项目预算完成和转资工作，以工程“两率”管理为抓手，实现项目精益化管理。二是加强工程审价管理，要求事务所常态化驻点办公，严格按照合同要求期限完成施工审价工作，已取得了较好的效果。10月到12月投产配网项目都能在投产次月完成审价以及施工尾款入账，2个月完成项目决算，缩短了决算时间，推动业务部门及时上报项目投产。三是开展配网项目子项拆分工作，8月赴衢州江山公司学习交流配网项目子项管理经验，截至11月底已完成2020年新建配网项目可研初设评审工作，配网项目实现1∶2.5比例子项拆分，提高项目转资及时性以及过程转资率。截至12月25日，嘉兴供电公司项目预算完成率98.17%，项目转资率90.00%，已经完成省公司预算完成率95%、转资率80%的考核目标。

(二)强化用户资产接收

2019年，嘉兴地区用户资产接收目标值3.29亿元，完成4.47亿元(含台账记录未过账)，完成率135.73%；对小区资产及园区资产应收尽收；进一步规范用户资产接收资料，规避法律风险；对已接收的用户资产进行更新改造的，做好相关工程资料台账的整理工作，为后续成本监审做好支撑。具体包括：一是优化用户资产接收策略。优先接收新建小区、优质园区资产，优化用户资产接收入账流程，为小微园区用户资产入账需求开启绿色通道。二是全面接收优质用户资产。组织相关部门全面摸查未接收的用户资产清单，制订接收入账计划，按计划开展用户资产接收工作。三是加大用户资产改造力度。及时更新改造设备状况较差的资产，并做好改造项目资料台账的整理。探索建立用户资产更新改造的管理新模式，强化对接收用户资产更新改造的计划管理，尽早纳入有效资产的范围。

（三）强化迁建资产管理

2019 年，全年完成杭州湾跨海大桥北接线二期工程、G524 国道、航天产业园、中国归谷嘉善科技园等省市重点工程，涉及市政迁改 22 项，改造输电线路 33 回 64.52 公里，完成项目转资 1.8 亿元，为嘉兴地区经济发展和营商环境改善提供大力支持。

（四）强化长期挂账项目清理力度

持续加大长期挂账项目清理力度（主网项目 3 年以上，配网项目 2 年以上，其他项目 1 年以上），完成全年项目清理率 100%的目标，确保及时转增有效资产。为保障项目投产后能按计划关账，嘉兴供电公司建立项目结报推进报表，双周召开六方联络例会推进结报进度，同时与项目管理部门积极沟通，跟踪决算进度，解决遗留长期挂账项目，避免出现新的长期挂账项目。目前，嘉兴供电公司长期挂账项目数为 0。

三、成本方面

输配电价改革要求建立、健全成本核算制度，按照电压等级、服务和用户类别准确记录和合理归集输配电的生产经营成本（费用）数据。

（一）强化成本管控力度

贯彻执行新成本核算制度落地执行工作，按制造成本法、管理层级、分电压等级进行会计核算，合理确定分摊方法，满足财政部电网行业成本核算制度的相关要求。同时做好适应监管的财务报表适应性调整，多维管理分析报告有理有据。加强对办公费用、差旅费、物业费、广告费等电改敏感费用的支出管理，控制在预算安排内，降低下一周期运维费核减风险。明确了敏感性电改业务的核算要求和支撑附件，重新优化敏感性电改业务的使用部门、归口责任部门和财务部门的审核要点和责任界面，确保下一监管周期不被核减。

（二）加强成本精益管理

试点开展“每一项工作”价值精益管理及服务采购简易订单管理建设，将价值细化管理至“每一个项目”“每一个合同”，全面提升公司经营质效。一是全面推广服务采购订单化管理。以合同全寿命周期管理为主线，贯通经法系统、ERP 系统、管控系统信息流，建立与经法合同的强关联，促进采购业务流程规范统一，实现每一笔采购业务过程可管控、信息可溯源，有效规避业务风险、提高资金结算效率和安全水平。二是实现项目全过程开支信息多维展示。以项目全过程闭环管理为主线，贯通项目管理平台、经法系统、ERP系统信息链路，全面整合项目各阶段开支信息，促进业财信息融合共享，实现对每一个项目执行情况动态跟踪、多维展示、实时监测，有效提升项目执行效率及精益化管控水平。

四、收入方面

输配电价改革后，电网企业不再以上网电价和销售电价价差作为收入来源，按照政府核定的输配电价收取过网费。

嘉兴供电公司以历史数据为依托，参考电价历史数据、增值税、政府性基金等变动信息，搭建短期电价预测模型。收集整编2015年至2019年用电信息库，将近年来的目录电价调整、基金调整、税率变动这三大因素作为每月电价预测模型的输入值，通过时间序列ARMAX的电价预测模型输出每月不同类别的电价信息，提高了公司收入预测的精准度。

五、运营方面

输配电价改革要求电网企业不断改进管理，降低成本，提高效率。

（一）提高资金运营效率

一是持续做好资金安全管控。针对2018年资金安全检查和2019年资金安全检查结果评估相关问题，持续做好公司资金安全的管控，有效防范资金安全风险。二是资金收付“省级集中”稳步开展。在省公司的统一部署下，稳步推进电费“省级直收”和资金“省级直付”管理。总结试点经验，为省公司资金收付“省级集中”管理工作添砖加瓦。三是严格资金日排程，提升资金使用效率。持续开展对资金日排程的结果分析，严格按照排程规则执行资金支付，提升资金使用效率。

（二）坚持问题导向、梳理管理痛点

以“量价费补”为重点，开展2019年光伏结算专项检查，全面强化光伏结算全业务过程管控，杜绝各类结算差错，提升营销精益化管控水平。继续推行电费核算账务通报，市本级每月抄表环节核查不到位、异常信息处理流于形式的情况显著减少。1—11月共发现异常电费流程1494笔，根据反馈信息及差错核实情况确认差错61笔，发起大客户优化建议73次，均已通过单户重算、退补流程、改类流程等及时纠错，有效地保证了电费的正确性。

六、改革方面

输配电价改革要求开展电力现货市场建设试点，扩大市场化交易；向社会资本放开增量配电投资业务，规范增量配电的运营模式；逐步向社会资本开放售电业务，多途径培育售电侧市场主体。

推动海盐增量配网试点项目落地实施，积极研究增量配电价格核定以及过渡价格相关政策，引导增量配电改革有序推进。要严格落实上级各项减费降价政策要求，配合做好转供电加价问题处理，统筹好各方利益。试点范围东至翁金线，南至落塘公路，西至双北桥，北至代里桥港，面积约 3 平方公里，位于秦山工业园区内。由国网浙江综合能源服务有限公司控股、浙能集团参股成立了海盐秦北售配电有限公司，注册资本金为 3000 万元，新成立的售电公司将为增量配电市场提供优质电力服务。

在长三角一体化发展上升为国家战略的背景下，嘉善县地方经济转型升级，产业园区示范项目逐步落户嘉善，如中新产业园区。由国网浙江综合能源服务有限公司控股、嘉善县国有资产投资有限公司和中新苏州工业园区市政公用发展集团有限公司参股成立了浙电中新新能源科技有限公司。新成立公司对嘉善县域产业园区内的光伏、综合能源、智慧路灯、光储充一体公交站、污泥干化等项目进行投资，有效隔离社会资本进入增量市场。

总而言之，在电力体制改革大背景下，售电侧放开并引入竞争、推进增量配电业务投资放开、改变输配电价定价模式等，要求供电公司更加注重精准投资，做大做强有效资产，将精益管理的思想融入生产、经营与管理等各项活动中。

第三章　预算精益化管理创新与实践

2017 年 9 月 29 日，财政部发布了《管理会计应用指引第 200 号——预算管理》《管理会计应用指引第 302 号——标准成本法》和《管理会计应用指引第 201 号——滚动预算》等预算指引（财会〔2017〕24 号文件，以下简称财会〔2017〕24 号文），指引对预算管理的内容、原则、工具方法、程序等进行了明确的规定，为预算管理实务提供了理论指导。最近几年，国网公司和省公司不断强化全面计划、全面预算管理（“双全”管理），要求将计划与预算更好地衔接起来。2018 年，国网公司综合计划管理模式发生了很大变化，传统的“三上三下”模式转变为“一上两下”，在赋予基层单位更大自主性和灵活性的同时，也意味着基层单位需要承担更大的责任。嘉兴供电公司认识到预算管理在实现精准投资和提质增效中的重要性，为了更好地实现综合计划与预算管理的衔接，依靠先进的技术手段提升配网预算管理水平，将滚动预算的理念用于月度经营预测，并对标准成本法在电网企业的安全费预算管理中的应用进行了有益探索和应用。

第一节　隐形财务机器人助力配网预算管理

企业应用预算管理工具方法，按照预算编制、预算控制、预算调整、预算考核等程序进行。在实务中，预算编制往往花费的人力最多、时间最长。企业建设管理会计信息系统，一般应遵循系统集成、数据共享、规则可配、灵活扩展、安全可靠等原则。管理会计信息系统各功能模块应提供规则配置功能，实现其他信息系统与管理会计信息系统相关内容的映射和自定义配置。经过对多种技术手段的测算和比对，嘉兴供电公司独立开发了一种应用软件（相当于雇用了一个“隐形财务机器人”），有效解决了配网预算偏差大、编制效率低、编制多次返工等问题。现已实现总投资预算和年度预算的一键式批量编制，并可将相关文件一次性导入基建管控 App 中。项目实施后，嘉兴供电公司配网预算总体工作效率提高了75%以上,并减少了可能出现的人工误差,具备在更广范围内进行推广应用的可行性。

一、项目实施背景与目标

由于业务条块分割、信息化支撑能力不够等诸多历史原因,国网公司以往的各种投资项目与计划、预算衔接得并不是非常紧密,经常出现临时性投资项目,需要对原有的计划和预算进行较大调整,进而影响公司相关指标。对此,只有将计划与预算更好地衔接起来,强化预算管理的刚性,才能实现精准投资、提质增效的目标。对县级供电企业而言,配网投资在全部投资中的占比一般高达65%左右,若能在配网预算管理上取得突破,则整个公司的预算管理水平将会出现显著提升。事实上,即使在省公司范围内,配网的重要性也仅次于主网。2018年,全省有项目19400个,其中配网项目7266个;项目总预算375亿元,其中配网项目121.80亿元。无论是项目数量还是投资金额,配网都占了将近三分之一。因此,配网预算管理需要高度重视。

(一)存在的问题

目前,配网预算管理的主要问题是完全依赖人工,工作效率非常低下,体现在如下三个方面:一是业务部门提出预算编制需求后,财务需要多次反复审查预算合理性,包括与综合计划、累计发生数之间的关系,不合理的退回重新提交,再次审查。二是在总投资编制环节,需要按项目逐一翻看概算书,手工摘取每个明细项目概算,需要处理几千个数据。三是在年度投资编制环节,需要根据年度预算手工分配至明细层,同时手工调节税率和尾差,这一过程机械且烦琐。整个编制过程需要8~10天,而预算分配和尾差调节几乎占了整个编制时间的70%,且在此过程中因为人工操作还会出现误差。

(二)实施目标

全面提升配网预算管理水平,必须跳出财务人员日常工作视野,放眼整个社会范围内的技术进步,借助先进的技术手段,改变预算管理方式,提升预算工作效率,实现预算管理又好又快。项目实施目标包括以下几个方面。

1.实现配网预算全过程精细化管控

在预算编制环节,针对项目概算、综合计划、项目已发生数、本年预算的关系,进行预算合理性稽核,并应用统一的标准化模板快速准确地生成年度财务预算。将所有的费用需求全部纳入预算管控轨道,实现业务预算和财务预算匹配对应。

2. 实现总投资预算、年度预算一键式批量化生成，提升预算编制效率

自动提取概算书、综合计划、业务部门预算需求等基础数据，实现财务预算与概算、综合计划之间的自动钩稽和预警，并自动将财务预算分配至明细层，一键式批量生成预算导入表格。通过以上功能减少财务预算编制过程中预算配比、尾差调节等重复机械化劳动，大大提高预算编制效率，节省预算编制时间。

项目实施绩效指标及目标值如表 3-1 所示。

表 3-1　项目实施绩效指标及目标值

指标名称	指标计算说明	2018 年目标值
总投资预算准确率	通过应用软件计算得出的总投资预算与人工计算结果无差异	100%
年度预算准确率	通过应用软件计算得出的年度预算与人工计算结果无差异	100%
总投资预算编制时间降低率	(上一年度总投资预算编制时间－本年度总投资预算编制时间)/上一年度总投资预算编制时间×100%	75%
年度预算编制时间降低率	(上一年度预算编制时间－本年度预算编制时间)/上一年度预算编制时间×100%	75%

二、项目实施路径与流程

按照《管理会计应用指引第 200 号——预算管理》文件第十三条规定，企业应充分利用现代信息技术，规范预算管理流程，提高预算管理效率。“隐形机器人”项目实施主要分为研究策划、开发应用、优化完善三个阶段，具体路径与流程如图 3-1 所示。

(一)输入工作必需的基础参数

为了确保应用软件正常工作，必须事先输入相关的基础参数(示例见表 3-2)，包括每一项费用类别明细层的内控系数、可抵扣增值税比例、本次需编制预算的项目编号及项目名称等。其中，明细层用于确定可抵扣增值税比例，实现上下限预警；内控系数用于总投资预算编制；可抵扣增值税综合税率同时用于总投资和年度预算编制。

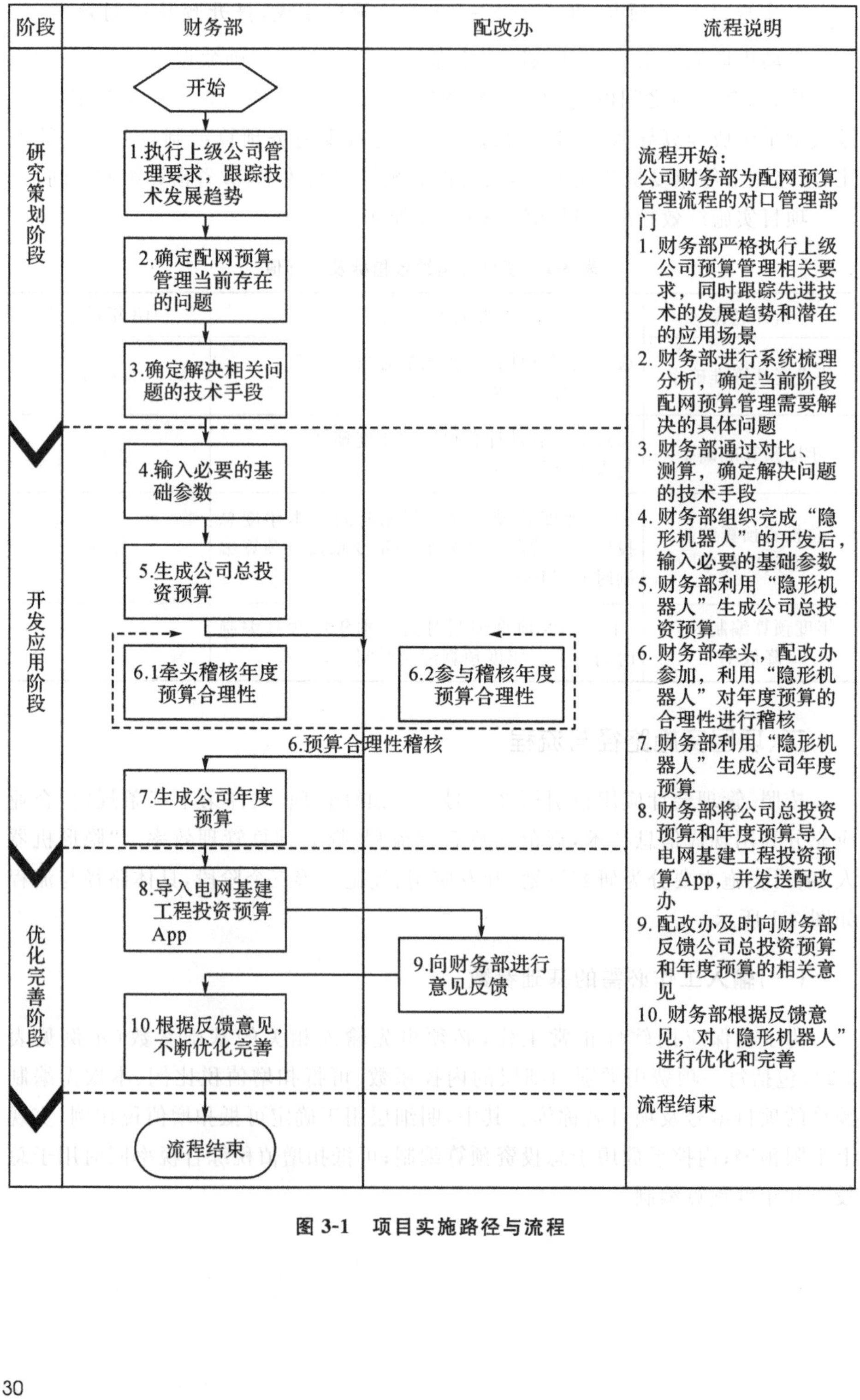
阶段
财务部
配改办
流程说明
研究策划阶段
开始
1.执行上级公司管理要求，跟踪技术发展趋势
2.确定配网预算管理当前存在的问题
3.确定解决相关问题的技术手段
开发应用阶段
4.输入必要的基础参数
5.生成公司总投资预算
6.1牵头稽核年度预算合理性
6.2参与稽核年度预算合理性
6.预算合理性稽核
7.生成公司年度预算
优化完善阶段
8.导入电网基建工程投资预算App
9.向财务部进行意见反馈
10.根据反馈意见，不断优化完善
流程结束
流程开始：
公司财务部为配网预算管理流程的对口管理部门
1. 财务部严格执行上级公司预算管理相关要求，同时跟踪先进技术的发展趋势和潜在的应用场景
2. 财务部进行系统梳理分析，确定当前阶段配网预算管理需要解决的具体问题
3. 财务部通过对比、测算，确定解决问题的技术手段
4. 财务部组织完成“隐形机器人”的开发后，输入必要的基础参数
5. 财务部利用“隐形机器人”生成公司总投资预算
6. 财务部牵头，配改办参加，利用“隐形机器人”对年度预算的合理性进行稽核
7. 财务部利用“隐形机器人”生成公司年度预算
8. 财务部将公司总投资预算和年度预算导入电网基建工程投资预算App，并发送配改办
9. 配改办及时向财务部反馈公司总投资预算和年度预算的相关意见
10. 财务部根据反馈意见，对“隐形机器人”进行优化和完善
流程结束

图 3-1 项目实施路径与流程

表 3-2　基础参数录入(以电网基建概算数表单为例)

尾差(元)：　　年价差(元)：　　附加尾差/年价差项：　　综合税率：12%

费用类别	WBs识别码	概算数(元)	内控系数	可抵扣增值税比例(%)	总投资预算(含税)(元)	总投资预算(不含税)(元)	内控系数上限	可抵扣增值税比例(上限)(%)
基建项目	A0000000	0.00	0.92	16	0.00	0.00	1	17
基建项目—配电站(开关站)工程—建筑工程	A1100000	0.00	0.92	10	0.00	0.00	1	17
基建项目—配电站(开关站)工程—安装工程	A1200000	0.00	0.92	16	0.00	0.00	1	17
基建项目—配电站(开关站)工程—设备购置	A1300000	0.00	0.92	16	0.00	0.00	1	17
基建项目—通信及调度自动化—建筑工程	A4100000	0.00	0.92	10	0.00	0.00	1	17
基建项目—通信及调度自动化—安装工程	A4200000	0.00	0.92	10	0.00	0.00	1	17
基建项目—通信及调度自动化—设备购置	A4300000	0.00	0.92	16	0.00	0.00	1	17
基建项目—架空线路工程—架空线路本体工程	A2100000	0.00	0.92	0	0.00	0.00	1	17

(二)一键生成总投资预算

在基础参数录入完成之后,“总投资预算导入模版”中项目名称、项目编码、内控系数、可抵扣增值税比例均已完成取数。应用软件依据项目管理部门提供的 Excel 版本概算书,自动抓取关键字,自动完成“总投资预算导入模版”中概算数一列的填列,并根据尾差进行调整,确保模板中概算总数与概算书中的总概算表合计数相一致。根据程序内置的计算逻辑(见表 3-3),完成总投资预算(含税)、总投资预算(不含税)两列的自动计算。至此,“总投资预算导入模版”完成一键式生成。

表 3-3 程序内置的相关指标及计算逻辑(总投资预算)

序号	指标名称	计算逻辑
1	总投资预算(含税)	总投资预算(含税)=概算×内控系数
2	总投资预算(不含税)	总投资预算(不含税)=总投资预算(含税)÷(1+可抵扣增值税比例)

(三)稽核年度预算合理性

在编制年度预算之前,财务需要向项目管理部门反馈可用年度预算上下限。财务人员在“预算上限计算表”中输入所需编制项目编号、累计综合计划下达、截至上年 ERP 已发生(不含税)、截至上年累计已抵扣增值税三列数据,并导入系统,系统根据程序内置的计算规则(见表 3-4)计算出年度预算上限,并反映在“项目部门预算需求”表中。项目管理部门根据财务提供的上下限,结合实际施工能力,在该表中填列每个项目的年度预算,程序自动稽核预算合理性,超上限进行预警。

表 3-4 程序内置的相关指标及计算规则(投资上限)

序号	指标名称	计算逻辑公式
1	项目当年度财务预算(含税)数上限	min(综合计划累计下达数,概算×内控系数) −截至上年 ERP 累计发生数(不含税) −截至上年度抵扣增值税
2	项目当年度财务预算(不含税)数上限	概算×内控系数÷(1+可抵扣增值税税率) −截至上年 ERP 累计发生数(不含税)

项目管理部门根据财务提供的上下限,结合实际施工能力,在该表中填列每个项目的年度预算,程序自动稽核预算合理性,超上限进行预警。年度预算合理性稽核结果以项目部门预算填报表为例,如表 3-5 所示。

表 3-5　年度预算合理性稽核(以项目部门预算填报表为例)

单位:元

项目编号	项目名称	本年预算可发生最大数(含税)	本年预算可发生最大数(不含税)	项目部门提报本年预算(含税)	本年预算(不含税)	年度含税数是否符合要求
1811X4 * * * * 4U	嘉兴海宁 110 千伏红桥变 10 千伏 * * * * 新出工程	931410.42	876402.06	930000.00	830357.14	√
1811X4 * * * * 3C	嘉兴海宁 2018 年 10 千伏中压 * * * * (改造)工程	5500000.00	7165650.00	5000000.00	4464285.71	√
1811X4 * * * * 3J	嘉兴海宁 2018 年 * * * * 10 千伏配变台区新建(改造)工程	3000000.00	5713321.43	2500000.00	2232142.71	√
1811X4 * * * * 2Z	嘉兴海宁 2018 年 * * * * 小区业扩配套工程	2500000.00	5451733.54	5000000.00	1785714.29	√
1811X4 * * * * 5J	嘉兴海宁城西变 10 千伏配套 * * * * 线新建工程	4333384.00	3869092.86	5000000.00	4464285.71	
1811X4 * * * * 4M	嘉兴海宁诸桥变 10 千伏配套 * * * * 线新建工程	2000000.00	2468721.43	2100000.00	1875000.00	

(四)一键生成年度预算

项目管理部门完成配网项目年度预算填报并通过合理性稽核后,“年度预算导入模板”中“年度投资预算(含税)”和“年度投资预算(不含税)”两列合计数可自动生成。程序根据各明细层概算占比自动将年度投资预算(含税)分配至各明细层,根据“年度投资预算(含税)÷(1+可抵扣增值税比例)=年度投资预算(不含税)”可得到年度投资预算(不含税)预算明细。根据已输入可抵扣增值税综合税率,在年度投资预算(不含税)各明细层内进行税率调整,为确保税率的合理性,优先从“10kV(含20kV)及以下基建项目—架空线路工程—架空线路本体工程”“10kV(含20kV)及以下基建项目—电缆线路工程—电缆本体工程”两层开始调整。至此,“年度预算导入模板”完成一键式生成。

(五)导入电网基建工程投资预算App

财务部通过应用软件完成公司总投资预算和年度预算编制后,将其导入电网基建工程投资预算App,并发送发展建设部和配改办,提醒其注意相关预算事项,并听取其对预算准确性等方面的反馈意见。

三、项目实施效果

(一)助力配网管理,促进业财融合

应用程序将数据稽核提前,强化了财务部门对数据的要求,促使项目管理部门参与到提高项目预算数据准确性的管理中来。预算编制流程的优化,完全避免了财务部门和项目管理部门在框定预算时,反复退回重新提交这一情况的发生,不仅大大提高了财务部门的工作效率,同时也有效减轻了项目管理部门的工作量,深受业务部门欢迎。业财得到高效协同、深度融合,助力公司实现“双全”管理目标。

(二)提升装备水平,推进管理提升

随着目前内外部巡查审计频繁、项目规范化、精细化管理要求空前提高,财务人员工作量剧增。而各单位基本存在结构性缺员的情况,财务人员尤其缺乏,在县公司这一情况更加明显。所有工程资产基本是一个人管理,工作强度非常大。这一现状亟须各单位提高装备水平,以此来解决工作中的痛点、难点。应用软件将财务人员从预算编制这一机械、烦琐的工作中解放出来,使其可以匀出更多时间加强工程项目其他方面的管理,“短、平、快”地开展工作。该应用软件可

操作性强，财务人员通过学习可快速掌握使用方法，对使用单位工程预算管理有很好的促进作用。

（三）前置关键环节，有效防范人为误差

应用程序将预算合理性稽核这一重要环节前置，在项目部门提报需求之前，自动统计出年度预算上下限，有效控制预算超过综合计划等不合理的现象，可以确保项目管理部门填报预算一次合格。实际运行结果表明，总投资预算准确率和年度投资预算准确性均达到了100%，即通过应用软件计算得出的总投资预算、年度投资预算与人工计算结果完全一致，杜绝了预算编制过程中可能出现的人为误差。

（四）烦琐问题简单化、提高预算编制效率

在总投资编制环节，需填写概算数据，按一个项目20个明细概算计算，一家县公司一年若有80个项目，总投资就需要摘取1600个数据，整个浙江省7266个配网项目，光总投资预算编制环节就需要摘取154320个数据，该应用软件完全解决人工填写可能出现的遗漏、错行等问题，实现概算书自动取数功能，财务只需要导入概算书即可完成总投资编制。在年度投资编制环节，系统将年度预算分配至明细层、税率调节和尾差调节等工作全部程序化。以嘉兴供电公司为例，2017年收集并稽核预算合理性大约需要花费13小时，每一个项目编制总投资和年度预算至少各花费15分钟，尾差调节大约需要5分钟，嘉兴供电公司每年约有80个项目，完成整个编制工作大约需要60小时（8～10天）。应用软件上线后，目前已经缩短至大约14小时（其中收集数据13小时，总投资和年度预算编制仅需1小时），总体工作效率提高了75%以上，达到了项目预期效果。

第二节　可控费用预算精益化管控

国网公司预算管理的信息化水平较低，仅在上报及下达环节应用系统采取“手工＋系统”的方式管理，还存在大量的问题。企业应建立预算执行的监督、分析制度，提高预算管理对业务的控制能力。2018年，嘉兴供电公司开展可控费用预算精益化管控改革。

一、项目实施背景与目标

目前可控费用预算在申报、下达及执行主要环节存在一些问题。

一是怎么报。可控费用预算申报仍以Excel表格的形式提供，随意性强；申报时仅提供一个金额，计算依据不充分；申报金额一般也是按往年金额估计而来的，与实际执行结果偏差率大；在申报前也没有经过相关领导审批；等等。

二是怎么给。相同事项下达给不同部门的标准不统一，下达金额完全由财务部门说了算；下达没有统一标准或口径，往往只关注费用总额，不关注部门费用明细；业务部门也不知道到申请事项到底下达了多少金额；等等。

三是怎么用。业务部门在报销下达的预算时不知道怎么操作，收到了一张发票不知道该对应哪条预算事项，不知道本部门预算每月应完成多少、已经完成多少、还要完成多少等。

四是怎么考核。财务考核一刀切，没达到某一百分比，全部扣分，与个别费用发生特性不匹配，业务部门普遍不满意。

因此，必须解决的问题有：预算控制环节与员工报销系统衔接不紧密，常出现预算占用的现象；国网商旅报销差旅的App应用后，预算无法从前端进行控制；多维精益核算体系变革后，预算统计复杂；管理考核机制不健全，预算无法每月均衡发生。

基于上述问题，项目实施目标是：基于当前管理现状，嘉兴供电公司以"服务前端业务、创新管理模式"为工作目标，通过重构可控费用预算管理流程、规范可控费用预算申报、下达、调整单据格式、搭建预算事项智能评分规则、使用可控费用预算自平衡管理机制、优化可控费用考核方式，强化可控费用预算的战略性、协同性、统筹性、智能性、严肃性和全面性的作用，促进可控费用预算均衡发生，减少业务部门的考核压力，提升预算精益化管理水平。

二、项目实施路径与流程

嘉兴供电公司重构了以可控费用预算池（"一池"）为核心的新型管理模式。固化了可控费用预算申报、下达和调整的单据（"三单据"）格式，搭建可控费用预算评分规则库和平衡规则库（"两库"）。可控费用预算池的各项明细费用自动调用"两库"相关规则实现自动评分、自动平衡的目标，同时按评分和平衡结果更新可控费用预算池。从预算池中自动批量生成各部门可控费用预算下达通知单，各业务部门收到通知单后按通知单要求执行预算。财务部门从预算池中调用相关信息，多维度开展预算分析和考核，提高预算的精益化管理水平（见图3-2）。

（一）重建预算管理流程，体现"战略性"

当前，可控费用预算一般由各业务部门在上一年度的11月发起申请，经部门负责人口头同意后，以Excel表格的形式上报至本单位财务部门。在申报环

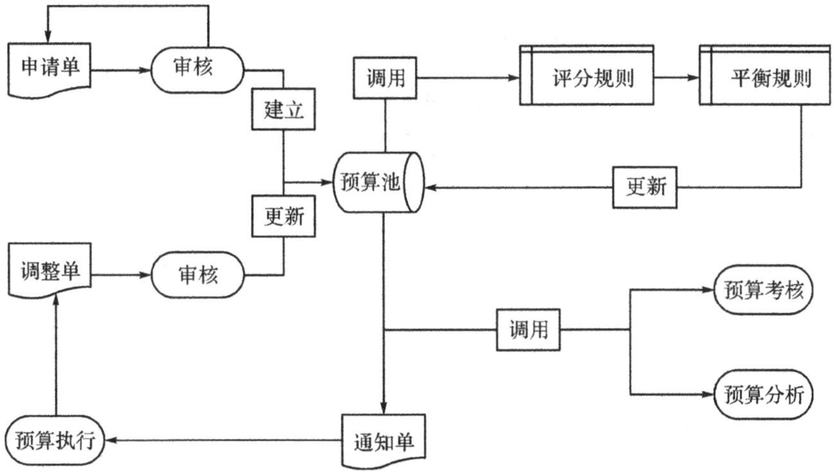
申请单
审核
建立
调用
评分规则
平衡规则
预算池
更新
更新
调整单
审核
预算考核
调用
预算分析
预算执行
通知单

图 3-2　可控费用预算管理流程

节，业务专职更多依靠历史经验或数据、打包上报，不论金额大小一般未经过部门分管领导、财务分管领导、总经理等领导层级审批，导致申报的费用预算与公司战略不协调，有限的预算资源没有释放至公司战略要求的重点领域、关键环节。

嘉兴供电公司将可控费用预算划分为电网安全类、客户服务类、业务外包类、电网运行类、电网检修类、日常办公类、房屋维护类、人员管理类等八大类型。对电网安全类、客户服务类、业务外包类三大类费用，不论金额大小，应通过部门分管领导审批，若单一事项金额超过规定，则还须经总经理审批；对电网运行类、电网检修类两大类项目，限额以上项目须经分管领导、总经理审批，线下单一项目大于 50 万元的须经分管领导审批，大于 100 万元的须经总经理审批；日常办公类、房屋维护类、人员管理类三大类费用经本部门负责人审批，单一事项费用大于 10 万元（含）的须经公司财务分管领导审批。同时，在可控费用预算申请、下达、使用三个环节固化单据格式。通过预算申请单据自动生成可控费用预算管理全过程的唯一编码，唯一编码贯穿于申请、下达、调整、发生、统计、考核全过程。申请时根据预算申请单所填的费用类型、费用金额两类信息，自动告知用户预算申请的审批流程。

（二）收集预算完成进度，体现“协同性”

针对当前可控费用预算发生不均衡、进度缓慢的问题，以及业务部门因费用确实无法发生而引起考核有意见等问题，嘉兴供电公司在预算申请单中加入了计划完成进度及原因说明等因素（见表 3-6），充分收集业务部门预算完成信息，对于部分费用因合同等问题造成进度缓慢的按业务部门上报进度来完成和考核，给予业务部门预算自由度，避免考核结果存在争议。

表 3-6　可控费用预算申请单(示例)　　单位：元

可控制费用预算申请单							
申请部门	调控中心	重要程度	中等	填报日期	2018-11-30	增值税税率	13%
费用类型	通信线路租赁费	申请人员	**	预算编号	X1L00****2	增值税金额	93600.00
归口部门	调控中心	是否农维	否	不含税金额	720000.00	合同编号	Js01
具体事项描述	此项费用包含客服、运检电抄表卡、光伏 SIM 卡托收费用。目前移动集抄卡大约有 16000 张，其中 2.7 元/月的约有 9000 张，4.7 元/月的约有 7000 张，加上光伏卡预计每月共产生费用 60000 元。全年总计约 72 万元。						
计划完成进度							
1 月	60000.00	4 月	60000.00	7 月	60000.00	10 月	60000.00
2 月	60000.00	5 月	60000.00	8 月	60000.00	11 月	60000.00
3 月	60000.00	6 月	60000.00	9 月	60000.00	12 月	60000.00
业务审批	审批意见： 业务主任：　日期： 审批意见： 归口主任：　日期： 审批意见： 分管领导：　日期：						
财务审批	审批意见： 预算专职：　日期： 审批意见： 财务主任：　日期： 审批意见： 总会计师：　日期：						

财务部门收集汇总部门可控费用预算完成进度后，初步匹配公司总体可控费用预算完成进度是否满足时间进度的要求。原则上部门费用汇总后不均衡部分，考核大修项目完成额度来填补。当出现不能满足总体时间进度或发生不够均衡时，财务部进行多次调整直至费用计划均衡发生，但最终结果应征得业务部门同意。为消除业务部门故意报低进度计划的现象，财务部每月对各业务部门上报的进度百分比最低的部门进行一次性扣分，对上报的进度百分比最高的部

门进行一次性加分。创新可控费用计划完成和费用实际完成两条线，促进业务部门每月关注可控费用预算进度，同时释放业务部门的预算活力，给予更多使用自由度，最终使得业务部门对预算考核无意见。具体流程对比如图 3-3 所示。

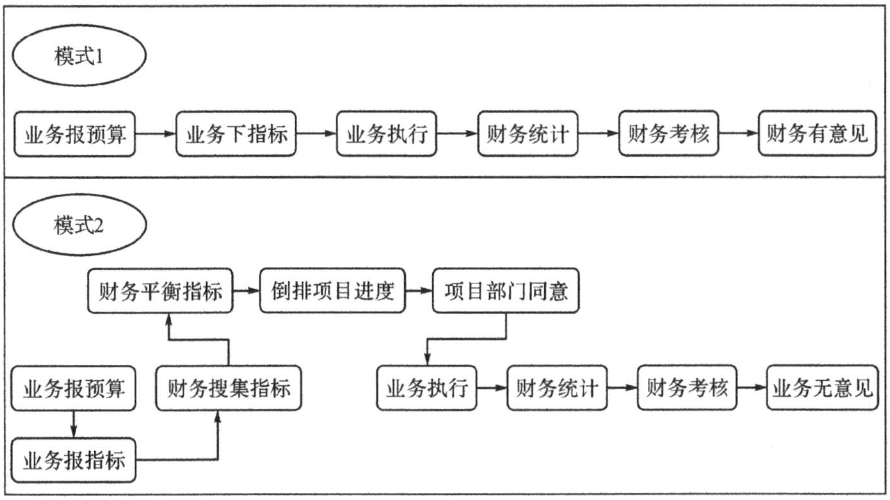
模式1
业务报预算
业务下指标
业务执行
财务统计
财务考核
财务有意见
模式2
财务平衡指标
倒排项目进度
项目部门同意
业务报预算
财务搜集指标
业务报指标
业务执行
财务统计
财务考核
业务无意见

图 3-3 预算编制流程对比

(三)创建预算评分机制，体现"智能性"

可控费用预算申请单审批通过后，将预算事项纳入可控费用预算池。预算池中每一预算事项将调用预算评分规则库中设定的评分规则进行评分，评分结果作为预算下达的重要依据。

智能评分规则库细分为是否签订合同、业务部门判定费用的重要性、费用的单控属性、财务认定该费用等级程度、供应商类型、申请依据的充分程度、金额大小及费用类型等八大规则（见图 3-4）。按百分比值赋予每一类型规则一定比值，每一规则下设多种计分维度，每种计分维度对应一个设定分值（见表 3-7）。当可控费用预算事项汇入预算池后，每一事项将按照评分规则库的内容自动评分，并将评分结果写入预算池（见表 3-8）。

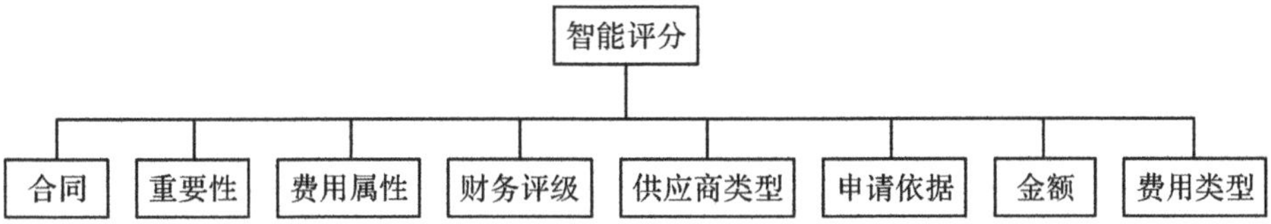
智能评分
合同
重要性
费用属性
财务评级
供应商类型
申请依据
金额
费用类型

图 3-4 智能评分规则库构成

表 3-7 预算智能评分规则库结构(示例)

项目	占比	合同	分值⑧	重要性	分值⑦	费用属性	分值⑥	财务评级	分值⑤	供应商类型	分值④	计算标准事由长度(个字)	分值③	金额(万元)	分值②	费用类型	分值①
费用类型	10%	有	100	紧急	80	国网严控	90	紧急	80	政府部门	100	100	80	500	80	长期待摊费用	100
金额	10%	无	60	中等	60	电改严控	90	中等	60	集体企业	60	50	70	100	90	无形资产推销	100
合同	15%			一般	40	其他	70	一般	40	民营企业	60	20	60	50	70	长期待摊费用	100
重要性	15%									个人	100	10	40	10	80	特殊工种保险费	100
费用属性	15%											10以下	20	10以下	90	地方攻府收费	100
财务评级	15%															财产保险费	100
供应商类型	10%															物业管理费	95
计算标准事由长度(个字)	10%															受托运行维护费	95
																……	

表 3-8　预算汇总池(示例)

费用大类	费用小类	需求资金(元)	下达资金(元)	申请部门	归口管理部门	优先等级	会计科目	维度	财务评级	评分
办公费	印刷费	3000.00	3000.00	物流中心	办公室	重要	5001200000	XC03	紧急	62.5
办公费	通信费	120000.00	120000.00	调控中心	办公室	重要	5001200000	XC06	紧急	67.5
办公费	通信费	78000.00	78000.00	调控中心	办公室	重要	5001200000	XC06	紧急	67.5
办公费	通信费	456000.00	456000.00	调控中心	办公室	重要	5001200000	XC06	紧急	67.5
办公费	邮电费	50000.00	50000.00	办公室	办公室	重要	5001200000	XC04	紧急	62.5
办公费	印刷费	100000.00	100000.00	办公室	办公室	重要	5001200000	XC03	紧急	62.5
办公费	印刷费	150000.00	150000.00	办公室	办公室	重要	5001200000	XC03	紧急	62.5
办公费	电脑耗品	300000.00	300000.00	办公室	办公室	重要	5001200000	XC05	一般	61.5
办公费	报刊资料费	250000.00	250000.00	办公室	办公室	重要	5001200000	XC02	一般	56.5
办公费	办公用品	282000.00	282000.00	办公室	办公室	重要	5001200000	XC01	一般	61.5
办公费	办公用品	100000.00	81000.00	办公室	办公室	重要	5001200000	XC01	紧急	67.5
…	…	…	…	…	…	…	…	…	…	…

（四）匹配预算平衡目标，体现“统筹性”

可控费用预算申请金额与省公司下达的预算金额之间总会存在一定差异，当省公司预算金额减去本单位申请金额大于零时，体现为预算盈余，反之表示为预算赤字。盈余或赤字部分均需要通过预算平衡来解决。嘉兴供电公司分别针对项目费用、单控费用和其他费用设定16条平衡规则（见表3-9）。当省公司“二下”后，结合下达总额或明细，预算池每一事项调用本年度选择的平衡规则（见表3-10）自动进行预算平衡，生成导入ERP系统的预算控制单据，提高工作效率。

表3-9 预算平衡规则

规则序号	规则描述
1	项目费用按省公司下达总额执行，项目明细由业务部门上报
2	单控费用按省公司下达执行，盈余部分释放至归口管理部门
3	单控费用按省公司下达执行，盈余部分按需求部门比例释放
4	单控费用按省公司下达执行，盈余部分年中申请调减
5	单控费用按省公司下达执行，赤字部分按评分结果削减
6	单控费用按省公司下达执行，赤字部分按需求部门占比削减
7	单控费用按省公司下达执行，赤字部分年中申请增加
8	其他费用按省公司下达明细执行，盈余部分释放至归口管理部门
9	其他费用按省公司下达明细执行，盈余部分按需求部门比例释放
10	其他费用按省公司下达明细执行，盈余部分年中申请调减
11	其他费用按省公司下达明细执行，赤字部分按评分结果削减
12	其他费用按省公司下达明细执行，赤字部分按需求部门占比削减
13	其他费用按省公司下达明细执行，赤字部分年中申请增加
14	其他费用按省公司下达总额执行，盈余部分释放至公共成本中心
15	其他费用按省公司下达明细执行，赤字部分按评分结果削减
16	其他费用按省公司下达明细执行，赤字部分按需求部门占比削减

表3-10 预算平衡规则选择（示例）

年份	单控费用	项目费用	其他费用
2018	规则2、规则7	规则1	规则14、规则16
2019	规则2、规则5	规则1	规则8、规则15

可控费用预算池调用平衡规则平衡后，对每一事项标记“下达”或“结转”两种类型的状态。下达状态表示本事项内容已经取得财务部认可，且本年度已安排相应费用。预算池中每一事项根据评分结果和平衡规则自动更新下达金额。某一事项本年度未安排预算金额，则标记为“结转”状态。“结转”状态的费用根据费用属于“常规性”或“一次性”、是否签订合同等情况自动判断应纳入年中调整还是纳入下一年度。

“二下”结束后，业务部门同样可以发起预算申请单，经审核后纳入预算池，对该部分预算申请事项，全部标记“结转”状态，自动判断为年中调整或下一年度事项范围，待省公司调整时自动进行新一轮预算平衡，克服以往均在每年 11 月上报下一年度预算，每年 10 月调整本年度预算，可能造成业务部门少报、漏报或突击报的弊端。将预算申请和调整均纳入动态平衡的过程，根据生产经营需要，实时申报预算事项；根据经营管理需求，实时调用预算事项，充分发挥预算的统筹作用。

（五）下达预算完成指令，体现“严肃性”

预算池事项经选择的年度平衡规则平衡后，自动写入预算池中的下达金额。根据下达金额分配完成进度后，自动生成“预算下达通知单”（示例见表 3-11）。预算下达通知单描述了该项费用后续发生时应采取的“报销方式”（如员工报销、国网商旅、简易订单）、报销应选择的“费用大类”、报销的“成本中心”和报销的“费用类型”等内容。提供参考的“报销文本”，将事项唯一编码纳入报销文本中，方便后续费用全过程监控。同时明确每一下达事项的完成进度，后续实时统计实际完成情况与完成进度之间的差异，并对该差异进行考核。

表 3-11　预算下达通知单（示例）　　单位：元

可控费用预算下达通知单							
使用部门	调控中心	费用类型	设施标识费	归口部门	调控中心	下达日期	2019-03-01
费用类型	通信线路租赁费	预算编号	X1L00***2	申请金额	72000.00	下达金额	700000.00
费用大类	办公水电费	成本中心	X1L006	费用类型	Z76B-通信线路租赁费	报销方式	网上报销
下达与申请不一致说明	此项费用包含客服、运检电抄表卡、光伏 SIM 卡托收费用。目前移动集抄卡大约有 16000 张，其中 2.7 元/月的约有 9000 张，4.7 元/月的约有 7000 张，加上光伏卡预计每月共产生费用 60000 元。按省公司下达结果，参考评分结果调减 2 万元。						

续 表

你部门申请的费用预算已下达，请按下列完成计划及时完成该项费用的报销。							
1月	60000.00	4月	60000.00	7月	60000.00	10月	60000.00
2月	60000.00	5月	60000.00	8月	60000.00	11月	60000.00
3月	60000.00	6月	60000.00	9月	60000.00	12月	40000.00

业务部门收到可控费用预算下达通知单后，应严格按照通知单的内容进行费用报销。当出现可控费用通知单的下达内容与实际执行存在差异时，应通过“可控费用预算调整单”(示例见表3-12)进行预算调整。预算调整单由业务部门发起，发起时需判断“调整方式”。本部门平衡的费用经审核后对该部门的费用进行平衡。其他部门平衡的费用须经其他部门、财务部统一后再进行平衡。需调增调减的费用须经省公司财务部同意后方可进行平衡。可控费用预算调整单可随时用于预算金额和预算完成进度的调整。财务部每年对预算调整单的使用次数进行控制，超过5次的每增加一次进行一次考核。

表3-12 可控费用预算调整单(示例) 单位:元

可控制费用预算调整单							
申请部门	调控中心	申请人员	***	调整方式	本部门平衡	申请日期	2019-08-26
费用类型	通信线路租赁费	预算编号	X1L00****3	下达金额	700000.00	调整金额	20000.00
平衡部门	调控中心	平衡费用	通信费	平衡预算下达	456000.00	平衡金额	−20000.00
具体事项描述	已签订合同，全年72万元，需调整预算。						
调整后计划完成进度							
1月	55000.00	4月	60000.00	7月	60000.00	10月	70000.00
2月	50000.00	5月	55000.00	8月	60000.00	11月	65000.00
3月	55000.00	6月	60000.00	9月	60000.00	12月	70000.00
业务审批	审批意见： 业务部门主任： 日期： 审批意见： 平衡部门主任； 日期：						

续　表

财务审批	审批意见：	预算专职：	日期：
	审批意见	财务主任：	日期：
预算管理委员会审批意见			

(六)统计预算多维报表,体现“全面性”

多维精益核算变革后,对可控费用预算完成情况难以进行统计分析。嘉兴供电公司采用追踪“唯一编码”的方式解决这一问题,在费用下达通知单中规范预算报销的参考文本,将预算唯一编码植入 ERP 生产系统。通过唯一编码连接各业务和财务部门,贯通预算申请、下达、使用、考核、分析全过程。以可控费用预算池为依据多维度统计各类分析报表中的事项预算相关的金额和完成计划信息,以事项唯一编码为依据,从 ERP 系统中分类归集事项的实际完成金额和完成进度,最终汇总产生费用使用部门、归口管理部门等维度的分析报表。

三、项目实施效果

(一)更精细

建立统一、规范的预算申请流程,强化预算前端审核,将预算的严肃性、刚性前移至预算申请关口。依托预算申请单建立预算控制新模式,确保预算申请、与执行保持一致。实现预算的统计、分析、考核等自动取数功能,减轻财务工作量。

(二)更智能

实现预算优先等级自动评分,根据省公司下达的预算额度实现自动平衡。通过预算申请单智能监控预算执行情况,对完成进度较慢、完成率预测等事项开展智能分析。依托事项唯一编码实现预算全程监控。

(三)更高效

充分发挥预算引领业务的作用,促进费用预算平衡、均衡发生。通过预算下达通知单告知用户报销信息,减轻业务部门使用网报系统的工作量。“一池、两库、三单据”贯通预算申请、审批、执行、监控、分析、考核的全流程,效果更加明显。

第三节 “全真模拟滚动测算模型”助推年度预算精益管理

2017 年 9 月 29 日，财政部发布了《管理会计应用指引第 201 号——滚动预算》。滚动预算是指企业根据上一期预算执行情况和新的预测结果，按既定的预算编制周期和滚动预算，对原有预算方案进行调整和补充，逐期滚动，持续推进的预算编制方法。由于滚动预算的频率越高，对预算沟通的要求越高，预算编制的工作量越大，因此，2020 年，嘉兴供电公司研究决定构建公司层面的“全真模拟”经营效益预测模型，实现对年度预算目标、月度经营成果的滚动更新预测，实现事前预测、事中监控、事后分析，充分发挥各专业部门的协同作用，提升预算精益化管理水平。

一、项目实施背景与目标

随着内外部经济形势不断变化，外部监管力度不断加大，公司经营形势十分严峻，电网公司面临着前所未有的挑战。制定管控边界、优化公司内部资源配置、确保既定预算指标的实现是公司经营面临的首要工作任务。

(一)经济环境对预算管理提出新挑战

受宏观经济下行压力加大、中美经贸摩擦持续等外部经济环境的影响，嘉兴供电公司售电量增速明显回落，增幅从 2017 年的 14%降至 2019 年的 5.21%，电量增长的增量效益进一步收窄。此外，2018 年的一般工商业电价经历 3.3 分/度、1.81 分/度、0.99 分/度、2.3 分/度四次降价，2019 年的一般工商业电价在 2018 年的基础上再次经历 2.19 分/度、5.29 分/度两次降价，加上两部制电价执行方式调整等政策因素对未来产生持续减利影响，使得嘉兴供电公司经营中的不确定、不稳定因素明显增多。

在这些前所未有的严峻形势和巨大压力面前，嘉兴供电公司必须眼睛向内，通过加强管理、挖潜增效的方法，有效弥补效益缺口，努力稳定经营状况。

(二)外部监管对预算管理提出新要求

为建立科学合理的输配电价形成机制，相关监管部门决定加快输配电价改革，改革向建立监管体系、制定监管细则、提升监管能力、强化过程监管推进，标志着输配电价改革将从“建机制”转到“强监管”阶段。这对嘉兴供电公司预算管理提出了更严、更细、更高的要求。

《输配电定价成本监审办法》(以下简称《办法》)明确提出强化成本监审约束和激励作用、细化成本监审审核方法、规范成本监审程序要求等规定。通过政策解读,可以得出《办法》对电网企业有如下指示:部分输配电成本项目实行费用上限控制,明确未实际投入使用、未达到规划目标、重复建设等输配电资产,成本费用不列入输配电成本,引导企业合理有效投资,减少盲目投资;明确不得计入输配电成本的项目,细化输配电定价成本分类、界限及审核方法,增加分电压等级核定有关规定等,进一步提升成本监审操作性。因此,主动适应外部监管的新要求是嘉兴供电公司的必然选择。

(三)企业内部对预算管理提出新思考

嘉兴供电公司目前面临着财务和业务融合不充分,财务分析侧重于本专业的难点和问题。财务分析、业财融合不足给公司带来无法准确定位前端业务的运营问题、管理问题以及业务风险。以财务分析为例,财务分析的不足主要指财务报表分析和指标分析缺乏对引起价值变化的前端业务动因的分析,对电网规划、计划、建设、运行、运维、营销等业务活动如何影响公司收入、成本、费用、资产负债、现金流等缺乏深度分析。以上都将影响财务资源配置的针对性,影响企业内部对财务资源配置的真实性和规范性的有效监控,影响预算引领价值创造作用的有效发挥。而跨专业分析的欠缺影响了财务分析的系统性、综合性、整体性,影响了财务预算资源配置的前瞻性,所以企业内部的财务洞察力和辅助决策水平有待提升。

当前,监管政策不断细化严苛,国资委业绩考核的指标稳中有升,投资、成本、效益约束趋紧,单纯完成利润目标难以满足公司发展和外部监管需要,使得公司经营管理面临较大压力。由于《国家电网公司预算管理办法》规定年度预算原则上只调整一次,因此嘉兴供电公司为确保完成年度预算目标,借鉴了滚动预算的方法,按月开展经营预测。项目实施目标是:通过梳理公司内部经营管理及外部监管核价要素等相关核心指标间的关联,精准把握电网发展重要因素间的联动关系。并且利用数学原理搭建经营仿真模型,达到明确管控边界、科学配置资源、合理制定年度预算的目标;通过建立预算过程管控机制,对预算进行逐级分解,落实到具体的业务部门中,达到更有效提升公司精益化管控水平的目标。

二、项目实施路径与流程

嘉兴供电公司引进“基于战略目标的跨专业综合仿真预测模型”的做法,同时结合多维精益管理变革,搭建监管频道,实现监管政策、监管数据的实时在线更新、全面共享，支撑建立适应新时期输配电价改革和政府监管要求的工作机制等措施，为公司有效地使资源配置支撑经营目标、核价目标，有效预判和防范经营风险、核价风险，有效支撑量化决策，有效引领预算资源配置的前瞻性价值带来可喜的结果。

(一)跨部门培育，成立“1＋X”柔性团队

为克服业财融合不充分、预算管理分散的问题，嘉兴供电公司成立了“1＋X”预算管理柔性团队。其中，“1”是指财务部，“X”是指各业务部门。以财务部门为核心，X个业务部门共同合作，推动预算管理创新发展。

为促进该柔性团队从无到有、从有到优良性发展，在前期创建和后期运作过程中一定要注意以下三点。

第一，明确柔性团队定位。柔性团队负责公司层面预算编制、调整和执行的管控，统一协调各专业、各部门预算计划实施，保障预算执行平稳有序。所以，柔性团队的职能是全流程管控，提高预算精益化管理。

第二，明确柔性团队分工。在该团队中，财务部对公司整体预算的编制和管控负责，营销部负责售电侧数据的预测和管控，发展部负责线损率及购电侧数据的预测和管控，其他业务部门负责各自归口管理费用数据的预测和管控。

第三，明确业财数据共享。打破业财壁垒，实现业务数据、财务数据互联互通并能够有机融合，为预算管理提供更可靠的力量支撑。柔性团队建立数据共享池，牵头组织各部门开展数据梳理，实现第一时间数据共享。

(二)全方位思考，厘清内外联动关系

1.精准识别，构建指标体系

按照《管理会计应用指引第201号——滚动预算》第十四条规定，企业应分析影响预算目标的各种动因之间的关系，建立预算模型，生成预算编制方案。嘉兴供电公司根据各部门核心职能和经济活动，分析各项关键指标，确定关联指标。通过逐部门分析各自业务对公司经营情况的影响，最终确定将售电量、售电价、线损率、购电价、其他成本费用、投资规模、固定资产折旧率这7项指标作为动因指标，将售电收入、购电成本、输配电成本及可控费用、非项目成本支出、利润总额、资产总额、负债总额、带息负债总额、资产负债率、净资产收益率、经济增加值、经营活动现金流量净额这12项指标作为结果指标。

2.动态分析，挖掘数据价值逻辑

利用控制变量法，以动因指标为变量，进行逐项调整测试，在其他指标保持

不变的情况下，统计分析动因指标变动对结果指标的影响，从而梳理出两者之间的逻辑关系（见表 3-13）。

表 3-13 动因指标变动对结果指标的影响

结果指标	售电量	售电单价	线损率	购电单价	其他成本费用	投资规模	固定资产折旧率
售电收入	+	+					
购电成本			+	+			
输配电成本及可控费用					+	+	+
非项目成本支出（折旧费用）						+	+
资产总额	+	+	−	−	−	+	*
负债总额	+	+	−	−	−	+	+
带息负债总额	−	−	+	+	+	+	+
利润总额	+	+	−	−	−	−	−
资产负债率	−	−	+	+	+	+	+
净资产收益率	+	+	−	−	−	−	−
经济增加值（EVA）	+	+	−	−	−	−	−
经营活动现金流量净额	+	+	−	−	−	−	−

注："+"表示同向变化，"−"表示反向变化，"*"表示综合判断。

3. 综合化评价，建立经营仿真模型

建立经营仿真预测模型，实现数据赋能。结合前期构建的指标体系，利用经营效益评价、约化建模理论、系统分析法等，搭建经营仿真模型。

（1）梳理模型搭建思路。以收入、成本、资产、负债和现金流量参数为起点，基于财务指标内部钩稽关系，利用 Excel 循环迭代功能，测算未来年度利润表、资产负债表、现金流量表以及 EVA、利润、资产负债率、净资产收益率业绩指标，自动生成资产负债表、损益表、现金流量表、主要财务指标表等，实现公司财务及经营状况预测，完成公司融资需求预测，展示公司财务资源配置结果。具体流程如图 3-5 所示。

（2）搭建模型逻辑框架。企业经营管理中，各项指标存在严密的逻辑关系。其中，投资、电量、电价等基础性的业务指标，处于生产经营全过程的最前端，是决定公司经营成果的重要动因。投资是一切经营活动的起始，是扩大再生产的

必要途径，是公司确保电网安全、实现经营效益的基本手段。电量、电价是电网企业生产经营的关键指标，电量水平主要取决于国民经济发展情况，电价由国家发改委根据电网企业经营情况据实核定。量价共同作用形成收入，是公司利润水平和现金流入的重要支撑。利润、资产负债率和EVA等成果性的财务指标，处于生产经营全过程的最后端，是各项业务统筹平衡后的客观结果，是一切经营活动的综合体现，对前端业务指标具有约束作用。利润是企业在一定时期内通过生产经营活动所实现的财务成果，是衡量企业经营业绩的重要财务指标。资产负债率表示企业总资产中有多少是通过负债筹集的，是衡量企业债务水平和风险程度的重要财务指标，也是反映资本结构的重要指标。EVA是税后净营业利润与全部资本成本之间的差额，是衡量企业经营者是否有效使用资本为股东创造价值的能力的财务指标，相较利润多考虑了股权资本成本，可以更真实、客观、全面地反映企业经营业绩。利用"利润＝收入－费用"和"资产＝负债＋所有者权益"这两个会计恒等式，将上述的各项指标有机地串联起来，搭建模型逻辑框架如图3-6所示。其中带前缀* 的为重要分析指标，带后缀* 为预测参数，不带前后缀的为过程计算指标。

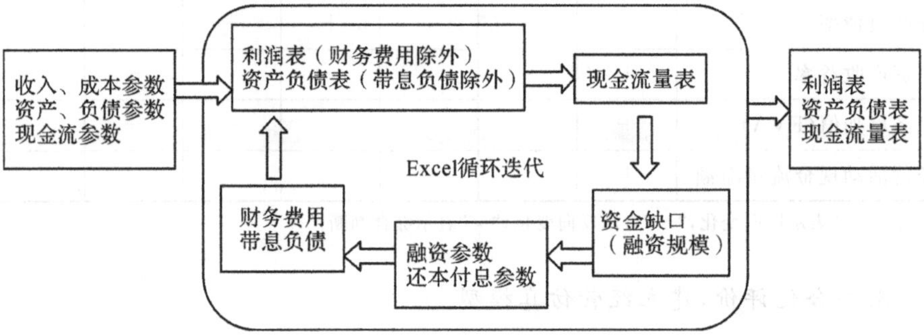
收入、成本参数
资产、负债参数
现金流参数
利润表（财务费用除外）
资产负债表（带息负债除外）
现金流量表
Excel循环迭代
财务费用
带息负债
融资参数
还本付息参数
资金缺口
（融资规模）
利润表
资产负债表
现金流量表

图3-5 经营仿真预测模型搭建思路

(3)制定参数设置规则。改变用以往用职业经验进行判断这种主观性比较强的方法进行参数预测，通过进一步挖掘历史数据的价值，结合输配电价定价成本监审的办法，制定科学的参数预测规则。从收入、成本、资产、负债等关键输入参数出发，通过对每一项业务参数历史数据价值的分析和挖掘，归纳总结出三大类参数。第一类是各年历史数据呈逐年增长或逐年下降趋势，针对该类数据采用历史年平均增长率为基础进行参数假设；第二类是各年历史数据相对稳定，针对该类数据采用基期数据或近三年平均值进行参数假设；第三类是各年历史数据无明显规律，针对该类参数做进一步的分析，分为受外界因素影响较大的和随机性很强的两类，针对前者采用手工填报参数的方式，针对

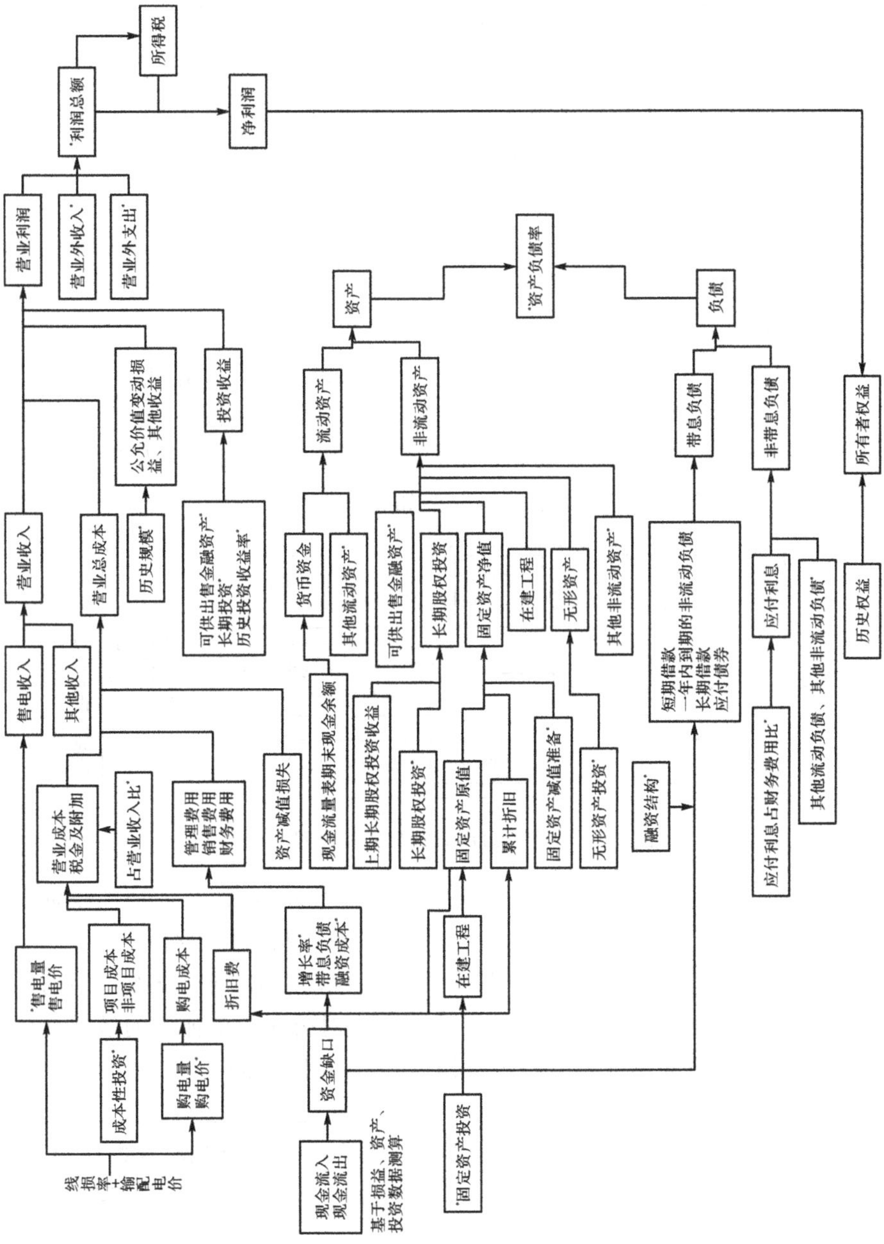
线损率+输配电价
*售电量 售电价
成本性投资*
项目成本 非项目成本
购电量 购电价*
购电成本
折旧费
营业成本 税金及附加
占营业收入比*
管理费用 销售费用 财务费用
售电收入
其他收入
营业收入
营业总成本
历史规模
公允价值变动损益、其他收益
可供出售金融资产* 长期投资* 历史投资收益率*
投资收益
营业利润
营业外收入*
营业外支出*
*利润总额
所得税
净利润
现金流入 现金流出
基于损益、资产、投资数据测算
资金缺口
增长率* 带息负债 融资成本*
资产*减值损失
现金流量表期末现金余额
货币资金
其他流动资产*
流动资产
资产
*固定资产投资
在建工程
上期长期股权投资收益
长期股权投资*
固定资产原值
累计折旧
固定资产*减值准备
无形资产*投资
可供出售金融资产*
长期股权投资
固定资产净值
在建工程
无形资产
其他非流动资产*
非流动资产
*资产负债率
融资结构*
短期借款 一年内到期的非流动负债 长期借款 应付债券
带息负债
应付利息占财务费用比*
应付利息
其他流动负债、其他非流动负债*
非带息负债
负债
历史权益
所有者权益

图 3-6　经营仿真预测模型逻辑框架

注：带前缀*的为重要分析指标，带后缀*的为预测参数，不带前后缀的为过程计算指标。

后者采用近三年历史数据平均值进行参数假设。结合历史趋势及成本监审，对业务参数的预算值制定“个性化”的预测规则，赋予数据能量，使得测算结果更加客观、准确。

4.模型拓展，建立多维分析频道

为适应外部监管和辅助内部决策，嘉兴供电公司在经营预测模型的基础上，进一步挖掘，拓展模型功能，最大化发挥数据的价值。

(1)开发单期最大投资能力测算模型。从现金流量的角度出发，梳理出投资能力与其他现金流量直接的关系如下：

投资活动现金流出(投资额)＝经营活动产生的现金流量净额＋筹资活动产生的现金流量净额＋投资活动现金流入－现金及现金等价物净增加额

基于经营仿真预测模型，以主要经济指标，即EVA、利润、资产负债率、净资产收益率等经营目标为约束，以现金流量平衡为手段，以规划求解为方法，求解最大投资规模。投资能力测算模型逻辑框架如图3-7所示。

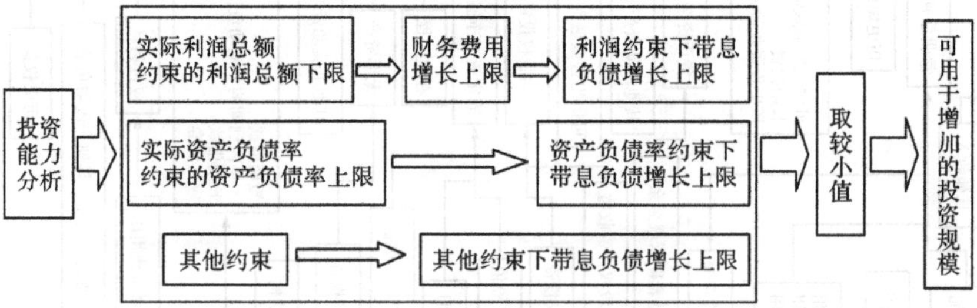
投资能力分析
实际利润总额约束的利润总额下限
财务费用增长上限
利润约束下带息负债增长上限
实际资产负债率约束的资产负债率上限
资产负债率约束下带息负债增长上限
其他约束
其他约束下带息负债增长上限
取较小值
可用于增加的投资规模

图3-7 投资能力测算模型搭建思路

可见，如经营水平既定，则用于投资的自有资金供给亦既定，要增加投资需要通过增加外部融资，进而需要放宽资产负债率约束或利润总额约定。

投资能力测算模型能够满足单期投资能力的测算要求，同时支撑不同动因指标值下投资能力的差异分析，实现不同动因指标对公司投资能力的敏感性分析，为公司不同经营效益水平下投资决策提供参考(见图3-8)。

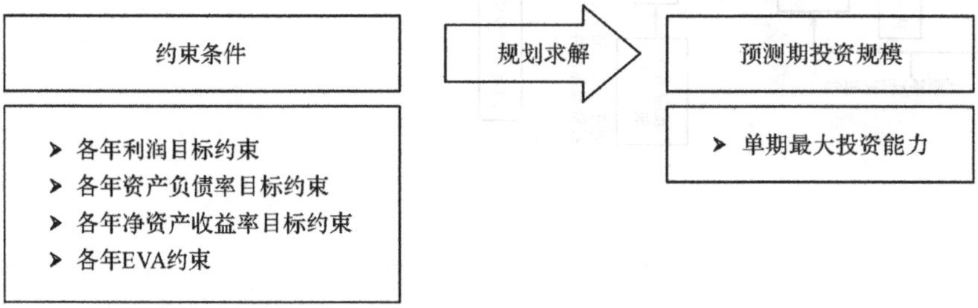
约束条件
各年利润目标约束
各年资产负债率目标约束
各年净资产收益率目标约束
各年EVA约束
规划求解
预测期投资规模
单期最大投资能力

图3-8 单(多)期投资能力优化求解思路

(2)开发多维联动分析模型。为满足在不同场景下对预算指标的测算及敏感性分析,准确高效地为经营决策提供辅助,依托经营仿真预测模型,搭建多维联动分析模型,即动因指标到结果指标正向测算。通过在变量区设置重要性较高的动因指标,可进行单变量或多变量组合,在不同动因指标变动场景下,计算成果指标,并进行敏感性分析,辅助公司进行经营决策。

(3)开发多变量优化模型。为满足在已知成果指标的情况下,进行动因指标的测算,搭建了多变量优化模型,即成果指标到动因指标的反向测算。依托多维联动分析模型,采用数学优化技术,以 EVA 最大化为目标函数,以利润目标、资产负债率、净资产收益等为约束条件并设置管控边界,整体优化求解投资规模、输配电价、售电量增长率、成本费用增长率等多个决策变量(可进行组合),计算在不同经营业绩目标组合下投资、电量、电价、成本等关键要素的合理取值,辅助公司年度目标核定以及经营业绩模拟预测(见图 3-9)。

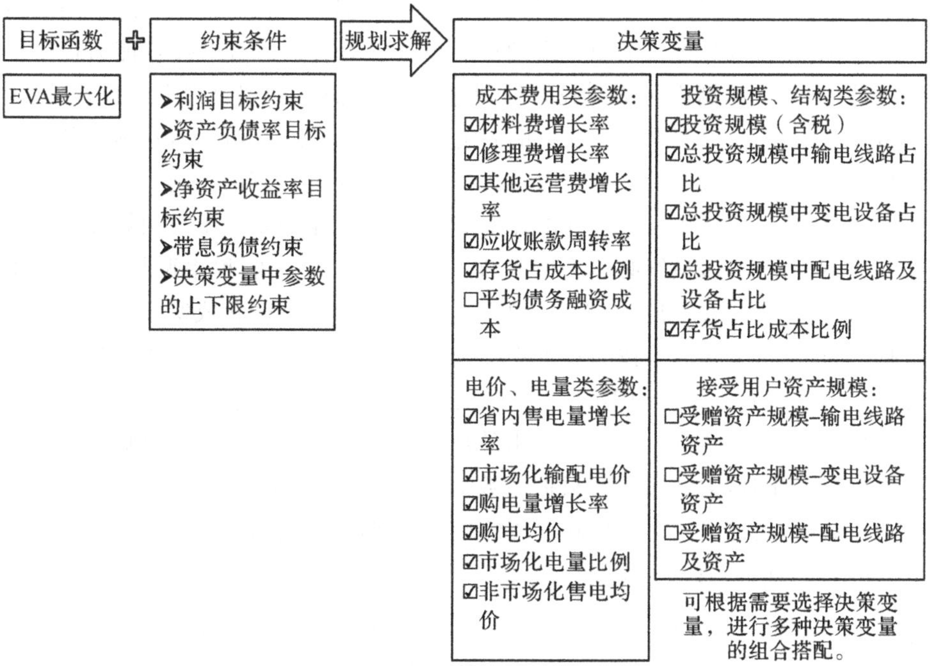
目标函数
约束条件
规划求解
决策变量
EVA最大化
➤利润目标约束
➤资产负债率目标约束
➤净资产收益率目标约束
➤带息负债约束
➤决策变量中参数的上下限约束
成本费用类参数:
☑材料费增长率
☑修理费增长率
☑其他运营费增长率
☑应收账款周转率
☑存货占成本比例
□平均债务融资成本
投资规模、结构类参数:
☑投资规模(含税)
☑总投资规模中输电线路占比
☑总投资规模中变电设备占比
☑总投资规模中配电线路及设备占比
☑存货占比成本比例
电价、电量类参数:
☑省内售电量增长率
☑市场化输配电价
☑购电量增长率
☑购电均价
☑市场化电量比例
☑非市场化售电均价
接受用户资产规模:
□受赠资产规模-输电线路资产
□受赠资产规模-变电设备资产
□受赠资产规模-配电线路及资产
可根据需要选择决策变量,进行多种决策变量的组合搭配。

图 3-9　多变量组合优化求解

5. 模型运用,制订科学预算计划

搭建模型是为了制定更科学、精准的预算管理,而在将原始数据与模型有机结合并制定预算计划时,必须操作规范。

(1)验证历史数据。柔性团队收集并整理了近三年售电量、售电单价、线损率等144项业务参数，经过对数据的二次加工处理，置入模型中，对数据进行赋能。数据根据模型预置的规则，经过计算，自动推演出未来五年的经营情况，最终以利润表、资产负债表、现金流量表和主要考核指标表四张报表的形式呈现结果。柔性团队初步对模型预测的结果进行评价，将模型预测的售电量等业务参数和人工预测的相关业务参数进行比较，评估模型预测数据的准确性和合理性。对一些不符合预期以及受政策等外部因素干扰的业务参数进行人工修正，确保位于模型最底层的业务参数准确，从而使模型推演的结果更符合实际。

(2)制定年度预算。在柔性团队对部分数据进行人工修正后，年度预算已基本成型。后续根据省公司下达的利润总额、可控费用和资产负债率等相关指标，利用多变量优化模型，进行结果指标到动因指标的反向测算。确定在满足省公司下达的各指标组合条件下，得出适合嘉兴供电公司的投资额、电量电价、成本等关键参数的预算值。同时，利用单期最大投资能力测算模型，根据省公司考核要求，对利润、资产负债率、净资产收益率等关键指标设置管控边界，进行当期最大投资能力测算，并将模型测算出的最大投资能力和最适合的投资能力提供给发展部，为科学编制固定资产投资计划提供参考意见，做到合理有效投资，减少盲目投资。最终，根据发展部反馈的固定资产投资计划代入模型，在满足各考核指标的条件下，优化调整其他动因参数，最终完成年度预算的编制。

(3)调整预算计划。目前外部环境变化快，不确定因素频出。预算如按照年初一成不变地执行，最终必然会偏离轨道。针对电价下调、税率调整等因素，柔性团队先将这些“看不见、摸不着”的宏观因素进行量化，转化成实实在在的业务数据，如将电价下调政策按照在本年度执行的时间，平摊到年度平均电价中。量化外界因素对业务数据的影响，将参数的变化输入模型调整区域后，利用多维联动分析模型使数据赋能，立刻展示出外部因素变化对公司经营的影响并开展敏感性分析。此时，柔性团队会根据参数的变化，利用多变量优化模型，重新规划各业务数据，制订出一套适应新环境的预算计划，来平衡这些突发因素。

6.模型辅助，建立过程管控机制

在模型的辅助作用下，以预算指标结果为导向，对业务参数开展过程管控。预算计划常常根据当年的实际情况动态调整，预算管控必须更加精益、灵活，才能充分发挥预算价值引领的作用。所以，嘉兴供电公司打破陈规，锐利创新。

(1)建立动态过程管控机制。将预算管理目光从结果转移到全过程，细化预算管理颗粒度，注重对预算执行过程的管控。建立动态过程管控机制的关键性做法是建立经营控制考核方案，对预算指标设置季度考核目标，以季度为周期对预算完成率进行考核，提高各专业、各部门对预算的重视度。同时要求按月上报业务计划，柔性团队会根据计划对月度指标进行判断，若发现业务计划与月度预算数据之间偏差较大，导致经营情况及指标出现较大波动的，柔性团队会及时与相关业务部门进行沟通，调整当月业务计划，尽可能与预算执行平稳、可控。

(2)开展滚动预测。借助模型编制年度预算，根据利润表中各项目近三年的历史百分比，拆分形成月度预测利润表。充分落实动态管控机制，将年度预算分解到每个月份，以更细化的颗粒度对预算进行管控。柔性团队将每个月度实际发生的数据更新至模型，模型将利用这些数据对后续月份进行研判，在保证完成年度计划的前提下，规划出一套新的月度预算。而对于突发事件采取“一事一测”制，即发生一件突发事情，就进行一次滚动经营测算。不断开展滚动预测，对预算进行过程管控，可以确保在外部大环境多变的情况下，及时采取应对措施，实现管理的精益化(见图 3-10)。

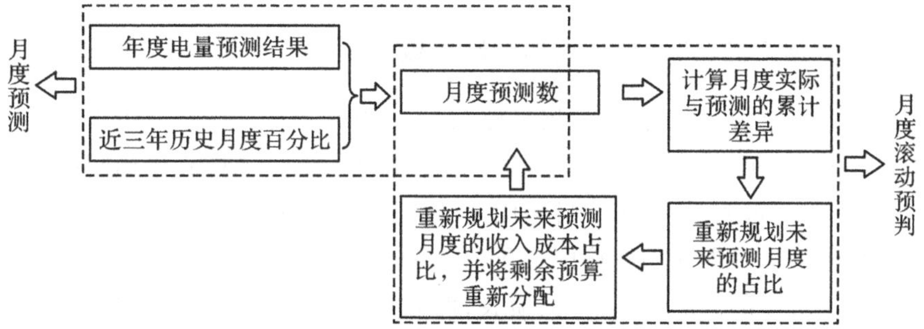
月度预测
年度电量预测结果
近三年历史月度百分比
月度预测数
计算月度实际与预测的累计差异
月度滚动预判
重新规划未来预测月度的收入成本占比，并将剩余预算重新分配
重新规划未来预测月度的占比

图 3-10　月度损益测算和滚动预判示意

(3)开展预算偏差分析。按月进行预算偏差分析，分析差异原因，提高预算管理水平。柔性团队每月初收集上一月度的会务报表和业务数据并更新到模型中。借助模型中的年度预算偏差预警模块直观展示各类参数和指标的完成情况，进行偏差分析。通过分析业务参数和预算指标的完成率，对完成率较低的业务参数或预算指标进行深入分析。对由管理因素造成的偏差，柔性团队会将分析结果反馈给对应的业务部门，由业务部门进行整改；对由外部因素造成的偏差，柔性团队会将情况及时向上汇报，并根据预算指标做进一步的调整，确保预算整体执行情况可控、在控。此外，模型还会对利润总额进行监控，当累计利润总额出现负数时，模型会进行预警，促进预算过程管控体系提前进行预算调整和开展工作部署，具体如图 3-11 所示。

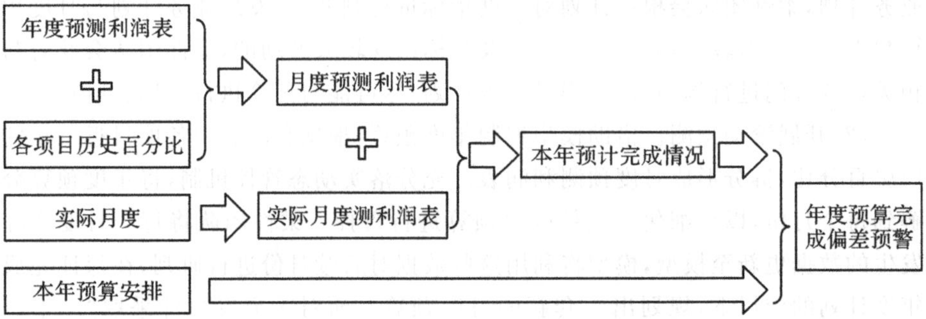
年度预测利润表
各项目历史百分比
月度预测利润表
本年预计完成情况
实际月度
实际月度测利润表
年度预算完成偏差预警
本年预算安排

图 3-11 年度预算完成情况偏差预警示意

三、项目实施效果

(一)数据赋能,实现预算编制精准高效

适应输配电价改革、公司发展战略及管理变革需要,梳理、分析 EVA、资产负债率、利润总额、投资、电价(售电价、趸购电价)、电量等核心指标间的相互影响、相互制约逻辑关系,采用多目标优化、敏感性分析等方法,搭建经营仿真预测模型。根据历史数据和适应输配电价改革的参数预置规则,模型能够高效准确地输出未来五年的利润表、资产负债表、现金流量表和关键指标参数表等。后期经过对数据的验证,基于数据赋能的预算准确性已达到 90%,基本上可以直接使用。该模型的利用不仅能将业财数据有机融合在一起,实现数据赋能,还节省了大量人工,缩短了年度预算编制时间,提高了企业工作效率,为提质增效添砖加瓦。

(二)滚动预测,发挥预算价值引领作用

仿真模型会结合实际数与年度指标,以月度为周期自动对年度剩余月份预算数进行滚动预测,细化了预算管控颗粒度,同时能进行偏差分析和预警。

如在 2019 年上半年,嘉兴供电公司将实际月度损益数据代入模型,利用模型对月度经营效益进行滚动预测分析,模型先后 4 次出现利润为负的预警。嘉兴供电公司及时采取应对措施,加强预算管理,以利润总额为目标导向,对售电量、线损等前端业务数据进行了管控。这为业务部门严格按照既定计划完成售电量、线损等参数指标,以及控制费用平稳发生保驾护航,使嘉兴供电公司月度利润总额未出现负数情况,充分发挥了预算价值引领的作用。

(三)综合分析,助力公司管理经营决策

依托多维联动分析、多变量优化求解等模型,实现了从动因指标到结果指标和从结果指标到动因指标的双向测算,满足在不同投资策略、折旧策略、用户资产接收策略等多场景下对经营业绩和财务状况的仿真和预测。在此基础上,还可以根据公司经营目标确定 EVA、利润总额和资产负债率等重要财务指标的约束底线,借助管控模型测算确定科学合理的投资规模、电量电价、成本费用等业务边界。

运用模型开展综合分析,能有力支撑经济活动分析、预算总控目标测算、投资决策等,提高财务资源配置效率和效益,并且服务管理层,为管理层做出经营决策提供更多具有价值的参考意见。

第四节　标准成本法在安全费预算管理中的应用

标准成本法,是指企业以预先制定的标准成本为基础,通过比较标准成本与实际成本,计算和分析成本差异、揭示成本差异动因,进而实施成本控制、评价经营业绩的一种成本管理方法。2017 年 9 月 29 日,财政部发布了《管理会计应用指引第 302 号——标准成本法》。电网企业的安全费通常由安全工器具(“料”)、保安人工费(“工”)及消防维保、安防维保等费用(“费”)等组成。嘉兴平湖公司针对安全费管理难度的现状,在公司系统内先行先试,大胆尝试了标准成本法在安全费管控中的应用。

一、项目研究背景与目标

2019 年,平湖公司累计发生安全费 644.86 万元。从费用功能来看,其中:完善性成本 142.93 万元,占比 22.16%,主要是安全评价费、广告费;保障性成本 501.93 万元,占比 77.84%。从费用构成来看,其中:保安费用占 68.26%,安全工器具 17.67%,消防维保 6.50%,安防维保 5.75%,风险管控平台维护费 0.99%,急救药品 0.56%,图书资料 0.27%。安全费由安监部门归口管理,涉及的部门多。但由于业务部门缺乏预算管理的方法和手段,安全费预算的编制“拍脑袋”现象长期存在,费用出现持续增长,亟须寻找先进的管理手段,实现对安全费的精准管控。

二、研究实施途径与流程

2020 年，平湖公司按照“零基预算”的理念，运用标准成本法，开展费用精益化管理，通过科学的管理工具，实现财务与业务对安全费的齐抓共管，将“提质增效”的要求入脑、入心。根据《管理会计应用指引第 302 号——标准成本法》第十一条，在制定标准成本时，企业一般应结合经验数据、行业标杆或实地测算的结果，运用统计分析、工程试验等方法，按照以下程序进行：①就不同的成本或费用项目，分别确定消耗量标准和价格标准；②确定每一成本或费用项目的标准成本；③汇总不同成本项目的标准成本，确定产品的标准成本。

平湖公司收集并梳理了嘉兴地区 2019 年五家县公司的安全费明细，安全费大致可分为保安、安全工器具、安防维保、消防维保等保障性成本及其他完善性成本。完善性成本遵循“一事一议，逐项审批”的原则，研究范围暂时剔除，本次研究方向定位在测算保障性成本额度。

（一）保安费用管理

保安费用测算的关键在于对保安人数、人均费用进行定额，计算公式：保安费＝∑(执勤岗点分类×对应保安人数)×工资定额标准×工资调整系数。

1.保安人数控制

不同场所保安配置差异化明显，通过界定各场所的执勤岗点分类，首先测算出保安人数。根据《嘉兴市电力设施反恐怖防范标准执行细则》中关于保安人数的规定，以及结合各场所执勤特点，制定了保安配置表（见表 3-14）。

表 3-14 保安配置

执勤岗点分类	岗位数(个)	岗位人数配置(人)	保安人数(人)	备注
调度大楼及其他办公场所	3	2	6	治安风险等级三级，《反恐细则》要求配置每岗不少于 3 人，全天 24 小时需要执勤
营业厅 A	2	1	2	城区供电所，周末无休
营业厅 B	2	1	2	城区供电所，周末无休
营业厅 C	1	1	1	乡镇供电所，周末休息
营业厅 D	1	1	1	乡镇供电所，周末休息
供电所、工区	3	1	3	全天 24 小时需要执勤

续　表

执勤岗点分类	岗位数(个)	岗位人数配置(人)	保安人数(人)	备注
仓库	2	1	2	全天24小时需要执勤
35kV及以上变电站	2	1	2	治安风险等级三级,《反恐细则》要求配置每岗不少于1人,全天24小时需要执勤
保安队长	—	—	1	—

按照相关规定,结合平湖公司现有的执勤岗点,测算出48人的标准配置(剔除属地化管理的110KV变电站保安28人),实际保安人数45人,偏差人数3人。思路是结合各生产、办公场所特点,通过优化保安配置的方式适当减少保安人数。

2.人均费用测算

关于人均费用的测定,保安的人均成本处于公司所有外包业务的低水平,平湖公司2020年约发生保安费用250万元,分摊后人均5.11万/年(扣除保安公司收取的服务费)。根据平湖市统计局发布的数据,2019年全社会单位就业人员平均工资为6.95万元,保安人均费用相当于平均工资水平的73.53%,考虑到保安公司是营利机构,判断人均费用下降空间不大。

(二)安全工器具

安全工器具的管理思路是确定最优数量,取得合理价格。

数量的测定上考虑"标准定额"+定期轮换,手段上可借助安监部门已有的"安全风险管控平台",该平台有"安全工器具管理"功能,完整地记录了安全工器具购买、入库、分配、检测、报废的全生命周期,并且具备分部门、分类别的台账管理功能。

首先制定班组安全工器具"标准定额",再通过系统"安全风险管控平台"确定每年报废数量,合理测算费用。计算公式:安全工器具费用=∑(各项安全工器具每年报废数量×市场化采购平台单价)。

1.制定班组安全工器具标准定额

平湖公司安监部制定的班组安全工器具参考配置表如表3-15所示。

表 3-15　班组安全工器具参考配置

序号	工器具名称	计量单位	变电检修班（20人）	线路检修班（20人）	试验班（10人）	通信班（10人）	供电所（10人）
1	辅助性绝缘手套	双	4	4	4	2	2
2	辅助性绝缘靴	双	4	4	4	2	2
3	绝缘操作杆	套	4	4	4	—	2
4	辅助性绝缘垫	块	4	4	4	—	4
5	验电器	支	根据工作电压等级，每电压等级各4支	根据工作电压等级，每电压等级各4支	根据工作电压等级，每电压等级各2支	低压验电器每人1支	根据工作电压等级，每电压等级各4支
6	接地线	组	根据工作电压等级，35kV以上每电压等级各6组，35kV及及以下各8组	根据工作电压等级，35kV以上每电压等级各6组，35kV及及以下各8组	试验专用接地线（含专用放电接地棒）2组	—	10kV(20kV) 8组 低压8组
7	工具柜	个	4	4	2	2	2
8	安全带	副	每人1副	每人1副	每人1副	—	每人1副
9	安全帽	顶	每人1顶	每人1顶	每人1顶	每人1顶	每人1顶
10	梯子	把	4	6	4	3	6
11	脚扣	副	需要人员每人1副	需要人员每人1副	—	—	需要人员每人1副
12	速差自控器	只	4	8	4	2	8
13	个人保安线	副	—	每人1副	—	—	每人1副
14	安全警示带（围栏绳）	根	—	10	4	4	10
15	标示牌（禁止合闸、有人工作！）	块	10	10	10	5	10

续　表

序号	工器具名称	计量单位	变电检修班（20人）	线路检修班（20人）	试验班（10人）	通信班（10人）	供电所（10人）
16	标示牌（禁止合闸、线路有人工作！）	块	10	10	10	5	10
17	标示牌（止步，高压危险！）	块	10	10	10	5	10
18	标示牌（在此工作！）	块	10	10	10	5	10
19	护目镜	副	每人1副	每人1副	每人1副	—	每人1副
20	防毒面具	套	4	4	4	—	4
21	红布幔	块	6(2.4m×0.8m)	—	2(2.4m×0.8m)	2(2.4m×0.8m)	—
…	…	…	…	…	…	…	…

比照公司各班组“安全工器具台账”，发现各班组安全工器具实际持有量远高于定额标准。如何制定合理的标准定额、如何消耗现有库存至定额标准是难点，采取的措施是在“安全风险管控平台”收集全省安全工器具配备情况，找出真实的最低定额。规模大致相同的班组，选择全省配置最少的为最低标准。

2.通过预计报废数量确定购买数量

通过系统“安全生产风险管控平台”，跟踪各项工器具从购买到报废的全生命周期，在满足定额标准的前提下，实际每年仅需采购同等报废数量的安全工器具（示例见表3-16）。

表3-16　安全管理工具报废遗失统计（示例）

工器具类型	计量单位	报废	遗失	总数
安全带	副	13	0	467
安全帽	顶	0	0	18
安全绳	根	31	0	106
安全围栏绳	根	0	0	1

续 表

工器具类型	计量单位	报废	遗失	总数
抱杆	套	0	0	6
带电棘轮紧线器	个	0	0	4
带电作业用绝缘滑车	辆	0	0	10
带电作业用绝缘手套	副	23	0	80
带电作业用绝缘毯	块	0	0	33
带电作业用绝缘硬梯	把	56	0	105
登高软梯	把	0	0	4
电容型验电器	个	5	0	308
吊装带	副	0	0	1
放线滑车	辆	0	0	281
辅助型绝缘垫	块	0	0	30

3. 采购价格方面要下足功夫

确定每年安全工器具的购买数量后，结合市场化采购平台买单价，即可精准下达预算。根据有关部门反馈，市场化采购平台上的单价普遍高于市场价格，拿0.4KV绝缘手套举例，同品牌同型号的绝缘手套，市场价格在200元左右，但是在市场化采购平台上高达600元。实际采购中，通过和供货商谈判，以让供应商增加送货数量的形式降低单价。但效果达不到期望值，还是应该在采购环节避免采购价格大幅偏离市场价。

(三)消防维保

消防维保费用分为两部分。一是维保服务测算，计价依据是不同消防系统服务面积×单价，系统分为无火灾自动报警系统、无灭火等联动系统，含火灾自动报警系统或含灭火等联动系统，含火灾自动报警系统和灭火等联动系统，含火灾自动报警系统和灭火等联动系统及智慧消防系统四种。按照平湖公司最新统计数据，如表3-17所示，维保服务收费和公司房屋面积以及消防自动化水平挂钩。

表 3-17　消防管理费明细　　　　单位：元

序号	项目名称	建筑面积	无火灾自动报警系统、无灭火等联动系统	含火灾自动报警系统或含灭火等联动系统	含火灾自动报警系统和灭火等联动系统	含火灾自动报警系统和灭火等联动系统及智慧消防系统
			单价：2.00 元/m²	单价：4.00 元/m²	单价：7.00 元/m²	单价：10.00 元/m²
1	国网浙江平湖市供电公司 ** 大厦	13687.37m²			95811.59	
2	** 中心及仓库	2872.80m²	5745.60			
3	国网浙江平湖市供电公司 ** 园区	21628.34m²			151398.38	
4	国网浙江平湖市供电公司 ** 供电所	5394.52m²			37761.64	
5	国网浙江平湖市供电公司 ** 供电所	8978.32m²		35913.28		
6	国网浙江平湖市供电公司 ** 供电所	2426.42m²		9705.68		
	国网浙江平湖市供电公司 ** 供电所	7301.42m²		29205.68		
面积合计		62289.19m²	费用合计：365541.85			

二是消防用品测算，根据次年需要更换的消防用品测算。按照消防用品每年补充一定数量的消耗，每五年更换一次的规则，平湖公司根据公司消防用品的台账，首先梳理次年到期需要轮换的消防用品，然后在此基础上预估第二年消耗补充的数量。实际上，无消防应急演习、火灾等特殊情况，每年自然消耗的消防用品数量有限，大额发生还是在五年到期轮换部分。但是手工台账费时费力，数据容易丢失，建议参照“安全风险管控平台”中的“安全工器具管理”功能，新增“消防用品管理”功能。

(四)安防维保

安防维保费用分为两部分。一是维保服务测算，计价依据是安防设施的数量×单价。平湖公司安防设施数量如表 3-18 所示，再参照市场单价可测算金额。2017 年、2018 年均发生 6.84 万元，2019 年、2020 年均发生 6.82 万元，金额相对固定。二是安防维保物资现状，由于安防维保采用包工不包料的方式，零星更换的配件由维保公司提供，但是价格另外计算，单价在维保合同上明确标注，也存在部分合同未注明的情况。平湖公司 2018—2020 年分别发生 5.86 万元、6.83 万元、2.28 万元(2020 年上半年)。

(五)其他

风险管控平台维护费，每年固定发生，金额每年上涨一定比例；急救药品费用为生产车辆急救包轮换，与生产车辆数量有关，测算相对简单；图书资料费主要为上级要求征订的图书，金额极小。

三、项目取得效果

(一)合理配置安保人数，压降了保安费用

由于保安人工成本比较低，通过优化人员配置降低保安费用。按照保安配置表测算出的安保人数是各公司的最高配置，综合考虑各场所的特点，互相利用保安力量，合理配置安保人数。比如平湖公司电费管理部包含城区供电所，属于公司大楼辅楼，该出入口在工作时间之外，周末均关闭，仅保留主楼出入口。在安排保安人数时，未参照供电所 3 岗 1 人共计 3 人的标准，实际安排保安人数为 2 岗 1 人共计 2 人，减少 1 名保安。确定保安人数后，结合各地平均收入水平，可以测出保安费用。

(二)减少闲置浪费、控制采购单价，安全工器具费用得到有效控制

数量上减少闲置浪费。一是做到确定安全工器具的定额标准，通过“风险管控平台”拉取全省安全工器具数据，规模大致相同的班组以目前全省配置最少的班组作为定额标准。二是消耗多余库存，有工器具超编情况的部门暂不新批安全工器具预算，先通过消耗多余库存降低至定额标准。三是以旧换新更换，按照供电所、工区的规模无重大改变，在安全工器具数量不新增的前提下，以废换新，预算上根据“安全生产风险管控平台”的报废周期，确定每年以废换新的数量。

价格上合理控制。数量精准计量之后，只需合理控制单价，尤其是市场化采购里的价格，即可实现安全工器具精益化管理。

表 3-18 安防设施数量

安防设施	建筑物名称	围墙震动系统		电子围栏系统		红外对射报警系统		安保视频监控系统		电子巡查系统（套）	一键报警系统（套）	其他安防系统（套）
		数量（套）	总长（米）	数量（套）	总长（米）	数量（套）	对射装置（对）	数量（套）	摄像头（个）			
换流站	±800kV＊＊换流站	1	1500	1	1500	1	5	1	5	0	1	0
	±50kV＊＊换流站	0	0	1	400	0	0	1	3	0	1	1
110kV变电站	110kV＊＊变电所	0	0	0	0	1	10	1	2	0	1	0
	110kV＊＊变电所	1	280	1	300	0	0	1	2	0	1	0
	110kV＊＊变电所	0	0	1	220	0	0	1	2	0	1	0
	110kV＊＊变电所	0	0	1	280	1	1	1	2	0	1	0
	110kV＊＊变电所	1	430	1	450	0	0	1	2	0	1	0
	110kV＊＊变电所	0	0	1	180	0	0	1	2	0	1	0
	110kV＊＊变电所	1	180	1	200	0	0	1	2	0	1	0
	110kV＊＊变电所	0	0	1	300	0	0	1	2	0	1	0
	110kV＊＊变电所	0	0	1	250	0	0	1	2	0	1	0
	110kV＊＊变电所	1	200	1	220	1	1	1	2	0	1	0
	110kV＊＊变电所	0	0	1	260	0	0	1	2	0	1	0
	110kV＊＊变电所	0	0	1	220	1	1	1	2	0	1	0
	110kV＊＊变电所	0	0	1	240	0	0	1	2	0	1	0

续　表

安防设施	建筑物名称	围墙震动系统		电子围栏系统		红外对射报警系统		安保视频监控系统		电子巡查系统（套）	一键报警系统（套）	其他安防系统（套）
		数量（套）	总长（米）	数量（套）	总长（米）	数量（套）	对射装置（对）	数量（套）	摄像头（个）			
35kV变电站	35kV＊＊变电所	0	0	1	260	0	0	1	2	0	1	0
办公楼	＊＊园区	0	0	1	240	0	0	1	44	0	0	0
	＊＊供电所	0	0	1	300	1	1	1	58	0	1	0
	＊＊供电所	0	0	1	260	1	2	1	14	0	1	0
	检修工区-＊＊	0	0	1	260	1	1	0	0	0	0	0
	＊＊营业厅	0	0	1	100	1	1	1	12	0	1	0
	＊＊营业厅	0	0	0	0	0	0	0	0	0	1	0
	＊＊桥营业厅	0	0	0	0	0	0	0	0	0	1	0
	＊＊调度大楼	0	0	0	0	0	0	0	0	0	3	0
仓库及其他场所	＊＊物资仓库	0	0	1	100	0	0	0	0	0	0	0
	＊＊开关站	0	0	1	320	0	0	0	0	0	0	0
	电费管理部	0	0	0	0	1	21	1	12	0	0	0
合计		4	1090	20	4960	9	39	19	168	0	22	0

(三)消防维保、安防维保费用大幅下降

两项费用都分为每年固定发生的维修服务费和更换物资的费用。通过盘点公司消防、安防设施的数量,参照市场价格测算得出固定发生的维修费用。更换物资的费用,每年在招标环节由管理部门提供详细清单作为合同组价依据。通过全生命周期管理,消防物资的更换按照五年一轮换的时间规律测算。

第四章 财务核算分析精益化管理创新与实践

嘉兴供电公司以经营效益为导向，在实现全流程自动化财务快报编制的基础上，开展了基于单位电量的运维费用精益管理，深化了经营全过程成本效益分析，挖掘成本效益增长点、优化成本运作方式、筑牢成本安全防线，实施成本投入的否决机制、全寿命机制和激励机制，全力提升公司成本投入产出的效率效益水平。

第一节 全流程自动化财务快报编制

《财政部关于全面推进我国会计信息化工作的指导意见》（财会〔2009〕6 号）提出，推动会计准则制度有效实施信息化，通过将相关会计准则制度与信息系统实现有机结合，自动生成财务报告，进一步贯彻执行相关会计准则制度，确保会计信息等相关资料更加真实、完整。2018 年，嘉兴供电公司结合电网业务，在财务信息系统中固化会计准则及税收法规，贯穿于业务发生到报表出具全流程，实现“业务检查、账务调整、财务快报编制自动化”的目标。嘉兴供电公司秉承“市县联动、实时监控”的管理理念，构建自动财务辅助应用系统，实现账务“检查—反馈—调整—检查”的闭环处理功能，创建突出税务风险的自动分析功能，完善财务快报空白数据一键补充设计。

一、项目实施背景与目标

嘉兴供电公司月度财务快报需次月 1 日下午 2 时上报省公司，而营销抄表时间为月末 24 时，财务处理的时间集中在每月 1 日上午，时间紧，任务重。为解放财务快报编制束缚，促使财务人员向管理会计功能转变，嘉兴供电公司秉承“市县联动、实时监控”理念，制定月末结账全流程 37 项步骤、68 条事项，快报编报 32 个动作、7 步稽核，在业务记账、趸售结算、税费计提、月末结账等环节嵌入“自动化”要素，优化业务流程，创新工作机制，经过实践逐步形成了账务实时监控、风险职能分析、趸售在线传递、税费规范计提、报表一键生成的全流程、自动化编制快报管控体系。全流程、自动化编报财务快报提出三层次工作目标。

(一)账务实时处理

依托财务管控系统账务数据建立月末账务检查规则库,实现账务实时检查。对每一检查规则,建立分录调整模板,实现账务规范调整。构建财务辅助应用系统,导入检查规则、植入调整模板,链接至员工报销模块,产生“检查—反馈—调整—检查”的自动循环处理模式。

(二)风险智能分析

构建准则风险与税务风险信息库,依托财务辅助应用系统对经济业务进行风险分析。设置风险预警阈值,实现风险自动提醒功能。梳理公司涉税的税收法规,固化税险分析规则,实时分析涉税风险。

(三)人员功能转变

伴随信息化的应用、人工智能的引进,传统大量日常、高频、单一的记账工作将被机器替代。嘉兴地区全流程、自动化编制财务快报的最终目标是解放财务人员重复记账劳动,提高报表编制效率,促进财务人员向管理会计转变。

二、项目实施路径与流程

围绕“账务实时处理、风险智能分析、人员功能转变”的三个层次工作目标,以“市县联动、实时监控”为管理理念,经过“破壁垒、促协同、定规则、勤沟通”的核心工作步骤。

(一)破壁垒,融合前端业务部门

“业财融合”是编制快报的基础和前提。“突破部门壁垒”是业财融合的关键。通过搭建快报编制组织架构、编写快报实施保障制度、业财岗位无缝对接(见图 4-1),明确各业务部门在财务报告编制中的职责界面,突破部门壁垒,建立业务到财务距离最短的联络关系,提高编制效率。

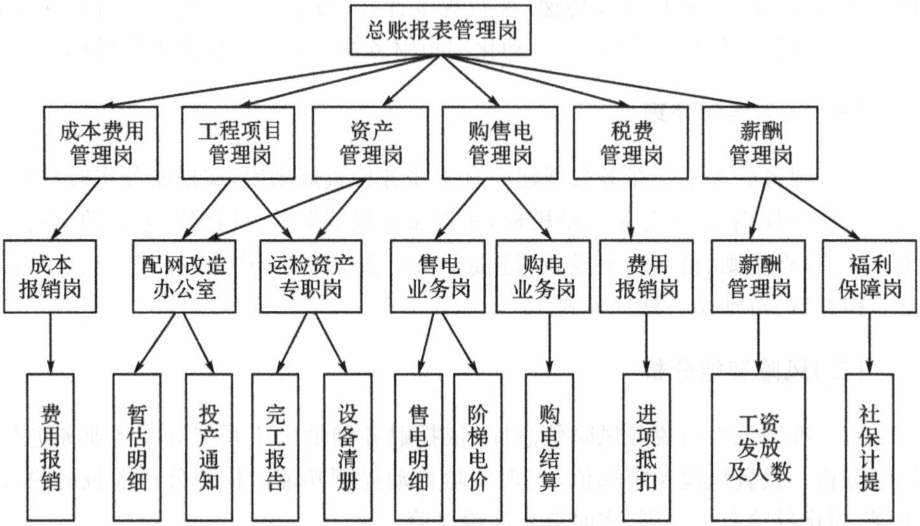
总账报表管理岗
成本费用管理岗
工程项目管理岗
资产管理岗
购售电管理岗
税费管理岗
薪酬管理岗
成本报销岗
配网改造办公室
运检资产专职岗
售电业务岗
购电业务岗
费用报销岗
薪酬管理岗
福利保障岗
费用报销
暂估明细
投产通知
完工报告
设备清册
售电明细
阶梯电价
购电结算
进项抵扣
工资发放及人数
社保计提

图 4-1　业财融合岗位联络

(二)促协同,明确内部岗位职责

“内部协同”是编制快报的桥梁。优化快报编制流程,明确内部岗位职责,是报表编制提质提速的关键。通过提炼流程 37 项关键步骤,以岗位为要素编制月末结账标准流程(见图 4-2),明确职责分工;梳理月末结账 68 事项相应时间要求(见表 4-1),规范时间节点、强化考核要求;用“浙江嘉兴考核对标系统”一键检查监控指标完成情况,实现嘉兴地区“报表流程化、流程步骤化、步骤节点化、节点可视化”管理。

(三)定规则,创建自动化管理系统

“财务自动化”是编制快报的润滑剂。当前系统内普遍存在核算口径不一致问题,月末依靠手工搜索、肉眼判断的账务检查方式效率低下。在财务快报编制中数据来源不统一、人员少、步骤多、时间紧、范围广的矛盾突出且尖锐。在短时间内轻松、高效完成财务快报是财务人员的共同愿望。据此,公司组织所属县公司统一市县核算口径,制定账务检查、风险分析、税费计提、趸售结算、报表编制五大类规则,创建具有嘉兴特色的财务辅助应用系统。主要具有以下五个功能。

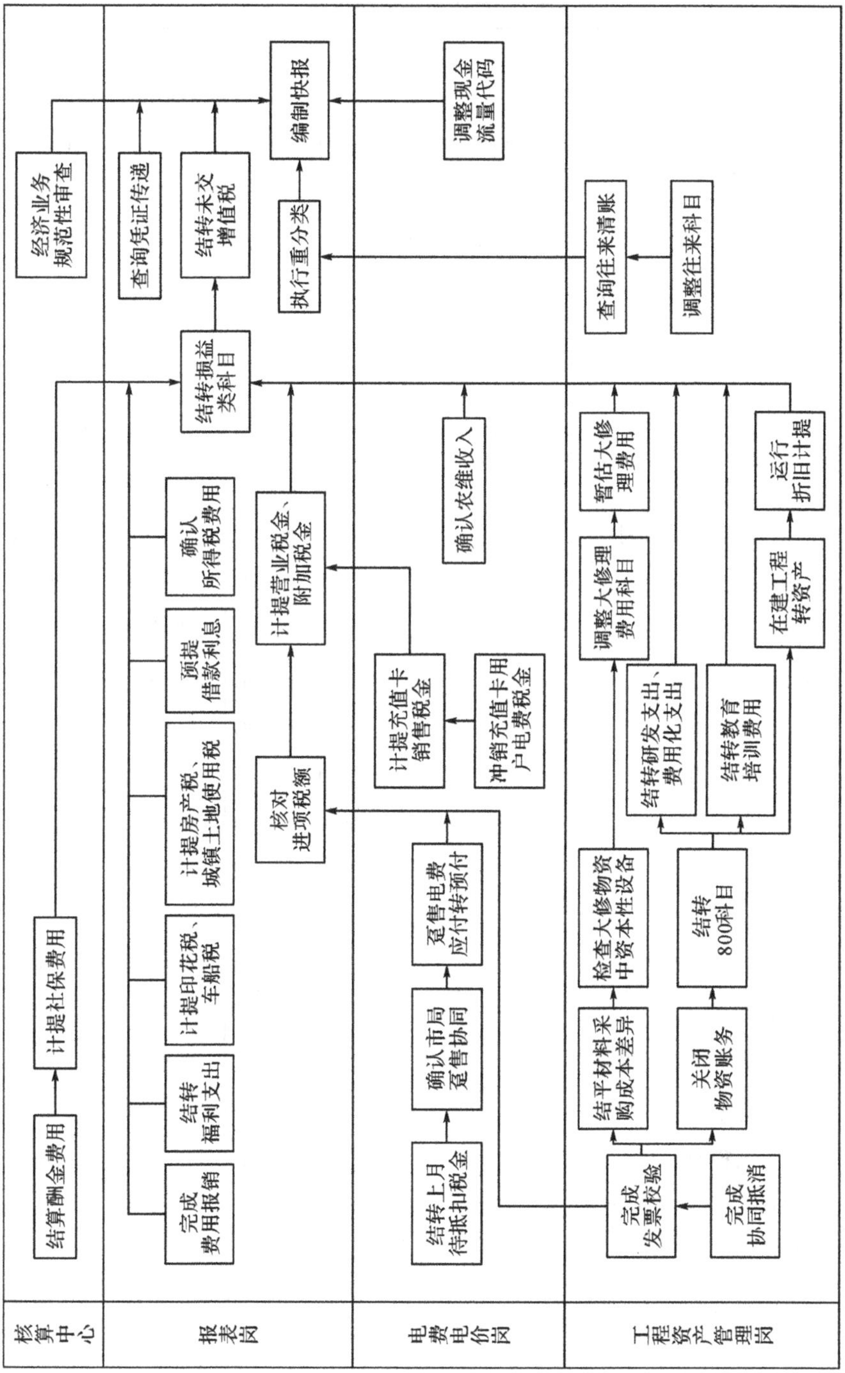
核算中心
报表岗
电费电价岗
工程资产管理岗
结算酬金费用
计提社保费用
经济业务规范性审查
完成费用报销
结转福利支出
计提印花税、车船税
计提房产税、城镇土地使用税
预提借款利息
确认所得税费用
结转损益类科目
查询凭证传递
结转未交增值税
编制快报
核对进项税额
计提营业税金、附加税金
执行重分类
结转上月待抵扣税金
确认市局趸售协同
趸售电费应付转预付
计提充值卡销售税金
冲销充值卡用户电费税金
确认农维收入
调整现金流量代码
完成协同抵消
完成发票校验
结平材料采购成本差异
关闭物资账务
检查大修物资中资本性设备
结转800科目
结转研发支出、费用化支出
结转教育培训费用
调整大修理费用科目
暂估大修理费用
在建工程转资产
运行折旧计提
查询往来清账
调整往来科目

图 4-2　月末结账 37 项关键步骤流程

表 4-1 月末结账事项清单

序号	事项	时间	系统	责任岗位
1	冲销税金重分类凭证	每月 25 日前	SAP	总账报表
2	在可再生能源结算系统中完成光伏结算	每月 25 日前	非集成	电费电价
3	冲销上月待认证税金	每月 25 日前	非集成	电费电价
4	根据预结算测算本月应交增值税并上报国税	每月 26 日前	电话	总账报表
5	确认可再生能源附加收入	每月 26 日前	非集成	电费电价
6	取得营销销售报表完成售电业务推送	每月 26 日前	销售系统	电费电价
7	完成网上费用报销	每月 27 日前	网上报销	总账报表
8	完成农维费网上报销进项税额调整	每月 27 日前	非集成	总账报表
9	预提所得税费用	每月 28 日前	非集成	总账报表
10	计提流动资金借款利息	每月 28 日前	非集成	总账报表
11	结转工资发放房租扣款至其他业务收入	每月 28 日前	非集成	总账报表
12	计提工会经费	每月 28 日前	非集成	总账报表
13	结转福利费支出	每月 28 日前	SAP	总账报表
14	结转薪酬费用	每月 28 日前	SAP	核算中心
15	计提社保费用	每月 28 日前	SAP	核算中心
16	完成协同抵消	每月 28 日前	协同抵消	工程资产
17	计提专项借款利息费用	每月 28 日前	非集成	工程资产
18	完成发票校验	每月 28 日前	SAP	工程资产
19	完成“两金”压降特别是存货	每月 28 日前	SAP	工程资产
20	关闭物资账	每月 28 日前	SAP	工程资产
21	统筹测算可控费用完成情况	每月 29 日前	财务管控	总账报表
22	结转教育培训费	每月 29 日前	非集成	总账报表
23	核对进项税额	每月 29 日前	手工	总账报表
24	计提房产税、城镇土地使用税	每月 29 日前	非集成	总账报表
25	计提印花税、车船税	每月 29 日前	非集成	总账报表
26	结转固定资产清理及其税金	每月 29 日前	非集成	总账报表
27	结转基金收入至其他应交款	每月 29 日前	SAP	总账报表
28	计提基金收入附加税金	每月 29 日前	非集成	总账报表

续　表

序号	事项	时间	系统	责任岗位
29	调整大修理费用科目	每月 29 日前	非集成	工程资产
30	检查大修物资中资本性设备	每月 29 日前	SAP	工程资产
31	结转 800 科目	每月 29 日前	SAP	工程资产
32	在建工程转资产	每月 29 日前	SAP	工程资产
33	结平材料采购成本差异	每月 29 日前	非集成	工程资产
34	结转研发支出	每月 29 日前	非集成	工程资产
35	暂估大修费用	每月 29 日前	非集成	工程资产
36	转出农维项目进项税	每月 29 日前	非集成	工程资产
37	在上网侧及网间交易模块中完成小火电结算	每月 29 日前	非集成	电费电价
38	计提工业企业结构调整专项资金	每月 29 日前	非集成	电费电价
39	结转工业企业结构调整资金	每月 30 日前	非集成	总账报表
40	确认农维费收入	每月 30 日前	非集成	总账报表
41	计提营业税金及附加	每月 30 日前	非集成	总账报表
42	调整代征基金现金流量代码	每月 30 日前	非集成	总账报表
43	调整车船税原因代码	每月 30 日前	非集成	总账报表
44	查询凭证传递	每月 30 日前	SAP	总账报表
45	运行折旧计提	每月 30 日前	SAP	工程资产
46	调整往来科目	每月 30 日前	非集成	工程资产
47	查询往来清账	每月 30 日前	SAP	工程资产
48	计提充值卡业务附加税金	每月 31 日前	非集成	总账报表
49	执行待税金重分类项目	每月 31 日前	非集成	总账报表
50	经济业务规范性检查	每月 31 日前	SAP	总账报表
51	编制英大往来统计表	每月 31 日前	管控	总账报表
52	编制其他指标表一人资数据	每月 31 日前	管控	总账报表
53	编制业务预算执行情况表	每月 31 日前	管控	工程资产
54	编制其他指标表一工程资产数据	每月 31 日前	管控	工程资产
55	上交工业企业结构调整资金并完成记账	每月 31 日前	非集成	电费电价
56	确认市局趸售协同	每月 31 日前	协同抵消	电费电价

续 表

序号	事项	时间	系统	责任岗位
57	购电供应商往来清账	每月31日前	非集成	电费电价
58	完成所有营销系统业务数据发送	每月31日前	非集成	电费电价
59	冲销充值卡用户抵减电费的销项税金	每月31日前	非集成	电费电价
60	补记充值卡用户抵减电费附加税金	次月1日	非集成	总账报表
61	结转未交增值税	次月1日	非集成	总账报表
62	结转损益类科目	次月1日	SAP	总账报表
63	填制其他指标表—税务等其他数据	次月1日	管控	总账报表
64	快报整体取数	次月1日	管控	总账报表
65	快报整体稽核	次月1日	管控	总账报表
66	快报上报	次月1日	OA	总账报表
67	确认充值卡抵减电费金额变动情况	次月1日	营销系统	电费电价
68	填制其他指标表—电量数据	次月1日	管控	电费电价

1.构建账务实时监控功能模块

根据《国家电网公司会计核算办法(2014年版)》及通用制度,组织梳理182项标准、账务检查规则,并逐步固化至“财务辅助应用系统”,按检查规则的重要性排序对每一规则设置标准分值。系统执行监控任务后自动产生监控总分值,便于实时评价所属地区账务处理规范性。在系统管理界面可实时穿透错误数据来源,导出错误凭证。针对每一检查规则,建立对应分录调整建议模板。系统执行监控任务后,可产生标准会计调整分录及凭证事由说明单,待开发与电子报账系统接口后,实时传递调整分录进入审核流程,自动挂接凭证事由说明单作为原始凭证,规范会计基础。把传统报表数据审核的重点迁移至账务处理规范性实时监控,依托系统产生账务“检查—反馈—调整—检查”的循环模式,确保财务快报编制前账务处理准确无误。

2.构建税务风险智能分析功能模块

按企业所得税、个人所得税、增值税、房产税、城镇土地使用税、城市建设维护费、教育费附加、印花税、契税共九大常用税种,建立税险分析规则库。组织税务团队梳理企业所得税制度281项、增值税制度84项、印花税制度109项、房产税制度63项、城镇土地使用税制度79项,完善税险系统分析规则67条。突出对税收优惠政策享受情况的预警,通过会计科目、金额、文本三个维度判断是否可享受税收优惠,实现税收优惠实时备忘提醒功能。通过导入标准备案表格,逐步开发自动产生税收优惠备案及留存资料功能模块。

3. 构建趸售在线传递功能模块

依据“鱼骨分析法”对财务快报编报进度分析后，发现趸售电费结算滞后是制约财务快报编报进度的主要原因。传统趸售结算信息需经“二下二上”，即：市公司下发本月趸售预结算及正式结算电量电费信息（“一下”），各县公司反馈当月基金收入信息（“一上”），市公司统计基金缴纳信息并下放各县公司核对（“二下”），县公司将核对信息反馈市公司（“二上”）。最后，市公司再将趸售信息录入协同平台。公司通过系统发布趸售结算信息（见表 4-2），各县公司自动接收。系统再根据市公司发布的趸售结算信息及账务信息自动采集并汇总各单位应上缴基金信息。“发布与采集”的动作取代传统“二下二上”的滞后流程，且“发布与采集”均只需要市公司电费管理岗位完成。逐步开发与协同抵消平台系统接口功能，实现趸售结算信息自动传递抵消系统。使用趸售在线传递功能可以节省大量财务快报编报时间。

表 4-2　趸售结算信息

****年**月结算数据　　　纳税期间：****年**月　　　单位：元

序号	项目	嘉善	平湖	海盐	桐乡	海宁
1	结算电量（千瓦）					
2	其中：峰电量					
3	谷电量					
4	趸受平均电价（调整为最新）					
5	峰电价					
6	谷电价					
7	结算趸售收入					
8	其中：峰电收入					
9	谷电收入					
10	减：间价补贴					
11	电费补偿					
12	加力调					
13	加：电价调整结算					
14	其中：峰电结算					
15	谷电结算					

编制：________　审核：________

4. 构建全税费自动计提功能模块

依据“鱼骨分析法”，影响财务快报编报进度的另外一个重要因素是税费的计提。按照国家税务总局公告2016年第53号公告规定，预售卡环节开具不征收发票，不征收增值税，月末最后一天理论上能够完成所有税费计提及结转。公司依据《国家电网公司会计核算办法(2014年版)》《浙江省电力公司经济业务审核手册(2015年版)》及最新税务政策要求，编制企业所得税、增值税、房产税、城镇土地使用税、印花税、城市建设维护费及教育费附加七大类税费自动计提模板。其中：房产税及城镇土地使用税按照金三系统建立计税台账；印花税按照《浙江省地方税务局印花税核定征收管理办法》(浙地税公告2016年第21号)规定，试点单位对十一类合同办妥核定征收审批手续，率先实现系统自动计算印花税。以收入计提附加税金计算模板为例(见表4-3)，填入相关计税金额后，可以自动计提各项税费或附加费。

表4-3　电力收入计提附加税金计算模板　　单位：元

序号	项目名称	金额	城建税	教育费附加	地方教育费附加	合计	借方科目
1	本月电力销项税额						
2	本月减免税						
3	本月进项税						
4	本月进项税转出						
5	上月留抵税金						
6	计税依据						
7	本月销项税额						

编制：________　审核：________

5. 构建财务快报一键补充功能模块

组织人员对目前财务快报体系中仍需手工填报的21%数据分析发现，有5%的数据可直接取账务发生额，如“财务快报中的其他指标表”中的税务数据、购电成本等。有15%的数据可通过其他业务表格计算填列，如售电、购电量等数据。公司在财务辅助应用系统中构建财务快报一键补充功能，通过业务表格的导入及账务取数方式补充财务管控系统财务快报数据。目前，嘉兴地区财务快报仅余“25行次计提用户资产折旧”“271—276行次接收用户资产情况”“343行次与英大财险相关的财产保险费(含车辆保险)”数据需要登录管控手工填写，其余数据均可通过业务表格导入及账务取数两种模式实现数据补取。

(四)勤沟通,实现市县立体式管理

“交流沟通”是编制财务快报的捷径。为促进财务快报编报能力提升,公司构建“市县财务交流”App,通过 App 平台分享财务快报编制心得、研究报表取数规则、发布最新税收政策、学习最新会计准则等。定期组织市县财务人员学习培训,掌握编报技能。以上措施确保市县高效联动,为财务快报编制提供保障。

三、项目实施成效

据统计,嘉兴地区利用全流程、自动化编制财务快报管控体系,2017 年系统累计检查账务 1896 次,反馈金额共 5600 余万元,自动调整账务 203 次,涉及金额 810 余万元。稽查可疑税险 121 条,涉及税额 540 余万元。嘉兴地区试点单位财务快报平均提交时间由原来的 14:00 提前至 9:30,编报效益大幅度提高。2017 年轻松轮换 57.14%的报表岗位,员工能力全方位提升。总结来看,全流程、自动化编制财务快报管控体系实施成效具体包括以下三个方面。

(一)编报效率显著提高

围绕“全流程、自动化”的建设思路,嘉兴地区财务快报编报效益显著提高,上报时间不断提前。试点县公司在次月 1 日 9:10 前能够完整上报财务快报且无差错,逐步实现 30 分钟编制财务快报的目标。在财务辅助应用系统中固化月度智能分析报告模板,实现财务分析文档 95%自动生成。

(二)税务风险不断下降

应用“风险智能分析”系统功能,嘉兴地区税务风险不断下降。截至 9 月 30 日,累计稽查简易计税项目抵扣进项税额 10.19 万元,预收房租未及时价税分离增值税额 87.69 万元,广告宣传费中列支属于无偿赠送的物品应纳增值税 175.89 万元等,针对上述税险分析结果已及时纳税,避免处罚损失;系统累计稽查发现部分单位因房产计税原值不合理少缴纳房产税 41.32 万元,已经完成补缴;系统累计稽查取得国税票据的通行费可抵扣进项税额 12.31 万元,避免多缴税款;系统累计稽查输配电成本中列支属于资本化的变压器、JP 柜、开关柜等设备 867 万元,已作调账处理,避免纳税调整风险。

(三)会计基础工作持续优化

通过“账务实时监控”功能,嘉兴地区实现根据规则检查账务、根据反馈调整

账务的"检查—反馈—调整—检查"闭环运行模式，会计基础工作持续优化。按照《浙江省电力公司经济业务审核手册(2015年版)》的管理要求，系统自动生成符合规定的凭证附件(示例见表4-4)。以此为契机，嘉兴供电公司承担国网公司会计基础创优工作体系设计课题研究，目前完成149项会计基础创优工作指标体系及评分规则的设计，其中62%指标实现系统取数，极大减轻后续会计基础创优工作量。

表4-4 系统产生凭证事由说明单(示例)

期间：**月　　　　单位：元

事由				
前年度汇算清缴应纳税企业所得税			本年1—4月应预提企业所得税	
上年度汇算清缴应纳税企业所得税			本年5月调整上年企业所得税	
上年度已累计预提应纳企业所得税			本年5月应预提企业所得税	
本年所得汇算清缴预审应纳税额			本年6—11月应预提企业所得税	
			本年12月应预提企业所得税	
借：	6801****01	所得税费用一当期所得税费用		
贷：	2221****01	应交税费一应交企业所得税		

编制：________　审核：________

(四)员工能力大幅度提升

随着财务辅助应用系统的建立，财务快报编报工作不再是难点，财务人员劳动力得到释放。按照设计的月末结账全流程37项步骤、68条事项，快报编报32个动作、7步稽核，实现各岗位人员"可视化"管理财务快报编制的时间节点。时间变得充裕，更多的财务人员能够参与财务分析、决策、管理职能。2017年嘉兴供电公司统一制定嘉兴地区三年期轮换计划，执行"轻松轮换"政策，实现报表岗位零基础轮换目标逐步挖掘员工潜能、提升员工技能。

第二节 基于单位电量的运维费用精益管理

单位电量的运维费用能够综合评价供电企业的经营质效和管理水平，该指标的提升需要在开拓市场的同时合理配置资源，实现控制运维成本、提高公司效益的目标。2019年，嘉兴供电公司以经营效益为导向，对外积极开拓市场，对内苦练内功，优化大修项目的可研评审，同时科学修订运维费作业成本管理方法，从业务动因上优化各项成本要素的分配，对运维费用中以资产规模和运行状态相关的费用和以人员数量为动因的费用进行全面的精益化的测算和考核，从人员考核、设备运行、业务流程等方面提升工作质量和效率，实现了较好的效果。

一、项目实施背景与目标

嘉兴供电公司以经营效益和投入产出效率为导向，对外扩展市场，对内压降成本，优化资源配置，提高公司整体的资源使用效率，围绕业财融合和精益化管理，从预算编制、考核、项目后评价等业务入手，全面提升经营质效。

单位电量的运维费用是一项价值工程，经济实质是衡量创造价值的相关投入。运维费用的每项明细支出是价值创造的业务环节，需要对支出从价值创造的角度分析其必要性和合理性，同时经营质效的提升需要战略层面的考量，从管理理念、制度设计、指标测算、分析手段等方面有较为深刻的改善，才能达到一定的效果。控制成本是企业的内功，成本的高低体现出管理水平和技术水平，单位电量的运维成本的降低的核心是在最大化保证售电量增长的前提下持续地降低运维费用。从提升管理水平和技术水平的前提下，技术水平的提高是运维费降低的根本，运维费用中有固定成本和变动成本，从是否可控的维度可以分为可控费用和非可控费用。随着电网企业管理精益化，设备的采购决策决定了全生命周期内大部分的运维成本，再结合实际的设备运行和组织管理，就确定了实际的运维费水平。降低运维费的水平需要通过多维度分作业的核算系统对费用的发生进行计划、考核、分析，对其中的作业动因和标准成本记录其合理性，分析每项费用的必要性和合理性，从价值链的角度对资源实现优化配置。以桐乡公司为例，单位电量的运维费用从2016年的8.12%降低到2018年的4.55%，后续还需进一步完善作业成本的管理手段，实现资源的最优化配置，为提升公司效益助力。

二、项目实施路径

(一)数据分析,掌握现状,发现问题

经过对全省11个地市的单位电量运维成本的综合对比分析,可以看出指标的大小与地市公司用电结构、资产规模及运行状态有关,对比单位电量运维成本可以发现,杭州、嘉兴、宁波、绍兴4市的单位属于指标比较优异的单位。从指标的分解来看,指标较低的单位也是售电量规模较大的单位,从一个侧面说明运维成本中有相当一部分的固定成本,当售电量达到一定规模时,单位运维成本会处于一个较低的水平,同时从售电量和运维成本的变动幅度可以看出,大部分地市公司的单位成本的增加幅度低于售电量的增长幅度,这两个因素不同变动方向的综合作用使得单位电量的运维成本普遍下降。由于嘉兴供电公司单位电量运维成本已处于低位运行,因此下降的幅度较小,舟山公司指标上升可能的原因是售电量没有达到保本售电量。

经过对嘉兴的数据分析,可知嘉兴的单位电量运维成本的指标逐年下降,下降幅度近11%,在售电量增长的同时,运维成本低速增长,从运维费用的结构分析,材料费修理费和委托运行维护费占全部费用的50%以上,该费用属于变动费用,与售电量正相关,其他费用多属于固定费用,与公司规模相关,各项费用的变动与售电量增长基本匹配。

以桐乡公司为例,整体的单位电量运维费率从2016年的8.12%下降到2018年的4.56%。运维成本总量方面,减少3256.3万元,较2016年下降11.09%,其中外包检修费减少2205.12万元,外包材料费减少2110.63万元,分别下降19.66%和58.9%,但委托运行维护费增加1184.88万元,上升22.88%;材料费和维修费的比重在下降,而委托运行维护费占比在增加。

(二)积极开拓市场,增大市场容量,做大分母

1.积极配合政府,促进企业实施电能替代

浙江省经信委、省电力公司等部门联合发布《关于加快实施电能替代的意见》,大力推广电能替代,要求2018年底完成电能替代电量90亿千瓦时,其中全省燃煤锅炉电能替代改造1200蒸吨,热泵应用1200万平方米。为此,嘉兴全面加快公共交通等重点领域电能替代的推广,积极推进服装加工等行业开展小容量燃煤锅炉的替代工作,并稳步推进热泵等新技术、新产品的推广应用,按照《浙江省人民政府办公厅关于进一步加大推广力度推进燃煤(重油)锅

(窑)炉淘汰改造工作的通知》对替代项目及配套电网的建设运营等给予财政补贴。

推广电能替代需要供电公司保证充足的电力供应和广泛的宣传。电能替代对于推动能源消费革命、落实国家能源战略、促进能源清洁化发展意义重大。结合嘉兴的产业结构,中小企业在浙江形成了500个工业产值在5亿元以上的产业集群,通过电能替代助推当地供给侧结构性改革,实现块状经济转型升级,随着高耗能、重污染、低附加值企业淘汰改造,电能替代工作将延伸至医院、学校、农业养殖等领域,具体行业在燃煤锅炉改造的基础上,开拓金属冶炼及压延加工业、机器换人项目、电排设备综合利用等多渠道的电能替代工作。

嘉兴供电公司积极配合地方政府加快节能服务体系建设,推介电能替代项目。累计完成电采暖项目35个、农村地区电排灌54个;开辟绿色通道主动服务光伏发电企业,累计受理光伏发电项目91项,占全年并网计划的21.7%。

2. 业扩流程提速,增加售电量

业扩报装的工作质量和工作效率,对售电量增长有积极的促进作用,嘉兴大力加强对业扩报装的管理和监控,具体内容包括实时监控新装机增容业务流程,监控方案答复、设计审核、竣工验收、装表接电及归档环节的时限。对监控的流程进行预警提示,根据要求的时限设置预警值,环节时限到预警值时进行提醒,环节超时后进行超时警告。业扩报装监控,能够监控全局的业扩报装量,按照用电类别、容量及用电区域划分进行监控;工程市场监控,能够对设计单位及施工单位的工程数量进行监控。通过业扩业务的多维度、多环节监控,提升售电量的增长速度。

3. 加强运维检修的计划性,减少停电损失

对一般停电中的预安排停电、故障停电进行监控,重点监控大用户线路的停电情况和公用线路停电的影响范围和停电时间,以及停电是否超时、是否造成负面影响等情况;监控错峰限电情况,能够进行限电序位表查询和停电计划的录入查询,同时进行限电情况提醒,并监控限电的用户影响范围及损失是否造成负面影响;停电指标分析,统计全局及各个县公司的不同停电类型的次数、户数、容量、停电时间、损失电量等指标。

(三)项目投资求精准,完善大修项目的审查,合理预算控制费用

1. 创新机动预算模式,探索践行预算"放管服",大大提高预算管控的主动性

运维费用的成本管理普遍存在的问题,一是检修运维项目立项审查机制有

待健全。项目可研经济性与财务合规性工作的范围和原则不明确，重点内容和工作标准不明晰，导致项目可行性研究不够深，项目储备质量不高，造成检修运维项目立项盲目决策、投资低效等问题。二是委托运行维护费精益化管理水平亟须提升。首先，农维费标准成本制定过程依赖经验进行主观判断，没有结合业务本身特点对影响费用水平的参数及取值规则进行测算分析，加之各县公司预算定额标准不统一，导致预算缺乏科学依据，影响公司整体战略目标的实现。其次，各单位对实际费用支出的情况缺少关注，对项目预算执行监控较弱，造成项目预算调整频繁。

针对以上问题，各供电公司一是建立业扩配套预算"绿色通道"，有效解决预算配置时效性不足问题，支持优质服务，优化营商环境。财务部门加强机动预算审核，建立跟踪分析机制，严控非生产性支出，保障了机制作用的有效发挥。创新预算管控机制，继续优化机动预算，在"放管服"的同时，加强事中事后监管，提高基层单位预算管控能动性。二是强化预算管理各环节的支撑手段，在储备环节对成本性项目建立统一科学的审查标准，对检修运维成本的测算及时更新，满足当前检修运维工作的需要，在执行过程中，对进度偏差及时预警，对执行的金额偏差进行考核，对各项目执行效果进行科学评价。

2.优化大修项目的可研评审

项目储备是项目预算闭环管理体系的首要环节，也是做实项目预算的基石。储备项目质量的优劣将直接决定公司计划和预算资金的有效安排、后续项目管理和预算执行。项目必要性、经济性审查是实现精准投资、合理压降投资成本的关键措施，是确保项目预算投入真实性、有效性的重要关口。

针对生产大修、项目预算，从项目合规性与经济性角度出发，分别从战略合规性、业务合规性、监管合规性、财经合规性、支出合理性、需求性及投入产出效益等方面建立各类成本性项目的可研审查评价指标及审查标准，统一审查尺度，辅助成本类项目的可研审查与投资决策。

(1)制定项目属性标签

梳理成本类项目建设内容与建设目标制定项目属性，并根据公司外部经营形势及内部发展战略，制定各类别项目不同属性标签的投资建议(见表4-5)。

表 4-5 大修项目属性标签

驱动因素	项目属性	投资建议
安全可靠需求	落实国家政策	必建项目
	落实安措及反措要求	
	电网发展需求	根据可研审查得分确定投资时序
	保证供电的可靠性	
	消除设备安全隐患	
	提升电网安全稳定水平	
	提高主要技术参数水平	
	减少设备缺陷	

(2)项目重复投资审查

对项目管理平台项目审查系统功能和业务流程进行优化,对当年项目和历史项目开展跨年度关联分析,识别重复投资、过度投资项目。

利用文档处理技术,自动提取项目名称和项目内容中的关键信息作为项目标签。依据项目标签,采用统计分析技术,对当年项目开展关联分析,一方面识别拆分立项项目,另一方面识别项目之间的关联特征,构建项目集群,搭建项目集群效益评价模型,开展项目集群效益评价。对当年项目和历史项目开展跨年度关联分析,识别重复投资、过度投资项目(见图 4-3)。

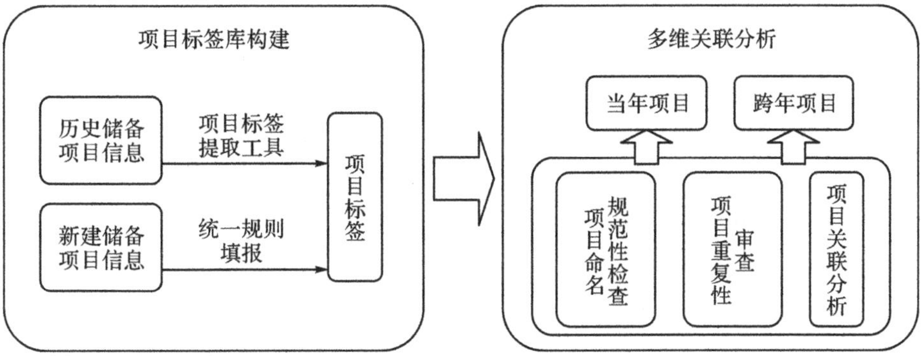
项目标签库构建
历史储备项目信息
新建储备项目信息
项目标签提取工具
统一规则填报
项目标签
多维关联分析
当年项目
跨年项目
项目命名规范性检查
项目重复性审查
项目关联分析

图 4-3 项目关联性逻辑关系

项目关联定义为电气关联、功能关联和设施设备关联三类。电气关联是以电气连接为原则,将电气联系较为紧密的项目进行相互关联,按照高电压等级向低电压等级的顺序,逐级关联至 10 千伏项目,电气关联旨在梳理、整合各电压等级的建设需求，合理安排各年度的建设任务。功能关联旨在将投资目标一致的项目相互关联，以便于开展投资统计、统一采取管控措施，以及协调工程进度的工作。设施设备关联是将针对同一设施设备的项目进行相互关联，旨在排查重复投资，或检查因规避限上项目审批而进行的储备项目拆分行为。

(3)业务真实性审查

对同一类型的大修项目，会同责任部门，研讨划分项目重要性等级，并建立项目动因量化指标以及评价标准(示例见表4-6)，采集数据评判项目需求的真实性和必要性。依据每一个项目的必要性审查数据，按照设定规则自动打分，评价各项目必要性程度(见表4-7)，为后期项目出库优选提供依据。通过必要性评价的项目进入财经合规性审查环节，否则将被退回；没有量化动因指标的待评项目直接进入财经合规性审查环节。

表4-6 大修项目业务活动评价指标(示例)

序号	设备类型	检修项目	项目类型	国网项目	重要性等级	评价指标	评价标准	指标现状	指标目标
1	主变压器	返厂大修	专项	是	A	1.主变运行年限 2.主变最近一次状态评估值	是否大于10年		
2		本体	常规		A	1.主变运行年限 2.主变最近一次状态评估值	是否大于20年		
3		储油箱	常规		A	储油柜胶囊和隔膜使用年限			
4		冷却系统	常规		A	主变冷却系统缺陷数量			
5		在线滤油机	常规		B	主变在线滤油装置缺陷数量			
6		有载开关	常规	是	B	1.主变有载开关缺陷数量、等级 2.开关动作次数			
7		消防回路完善	专项		B				
8		主变防腐	常规		B	主变设备外壳、构架防腐缺陷、隐患数量、等级			
9		绝缘化补强	专项		A	是否满足反措要求			
…	…	…	…	…	…	…	…		

注：重要性等级分为A—安全生产，B—基本需要，C—优化提升，D—功能完善。

表 4-7　项目必要程度评价

项目实施主题	项目名称	家族缺陷设备数量	不满足18项反措要求设备数量	设备运行年限与技术寿命年限比率大于70%设备数量	设备操作次数与大修理定值比率大于100% 设备数量	设备运行年限与大修理定值比率大于100%设备数量	重、过载设备数量	近三年故障次数				缺陷个数			隐患个数			综合分值(各项指标数量×权重系数)	项目排序
								特大	重大	较大	一般	危险	严重	一般	一级重大隐患	二级重大隐患	一般隐患		
权重系数		2	2	0.2	1	1	1	0.5	0.4	0.3	0.2	0.4	0.3	0.1	0.3	0.2	0.1		
A供电公司	** 号主变压器返厂大修																	90	1
	** 号主变压器返厂大修																	80	2
	** 号主变压器返厂大修																	70	3
	…				…													…	

(4)财经合规性审查

首先,针对各类项目,参照国网公司相关办法建立财经合规性审查标准。其次,对于待评项目,通过线上或线下方式获得相关数据,评判项目需求的合规性(见表4-8),通过财经合规性审查的项目进入可研综合评价环节,否则将被退回。

表4-8 大修项目可研合规性评价

一级指标	二级指标	三级指标	指标编号	评价依据	备注
财经合规性	是否包含其他类别项目	是否包含技改项目	DX可研指标005	检查资产原值与项目支出比例,排除技改项目	否决指标
		是否包含零购项目		检查项目检修的设备对象及物料需求清单,排除零购项目	
		是否包含营销项目		检查项目检修的设备对象及物料需求清单,排除营销项目	
		是否包含信息化项目		检查项目检修的设备对象及物料需求清单,排除信息化项目	
		是否包含非生产大修项目		检查项目检修的设备对象及物料需求清单,排除非生产大修项目	
		是否包含备品备件购置		检查标准作业类型、物料采购清单等,排除备品备件购置支出	
		是否包含日常运维管理支出		检查标准作业类型,排除日常运维管理支出	
		是否包含设备实验、测试、线路走廊伐树、变压站清扫、车辆保养等其他运维费用支出		检查标准作业类型,排除实验、测试、线路走廊伐树、变压站清扫、车辆保养等费用支出	
	项目是否存在分拆立项	项目是否存在打捆	DX可研指标006	依据项目包含设备的电压等级、设备类型、项目类型,检查判断项目是否打捆	否决指标
		项目是否存在分拆		基于项目结构化信息,查询项目包含设备类型、项目类型是否当年还有其他大修项目,判断项目是否分拆	
	是否准确划分资本性支出和成本性支出		DX可研指标008		否决指标

(5)项目可研综合评价

根据项目的建设动因、预期成效,分别从合规性(战略合规性、业务合规性、监管合规性、财经合规性)与经济性(支出合理性、投入产出效率、需求合理性)两个方面七个维度出发(见图 4-4),针对性地选择指标,建立各类成本项目的可研综合评价指标体系(见表 4-9),并结合历史项目建设水平、公司战略目标、公司经营目标、成本监审要求、成本标准等制定评分标准,搭建成本类项目的可研评价模型,量化各类成本项目的可研合规性与经济性水平,根据各类成本项目的可研审查指标、审查标准,计算项目得分,按照得分高低安排投资时序,并根据公司预算总额,安排当年成本预算。

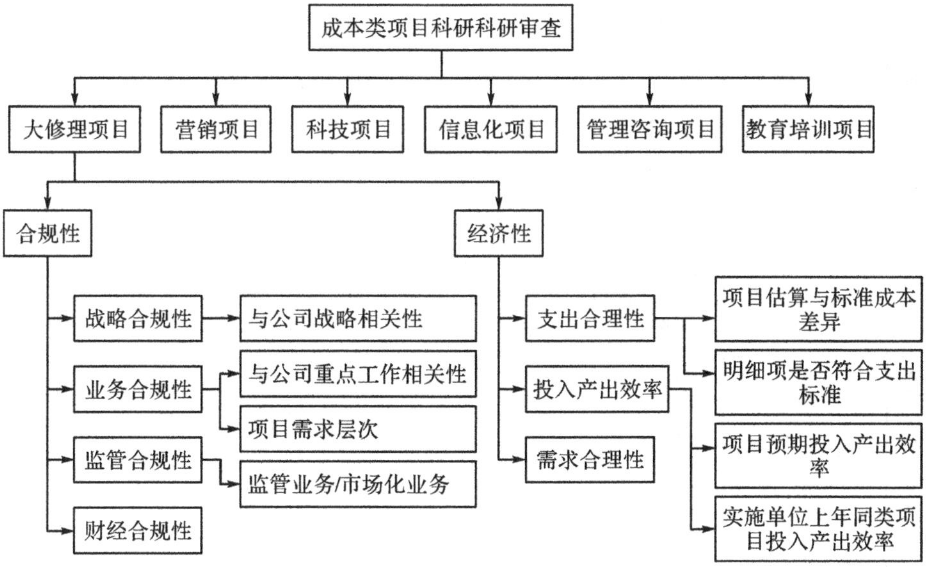
成本类项目科研科研科研审查
大修理项目
营销项目
科技项目
信息化项目
管理咨询项目
教育培训项目
合规性
经济性
战略合规性
与公司战略相关性
业务合规性
与公司重点工作相关性
项目需求层次
监管合规性
监管业务/市场化业务
财经合规性
支出合理性
项目估算与标准成本差异
明细项是否符合支出标准
投入产出效率
项目预期投入产出效率
实施单位上年同类项目投入产出效率
需求合理性

图 4-4　成本类项目可研综合评价结构

(6)优化可研审查流程

针对成本类项目特点,制定成本类项目的可研审查流程(见图 4-5),同时建立成本预算项目集中会审机制,提升审查工作效率。

表 4-9 大修项目可研综合评价指标体系(示例)

一级指标	二级指标	三级指标	四级指标	指标编号	评价依据	评分标准	指标权重	评分方法
合规性	战略合规性	项目与公司战略相关度		DX可研指标001	标准参见《公司战略方向》,公司战略方向可动态更新	相关1分,不相关0.2分	10%	人工判断
	业务合规性	项目与公司重点工作相关度		DX可研指标002	标准参见《公司2019年重点工作》,重点工作内容可根据公司战略动态更新	与一级重点工作相关1分,二级重点工作相关0.5分,不相关0.2分	10%	人工判断
		项目安排主体		DX可研指标003	国网/省公司/市公司/县公司	国网1分,省公司0.8分,市公司0.6分,县公司0.4分	10%	人工判断
	监管合规性	是否为监管业务		DX可研指标004	需明理列举监管业务与非监管业务的项目明细分类	监管业务1分,市场化业务0.2分	10%	人工判断
		是否存在不合理频繁改造的情况		DX可研指标007	如果项目涉及资产成新率大于0.5,检查是否三年内存在修理或技改记录的项目(可利用文本分析技术;模糊查询相关项目),判断是否存在不合理频繁改造情况	不存在频繁改造情况1分,存在0.5分	5%	人工判断

续　表

一级指标	二级指标	三级指标	四级指标	指标编号	评价依据	评分标准	指标权重	评分方法
合规性	其他财经合规性	拆旧物资数量及处理方案是否合适	投资估算中的拟购置的设备(资产)清单是否与拆旧物资清单具有数量上的对应关系	DX可研指标009	投资估算中的拟购置的设备(资产)清单是否与拆旧物资清单具有数量上的对应关系，若因项目大修理规模或布局变动较大等合理原因，以致数量无法对应的设备(资产)，需要作出专项说明	拆旧物资再利用0.3分，报废0.1分	5%	人工判断
			审核拆旧物资处置、利用方案是否合理		审核拆旧物资处置、利用方案是否合理，如对于净值率大于0.5且净值大于10万元的资产，应考虑是否将其再利用。对于直接报废的资产，需有技术鉴定及无回收价值的说明			
		资产是否为有效资产		DX可研指标010		有效资产1分，无效资产0.5分	5%	自动检查

续 表

一级指标	二级指标	三级指标	四级指标	指标编号	评价依据	评分标准	指标权重	评分方法
经济性	支出合理性	项目估算与标准成本差异		DX可研指标011		项目估算小于标准成本1分，超过标准成本10%以内0.5分，超过标准成本10%以上0.2分	10%	自动检查
		设备技改、大修LLC差异		DX可研指标012	基于检修运维标准成本，测算设备技改、大修LCC，若技改年均LCC小于大修LCC则建议技改	若技改年均LCC大于大修LCC1分，否则0.5分	5%	自动检查
	投入产出效率	项目实施单位上年单位大修支出输电、供电可靠率提升率		DX可研指标013	主网:输电可靠率大修支出 配网:供电可靠率/大修支出	提升10%1分，否则0.5分	10%	自动检查
	需求重要性	需求重要性等级		DX可研指标014	A级10分，B级8分，C级4分，D级2分	重要性等级分值×(1－项目必要性排序×0.001)	20%	

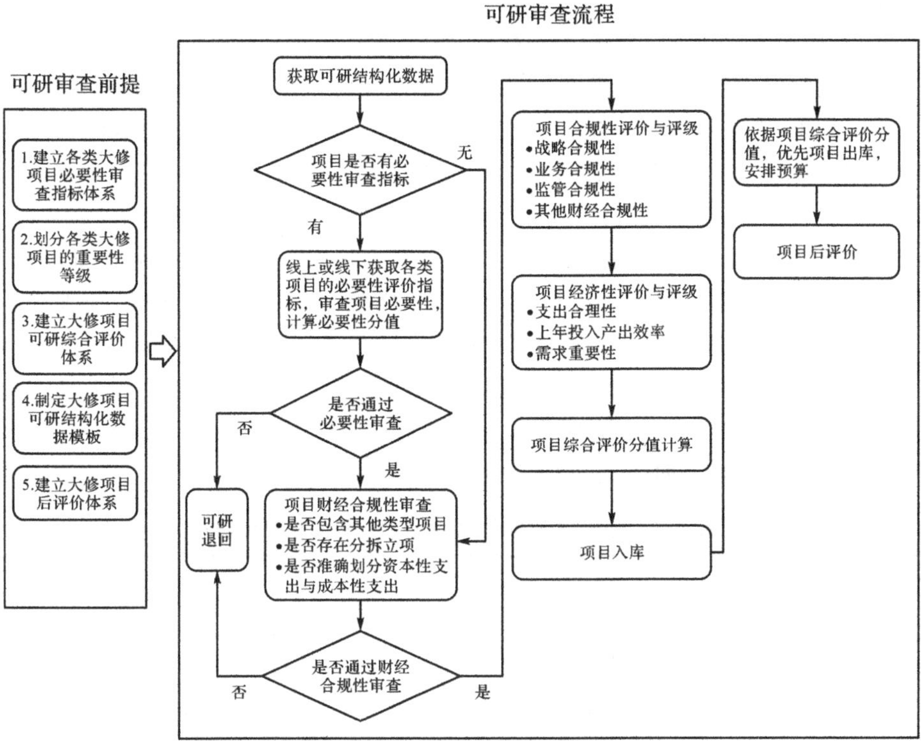
可研审查流程
可研审查前提
1.建立各类大修项目必要性审查指标体系
2.划分各类大修项目的重要性等级
3.建立大修项目可研综合评价体系
4.制定大修项目可研结构化数据模板
5.建立大修项目后评价体系
获取可研结构化数据
项目是否有必要性审查指标
无
有
线上或线下获取各类项目的必要性评价指标，审查项目必要性，计算必要性分值
是否通过必要性审查
否
是
可研退回
项目财经合规性审查
•是否包含其他类型项目
•是否存在分拆立项
•是否准确划分资本性支出与成本性支出
是否通过财经合规性审查
否
是
项目合规性评价与评级
•战略合规性
•业务合规性
•监管合规性
•其他财经合规性
项目经济性评价与评级
•支出合理性
•上年投入产出效率
•需求重要性
项目综合评价分值计算
项目入库
依据项目综合评价分值，优先项目出库，安排预算
项目后评价

图 4-5　成本类项目可研审查流程

(四)推进作业成本体系应用，提升预算编制科学性

结合国网公司 2019 年标准成本测算过程及结果数据，修订公司各地市检修运维成本标准，支撑各地市公司成本类项目的预算编制，同时根据成本测算结果，合理安排预算，切实发挥标准成本在检修运维项目预算资源精益配置中的关键作用。

1. 信息梳理、夯实预算编制基础

(1)梳理典型设备。依据多维体系下资产类型的划分，梳理每类资产所包含的典型设备，如变电设备主要包括变压器、断路器、隔离开关、互感器、电容器、母线、高压成套开关柜、避雷器、站内二次设备等典型设备；架空输电线路主要包括架空线路、杆塔、防雷接地装置等典型设备；电缆输电线路主要包括电缆本体、电缆附件、电缆管井等典型设备、配电线路及设备主要包括配电变压器、环网柜、配电线路等典型设备；通信线路及设备主要包括光缆、通信电源设备、微波设备、电缆线路载波设备等典型设备；其他设备主要包括房屋、检修工器具、试验设备、消防设备、给排水设备等。

(2)梳理典型作业。以设备为对象,梳理典型设备下的典型作业,以变电站资产为例,变压器检修的典型作业主要有变压器常规检修、变压器解体检修、变压器试验等;断路器检修典型作业有断路器本体常规检修、断路器本体解体检修、断路器操作机构检修、断路器试验等;隔离开关检修的典型项目主要有隔离开关常规检修、隔离开关解体检修、导电部分检修等。

(3)确定作业频次。根据电网检修相关管理规定、结合实际检修运维经验,确定不同电压等级下每类设备的检修作业检修频次。以变电站为例,梳理变电站内各类设备发生的检修作业,根据《国家电网公司变电检测管理规定(试行)》[国网(运检/)829－2017]中的规定,梳理相关作业的检修周期,根据周期确定检修频次;对于管理规定中没有明确规定周期的检修作业,根据相关专业专家实际检修经验确定检修周期,制定检修频次(示例见表4-10)。

表4-10　检修作业频次(以设备常规检修信息为例)

序号	设备	检修项目	检修作业	电压等级	容量	单位	检修周期	检修频次
1	变压器	常规检修	变压器常规检修	35kV	1000kVA	台	6年	0.17
			变压器常规检修	35kV	2000kVA	台	6年	0.17
			变压器常规检修	35kV	4000kVA	台	6年	0.17
			变压器常规检修	35kV	8000kVA	台	6年	0.17
			变压器常规检修	35kV	16000kVA	台	6年	0.17
			变压器常规检修	35kV	40000kVA	台	6年	0.17
			变压器常规检修	35kV	7000kVA	台	6年	0.17
		预防性试验	红外热像检测(带电)	10kV	—	台	1年	1
			红外热像检测(带电)	35kV	—	台	6月	2
			油中溶解气体分析(带电)	35kV	—	样	1年	1
			绝缘油试验	220kV以下	—	样	6年	0.17
			变压器例行试验(调试)	—	1000kVA	台	6年	0.17
			变压器例行试验(调试)	—	2000kVA	台	6年	0.17
			变压器例行试验(调试)	—	4000kVA	台	6年	0.17
			变压器例行试验(调试)	—	8000kVA	台	6年	0.17
			变压器例行试验(调试)	—	20000kVA	台	6年	0.17

续 表

序号	设备	检修项目	检修作业	电压等级	容量	单位	检修周期	检修频次
1	变压器	预防性试验	变压器例行试验(调试)	—	40000kVA	台	6年	0.17
			变压器例行试验(调试)	—	63000kVA	台	6年	0.17
			变压器例行试验(调试)	—	150000kVA	台	6年	0.17
2	电抗器及消弧线圈	常规检修	干式消弧线圈常规检修	10kV	—	台	6年	0.17
			干式电抗器常规检修	10kV	—	台	6年	0.17
		预防性试验	干式消弧线圈例行试验	10kV	—	台	6年	0.17
			干式电抗器例行试验	10kV	—	台	6年	0.17
…	…	…	…	…	…	…	…	…

2.成本测算,支撑预算精准分配

(1)各电压等级成本规模测算。依据公司制定的《电网检修标准成本》,统计各业务活动、各电压等级、各资产类型的动因参数,搭建各电压等级成本规模测算模型,测算每类业务活动、每个电压等级下不同资产类型的检修成本规模。如35kV变电站检修成本规模测算,首先,要统计35kV变电站的动因参数,即35kV变电站的总容量;其次,根据单位资产标准成本,即XX元/MVA,测算出35kV变电站的检修成本规模;最后,参考分电压等级核价参数,进行调节,实现公司预算向各电压等级和各资产类别的分解(见表4-11)。

表4-11 检修电压等级分配 单位:元

电压等级项目	标准成本定额	比例	预算总成本	分电压等级成本总额	调整金额	调整后成本总额
±1100kV运维	1000	2.17%	2708546069.05	58881436.28	20000.00	58901436.28
±800kV运维	1000	2.17%	2708546069.05	58881436.28	−20000.00	58861436.28
±660kV运维	3000	6.52%	2708546069.05	176644308.9	30000.00	176674308.85
±500kV运维	1000	2.17%	2708546069.05	58881436.28	−10000.00	58871436.25
1000kV运维	1000	2.17%	2708546069.05	58881436.28	−5000.00	58876436.25
750kV运维	1000	2.17%	2708546069.05	58881436.28	−9000.00	58872436.25
500kV架空输电线路输电运检	1000	2.17%	2708546069.05	58881436.28	−13000.00	58872436.25

续　表

电压等级项目	标准成本定额	比例	预算总成本	分电压等级成本总额	调整金额	调整后成本总额
500kV 架空输电线路输电运检	1000	2.17%	2708546069.05	58881436.28	−17000.00	58872436.25
500kV 变电设备交电运维	1000	2.17%	2708546069.05	58881436.28	50000.00	58931436.28
500kV 变电设备交电检修	5000	10.87%	2708546069.05	294407181.42	60000.00	2294467181.42
±400kV 架空输电线路输电运检	1000	2.17%	2708546069.05	58881436.28	70000.00	58971436.28
±400kV 架空输电线路输电运检	1000	2.17%	2708546069.05	58881436.28	80000.00	58971436.28
± 400kV 变电设备交电运维	1000	2.17%	2708546069.05	58881436.28	90000.00	58971436.28
± 400kV 变电设备交电检修	7000	15.22%	2708546069.05	412170053.99	100000.00	412270053.99
220kV(330kV)架空输电线路输电运检	1000	2.17%	2708546069.05	58881436.28	110000.00	59021436.28
220kV(330kV)架空输电线路输电运检	1000	2.17%	2708546069.05	58881436.28	120000.00	59021436.28
220kV(330kV)变电设备交电运维	1000	2.17%	2708546069.05	58881436.28	130000.00	59021436.28
220kV(330kV)变电设备交电检修	1000	2.17%	2708546069.05	58881436.28	130000.00	59021436.28

(2)预测各变电站/线路/台区预算年度标准成本。基于 PMS(设备管理系统)设备基本信息(见表 4-12),如投运时间、设备类型、设备数量等,根据投运年限和每类资产(各设备)涉及检修作业的检修频次自动统计各年需要检修的设备,根据国网公司作业成本定额,计算各资产各年检修成本,结合各资产检修运维轻重缓急排序、本年各类资产检修运维总额,将预算分解到每一个设备层面,实现预算的精准分配(见表 4-13)。

(3)各变电站/线路/台区检修运维成本预算分配。依据各变电站/线路/台区预算年度预计检修运维标准成本,将分电压等级变电站、线路年度检修运维成本预算分配至各变电站/线路/台区。

(4)各变电站/线路/台区检修运维项目优选与预算分配。在各变电站/线路/台区年度成本预算额度内,从各变电站/线路/台区检修运维项目储备库中按轻重缓急优选本年项目,下达检修运维项目预算。若某个变电站/线路/台区当年项目储备金额不足,可将预算调整到有实际需要而预算不足的变电站/线路/台区(见表 4-14)。

表 4-12 PMS 系统设备基本信息

信息来源:PMS
资产名称:35kV××变电站
投运时间:2009 年
主要设备: 单位:元

名称	数量	对应检修作业	自营成本	外包成本	周期	当年是否检修	是否外包	作业成本类型	作业成本
35kV4000kVA油浸式变压器	2	35kV4000kVA油浸式变压器常规检修	138	1834	6 年	否	否	自营成本	0
		35kV4000kVA油浸式变压器解体检修	1145	9719	10 年	是	是	外包成本	19439
		变压器实验(预试)	322	2189	3 年	否	否	自营成本	0
		…	…	…	…	…	…	…	…
		变压器干燥	792	10452	10 年	是	是	外包成本	20904
		变压器红外测温	0	325	1 年	是	否	自营成本	0
…									
接地	2	接地检查	26	325	2 年	是	否	自营成本	52
		避雷引下线拆装	2	15	3 年	否	否	自营成本	0
		…	…	…	…	…	…	…	…
		接地试验	125	543	3 年	否	否	自营成本	0
合计									40395

3.合理确定资产租赁形式,综合降低输配电成本

资产租赁的形式需要根据公司的具体业务和资产的特性来确定:经营性租赁适合对特定资产的临时性使用,融资性租赁适合公司在资产生命周期内长时间的使用。嘉兴供电公司根据维修业务和公司资产规模,构建了资产租赁方式的选择的测算模型,科学制定资产租赁的策略,综合降低输配电成本。

4.加强状态检修,确保资产优良

随着电网管理的精益化,嘉兴供电公司加强设备的状态维护和状态检修工作,减少原来以计划检修为主、缺乏针对性的做法。根据检修的结果确定精益化的维修方案,提高维修的精准度,在降低检修费用的同时提高供电的可靠性,降低单位电量的运维成本。

5.检修装备和备品进行标准化配置

嘉兴供电公司对该检修采用了责任控制的目标管理。首先,以班组(专业)为单位实现标准化装备配置,实现检修装备的统一配置。其次,以班组为责任对象,实现"指定专人管理备件、确定设备备件使用定额、加强设备备件更换控制、设备保全减少备件使用、控制设备备件质量"五个环节。最后,通过班组间对比分析,进行综合评定,考核优劣。同时充分拓展备品的使用途径与旧物回收利用,如加强对保护插件中的中间继电器的回收,将插件中仍能使用的继电器经校验合格后保存待用。在检修作业过程中,采用以状态检修为基准的标准化作业方式,实现作业方式、作业工序的标准化,便于检修项目总负责人编制变电站项目检修物料汇总清单。该清单的编制考虑多方意见,采用差异化分析方法,按变电站接线方式、电压等级和设备特征进行细化分解,对检修材料按需进行数量控制、质量控制、采购价格控制、领用与发放控制、使用控制等。

(五)以作业动因为驱动,精益化费用管理,保证费用使用效果

运维费用中除材料费和维修费用外,大部分的费用属于办公费、水电费、车辆费等无法项目化的费用,这部分的费用需要从强化作业动因的角度来分析,降低运维费用。

1.减少外包费用,提高员工个人贡献值

运维检修费中有近35%的支出是由于公司资源的限制产生的外包检修费。在公司压降成本的要求下,同时提高员工对公司的价值创造,优化业务外包的比例,转部分业务由内部员工完成,在降低业务外包费用的同时,提升公司整体的价值创造的能力。

表 4-13　变电站寿命周期检修成本测算(以设备常规检修信息为例)

序号	设备	检修项目	检修作业	电压等级	容量	单位	检修周期	年均检修频次	检修设备数量	全费用作业成本定额(元)	全费用材料费定额(元)	检修工程费(元)	检修材料费(元)	第一年(元)	第二年(元)	第三年(元)	第四年(元)	第五年(元)	第六年(元)	第七年(元)
1	变压器	常规检修	变压器常规检修	110kV	6300kVA	台	6 年	0.17		5040.43	255.84			0.00	0.00	0.00	0.00	0.00	0.00	0.00
			变压器常规检修	110kV	10000kVA	台	6 年	0.17		5440.66	282.61			0.00	0.00	0.00	0.00	0.00	0.00	0.00
			变压器常规检修	110kV	25000kVA	台	6 年	0.17		7016.86	405.69			0.00	0.00	0.00	0.00	0.00	0.00	0.00
			变压器常规检修	110kV	63000kVA	台	6 年	0.17		10064.3	484.70			0.00	0.00	0.00	0.00	0.00	0.00	0.00
			变压器常规检修	110kV	80000kVA	台	6 年	0.17		12068.1	530.04			0.00	0.00	0.00	0.00	0.00	0.00	0.00
			变压器常规检修	110kV	120000kVA	台	6 年	0.17		14201.35	602.19			0.00	0.00	0.00	0.00	0.00	0.00	0.00
		预防性试验	红外热像检测(带电)	110kV	—	台	6 月	2		933.11	41.02			1948.25	1948.25	1948.25	1948.25	1948.25	1948.25	1948.25
			油中溶解气体分析(带电)	110kV	—	样	1 年	1		573.52	64.65			0.00	0.00	0.00	0.00	0.00	0.00	0.00
			绝缘油试验	220kV以下	—	样	6 年	0.17		1800.4	53.59			0.00	0.00	0.00	0.00	0.00	0.00	0.00
			变压器例行试验(调试)	—	1000kVA	台	6 年	0.17		3092.95	64.92			0.00	0.00	0.00	0.00	0.00	0.00	0.00
			变压器例行试验(调试)	—	2000kVA	台	6 年	0.17		4081.27	126.08			0.00	0.00	0.00	0.00	0.00	0.00	0.00
			变压器例行试验(调试)	—	4000kVA	台	6 年	0.17		5354.76	136.05			0.00	0.00	0.00	0.00	0.00	0.00	0.00
			变压器例行试验(调试)	—	8000kVA	台	6 年	0.17		9252.18	152.86			0.00	0.00	0.00	0.00	0.00	0.00	0.00
			变压器例行试验(调试)	—	20000kVA	台	6 年	0.17		12927.14	203.65			0.00	0.00	0.00	0.00	0.00	0.00	0.00

续 表

序号	设备	检修项目	检修作业	电压等级	容量	单位	检修周期	年均检修频次	检修设备数量	全费用作业成本定额（元）	全费用材料费定额（元）	检修工程费（元）	检修材料费（元）	第一年（元）	第二年（元）	第三年（元）	第四年（元）	第五年（元）	第六年（元）	第七年（元）
1	变压器	预防性试验	变压器例行试验（调试）	—	40000kVA	台	6年	0.17		14817.03	223.95			0.00	0.00	0.00	0.00	0.00	0.00	0.00
			变压器例行试验（调试）	—	63000kVA	台	6年	0.17		16995.00	230.67			0.00	0.00	0.00	0.00	0.00	0.00	0.00
			变压器例行试验（调试）	—	150000kVA	台	6年	0.17		19388.81	324.00			0.00	0.00	0.00	0.00	0.00	0.00	0.00
			变压器例行试验（调试）	—	240000kVA	台	6年	0.17		24772.53	907.49	311.34	308.55	0.00	0.00	0.00	0.00	0.00	0.00	0.00
2	电抗器及消弧线圈	常规检查	干式消弧线圈常规检修	10kV	—	台	6年	0.17	2	915.71	66.24			0.00	0.00	0.00	0.00	0.00	0.00	0.00
			干式电抗器常规检修	10kV	—	台	6年	0.17		1052.20	1.83	219.73	0.62	0.00	0.00	0.00	0.00	0.00	0.00	0.00
		预防性试验	干式消弧线圈例行试验	10kV	—	台	6年	0.17	2	646.26	1.83			0.00	0.00	0.00	0.00	0.00	0.00	0.00
			干式电抗器例行试验	10kV	—	台	6年	0.17		646.26	229.66	5453.59	1366.43	0.00	0.00	0.00	0.00	0.00	0.00	0.00
3	断路器	常规检查	SF6断路器常规检修	10kV	—	台	6年	0.17		916.57	227.07			0.00	0.00	0.00	0.00	0.00	0.00	0.00
			SF6断路器常规检修	35kV	—	台	6年	0.17	35	1295.19	274.12	1002.24	139.8	0.00	0.00	0.00	0.00	0.00	0.00	0.00
			SF6断路器常规检修	110kV	—	台	6年	0.17		1965.18	100.95			0.00	0.00	0.00	0.00	0.00	0.00	0.00
			少油断路器常规检修	10kV	—	台	6年	0.17	3	521.66	180.40			0.00	0.00	0.00	0.00	0.00	0.00	0.00
			少油断路器常规检修	35kV	—	台	6年	0.17		991.03	250.30			0.00	0.00	0.00	0.00	0.00	0.00	0.00

续 表

序号	设备	检修项目	检修作业	电压等级	容量	单位	检修周期	年均检修频次	检修设备数量	全费用作业成本定额（元）	全费用材料费定额（元）	检修工程费（元）	检修材料费（元）	第一年（元）	第二年（元）	第三年（元）	第四年（元）	第五年（元）	第六年（元）	第七年（元）
3	断路器	常规检查	少油断路器常规检修	110kV	—	台	6年	0.17		1663.33	258.64			0.00	0.00	0.00	0.00	0.00	0.00	0.00
			真空断路器	35kV	—	台	6年	0.17		2417.56	0.04	8795.50	1.49	8796.99	8796.99	8796.99	17593.98	8796.99	26390.96	8795.99
		预防性试验	红外热像检测（带电）	10kV	—	台	1年	1	35	251.30	0.04			0.00	0.00	0.00	0.00	0.00	0.00	0.00
			红外热像检测（带电）	35kV	—	台	1年	1		251.30	0.04	1507.80	0.25	502.69	502.69	502.69	502.69	502.69	502.69	502.69
			红外热像检测（带电）	110kV	—	台	6月	2		251.30	13.54	8858.66	80.56	0.00	0.00	0.00	0.00	0.00	0.00	0.00
			例行试验（调试）	10kV	—	台	6年	0.17	3	1488.85	22.95			0.00	0.00	0.00	0.00	0.00	0.00	0.00
			例行试验（调试）	35kV	—	台	6年	0.17	35	2666.94	33.70	3026.73	17.19	0.00	0.00	0.00	0.00	0.00	0.00	0.00
			例行试验（调试）	110kV	—	台	6年	0.17		5934.77	327.27			0.00	0.00	0.00	0.00	0.00	0.00	0.00
4	组合电器	常规检查	全封闭组合电器本体常规检修	35kV	—	台	6年	0.17	3	3496.46	442.39			0.00	0.00	0.00	0.00	0.00	0.00	0.00
			全封闭组合电器本体常规检修	110kV	—	台	6年	0.17		5115.24	0.04			0.00	0.00	0.00	0.00	0.00	0.00	0.00
		预防性试验	红外热像检测（带电）	35kV	—	台	1年	1		251.30	0.04			0.00	0.00	0.00	0.00	0.00	0.00	0.00
			红外热像检测（带电）	110kV	—	台	6月	2		251.30	0.04			502.69	502.69	502.69	502.69	502.69	502.69	502.69
			例行试验（调试）	35kV	—	台	6年	0.17		12351.74	43.49			0.00	0.00	0.00	0.00	0.00	0.00	0.00

表 4-14　检修运维成本预算分配

预算额:59061436.28 元

序号	2019 年		2020 年		2021 年		2022 年		2023 年		2024 年		2025 年	
	比例（%）	金额（元）	比例（%）	金额（元）	比例（%）	金额（元）	比例（%）	金额（元）	比例（%）	金额（元）	比例（%）	金额（元）	比例（%）	金额（元）
变电站 1	6.86	4049690.36	4.50	0.00	5.33	0.00	13.38	0.00	9.84	0.00	29.19	0.00	9.83	0.00
变电站 2	6.86	4049718.64	4.50	0.00	5.33	0.00	6.77	0.00	1.79	0.00	7.73	0.00	9.83	0.00
变电站 3	6.86	4049097.41	24.71	0.00	0.97	0.00	6.77	0.00	9.83	0.00	1.41	0.00	9.83	0.00
变电站 4	0.07	40079.36	4.50	0.00	5.33	0.00	1.23	0.00	0.11	0.00	7.72	0.00	1.79	0.00
变电站 5	6.85	4047854.95	2.75	0.00	0.06	0.00	6.77	0.00	12.02	0.00	0.09	0.00	9.83	0.00
变电站 6	0.10	60119.04	26.75	0.00	6.51	0.00	0.07	0.00	1.68	0.00	9.44	0.00	0.11	0.00
变电站 7	6.85	4046612.49	4.49	0.00	0.91	0.00	8.27	0.00	9.83	0.00	1.32	0.00	12.01	0.00
变电站 8	1.18	694936.01	4.49	0.00	5.32	0.00	1.16	0.00	9.83	0.00	7.72	0.00	1.68	0.00
变电站 9	6.85	4045370.03	0.82	0.00	26.06	0.00	6.67	0.00	9.83	0.00	1.41	0.00	9.82	0.00
变电站 10	6.85	4044748.80	4.50	0.00	5.33	0.00	33.11	0.00	1.79	0.00	7.72	0.00	9.82	0.00
变电站 11	0.41	240215.61	0.05	0.00	0.06	0.00	6.67	0.00	9.83	0.00	0.09	0.00	1.79	0.00
变电站 12	6.85	4043506.34	5.50	0.00	6.51	0.00	0.31	0.00	0.11	0.00	9.44	0.00	9.83	0.00
变电站 13	6.85	4042885.11	0.77	0.00	0.91	0.00	0.04	0.00	12.02	0.00	1.32	0.00	0.11	0.00
变电站 14	29.74	17564959.47	4.49	0.00	5.32	0.00	1.83	0.00	1.68	0.00	7.71	0.00	12.01	0.00
变电站 15	6.84	4041642.65	4.49	0.00	26.06	0.00	6.67	0.00	9.82	0.00	7.71	0.00	1.68	0.00

2.加强作业成本考核，降低运维费用

降低运维费用的主要途径需要从作业成本的核心理念出发，结合电网企业检修成本管理实际，通过抽象与细分完成标准成本模型构建，用“以人定量”等实现成本合理控制，并及时修改、完善标准成本模型，从而构筑起一个完整的电力设备检修作业成本管理体系，实现企业效率、效益、竞争力的全面提升。“以人定量”科学用工，使人工成本转化为有效资源。

嘉兴供电公司在“以人为本”理念的指导下，根据部门所拥有的“作业人员数量”“作业人员的技能水平”“作业人员有效工作时间”，对三个要因进行综合考虑，实现“以人定量”“以量定员”和“以能定职”。将每日作业计划中的作业量与职工作业能力进行合理匹配，细微调整作业计划以保障每日的人力资源进行最优化配置，从而实现每日的人力资源作业总成本趋于合理。

具体做法是：将每日作业计划中所需工作组数与实际所能派出的最大工作组数进行比对，把结果分为过适应、适应、较适应和不适应四种情况。对过适应和不适应的工作状况进行调整，将每日工作控制在“适应”与“较适应”之间。既在生产上实现了检修力量的充分发挥与安全承载，又使每位职工日有所“用”(参加现场检修或者内部管理)，从而实现人力资源的优化配置。

其他运营成本包括人工成本、业务费、办公费等五类。车辆使用费、车辆租赁费和房屋租赁费参考业务规模和地区的因素确定定额标准，其他运营成本费用进行作业动因分解，制定作业成本的标准。

作业动因的分解遵循“两分解”的思路。首先，对其他运营成本的非固定费用大类，包括业务费、办公费和差旅费等费用进行分解，明确每项费用的明细科目。其次，将作业动因分成人员动因、业务规模动因、政策动因三种类型，并针对每一项的明细费用的特点进行作业动因的归类和分解，确定各项明细费用的驱动因素(见图 4-6)。

人员动因	业务规模动因	政策动因
•供电所人数 •供电所管理人员人数 •在职员工人数 •由人数衍生出来的供电所及租用房面积和供暖面积	•供电所数量 •电力用户数 •居民用户数 •检修运维次数 •主营业务收入和主营业务成本	•各类社会保险的计提比例

图 4-6　作业动因分类

通过明确其他运营成本的各级指标和驱动因素，构建“两动三级”的其他运营成本体系（见表4-15）。

表4-15 其他运营标准成本体系

<table>
<tr><th>一级指标</th><th>二级指标</th><th>三级指标</th><th>动因类型</th><th>驱动因素</th></tr>
<tr><td rowspan="25">其他运营成本</td><td rowspan="7">人工成本</td><td>工资</td><td>人员动因</td><td>在职员工数</td></tr>
<tr><td>住房公积金</td><td>政策动因</td><td>计提比例</td></tr>
<tr><td>失业保险</td><td>政策动因</td><td>计提比例</td></tr>
<tr><td>医疗保险</td><td>政策动因</td><td>计提比例</td></tr>
<tr><td>工伤保险</td><td>政策动因</td><td>计提比例</td></tr>
<tr><td>生育保险</td><td>政策动因</td><td>计提比例</td></tr>
<tr><td>养老保险</td><td>政策动因</td><td>计提比例</td></tr>
<tr><td rowspan="12">其他运营成本费用</td><td>设备检测费</td><td>业务规模动因类</td><td>供电所数</td></tr>
<tr><td>清洁卫生费</td><td>业务规模动因类</td><td>供电所数</td></tr>
<tr><td>管理用房屋维修费</td><td>业务规模动因类</td><td>供电所数</td></tr>
<tr><td>绿化费</td><td>业务规模动因类</td><td>供电所数</td></tr>
<tr><td>物业管理费</td><td>业务规模动因类</td><td>供电所及租房面积</td></tr>
<tr><td>低值易耗品摊销</td><td>人员动因</td><td>在职员工数</td></tr>
<tr><td>劳动保护费</td><td>人员动因</td><td>在职员工数</td></tr>
<tr><td>水电费</td><td>业务规模动因类</td><td>供电所数</td></tr>
<tr><td>取暖费</td><td>人员动因</td><td>供暖面积</td></tr>
<tr><td>车辆使用费</td><td>无</td><td>无</td></tr>
<tr><td>车辆租赁费</td><td>无</td><td>无</td></tr>
<tr><td>房屋租赁费</td><td>无</td><td>无</td></tr>
<tr><td rowspan="3">办公费用</td><td>摊销耗材</td><td>人员动因和业务规模动因类</td><td>供电所管理人员数和供电所数</td></tr>
<tr><td>日常耗材</td><td>人员动因和业务规模动因类</td><td>供电所人数、供电所管理人员数和供电所数</td></tr>
<tr><td>通信费</td><td>人员动因和业务规模动因类</td><td>供电所管理人员数和供电所数</td></tr>
</table>

续　表

一级指标	二级指标	三级指标	动因类型	驱动因素
其他运营成本	办公费用	图书资料	人员动因类	供电所人数
		其他(办公文具)	人员动因类	供电所管理人员数
		邮电费	业务规模动因类	供电所数
	差旅费		业务规模动因类	主营业务成本和主营业务收入
	业务费	停电通知广告费	业务规模动因类	居民用户数
		电费发票印制费	业务规模动因类	居民用户数
		金融机构代收手续费、电费充值卡制作费	业务规模动因类	居民用户数

基于其他运营成本体系，设计人工成本、业务费、办公费用(见表4-16)和其他运营费用的测算方法。首先，依据公司实际消耗情况确定单位数量标准上限。其次，统计动因数量。再次，基于标准成本法，参照国网相关费用管理标准，结合历史数据和市场价格确定价格上限。最后，通过构建“费用＝单位数量标准上限×价格×动因数量”的公式，测算相关费用。

表4-16　办公费测算(部分明细费用)

费用类别		基本计算方式	成本动因类别	单位数量标准上限	数量单位	动因数量小计	价格上限(元)
摊销耗材	档案盒	消耗量×消耗品单价	业务规模动因类	50	个/供电所		3.00
	饮水机	消耗量×消耗品单价	业务规模动因类	3	台/供电所		500.00
	U盘	消耗量×消耗品单价，暂按供电所管理人员数量配置	人员动因类	1	个		50.00
	移动硬盘	消耗量×消耗品单价，暂按供电所管理人员数量的30%作为配置上限	人员动因类	0.3	个		500.00

续　表

费用类别		基本计算方式	成本动因类别	单位数量标准上限	数量单位	动因数量小计	价格上限(元)
摊销耗材	录音笔	消耗量×消耗品单价,暂按供电所管理人员数量的30%作为配置上限	人员动因类	0.3	个		2000.00
	更换打印头	消耗量×消耗品单价	业务规模动因类	1	个		300.00
	复印机配件	消耗量×消耗品单价	业务规模动因类	1	套		2000.00
	显示器	消耗量×消耗品单价	业务规模动因类	1	个		4000.00
	硬盘	消耗量×消耗品单价	业务规模动因类	1	个		2000.00

在作业成本模型中嵌入各项费用的计算公式、定额标准和单位数量标准上限。通过模型抓取设定的基础数据(单位标准价格上限以及数量上限)以及输入的动因数据,自动计算出各项费用的标准成本,最终自动加总得到农维费成本总额。

运用成本测算模型得出的结果进行预算编制的指导,不仅提高了预算数据的准确性,而且达到合理分配资金的目的,进而提高了公司整体的效益。

3.优化资源配置的角度分析

分析作业动因,实际上是实现了从价值工程的角度确定费用支出(投入)和工作效果(产出)之间的价值判断的过程。每项费用的支出都存在一个边际效用递减的过程,运维费用管理的目标是整体效益的最大化,需要对各项明细费用投入和产出的变化规律进行分析,从费用的边际效用递减的角度,看每一项费用的功能,根据费用的效果去分析,实现帕累托最优,在满足基本功能的情况下,从投入产出的角度来优化投入费用的预算,资源优化配置实质上是一个多目标规划的问题。这一部分的工作比较复杂,嘉兴供电公司通过对每项费用的投入和产出的效用的相关分析来辅助制定各项费用的预算标准,取得了较好的效果。

三、项目实施效果

（一）建立成本类项目的可研审查方法与体系

针对生产大修、营销成本性、信息化成本性、管理咨询、研发、教育培训等成本性项目，从项目合规性与经济性角度出发，建立各类成本性项目的可研审查评价指标及审查标准，统一审查尺度，辅助成本类项目的可研审查与投资决策。

（二）建立基于作业化改造后标准成本的应用方法与体系

支撑各地市公司成本类项目的预算编制，同时根据成本测算结果，合理安排预算，切实发挥标准成本在检修运维项目预算资源精益配置中的关键作用。

（三）建立预算执行过程监督预警的方法与手段

从项目建设全生命周期的角度出发，搭建投资进度、预算执行进度、转资进度以及预算决算匹配度等风险预警监测模型，对预算各项目执行过程的规范性和有效性进行全面持续监测，防范由执行缺乏在线监督带来的预算执行不到位、转资和决算不及时、准许收入核减等风险。

（四）建立分级分类预算考核评价方法与体系

面向单位、部门、专项类别、项目四个层级，从预算管理的全过程，围绕预算执行情况、预算执行效果两个方面，建立项目预算投入效率、产出效益评价指标体系，搭建分级分类评价模型，全方位支撑对各单位总体项目预算的执行效果、各部门预算的执行效果、单位各专项预算的执行效果、各项目预算的执行效果。

第三节　经营全过程成本效益分析

在总结成本效益分析取得的成果的基础上，2019 年，嘉兴供电公司以嘉善公司为试点创新管理模式，进一步完善与深化电网企业经营全过程成本效益分析，建立以评分规则库（“一库”）、简易订单（“一单”）和成本效益分析模型（“一模型”），贯通成本投入的预算申请、发票报销到效益后评估的全过程。构建“433”管理阵型，挖掘成本效益增长点，优化成本运作方式，筑牢成本安全防线，实施成本投入的否决机制、全寿命机制和激励机制，全力提升公司成本投入产出的效率效益水平。

一、项目实施背景与目标

近年来，中国经济处于转变发展方式、优化经济结构、转换增长动力的攻关期，中短期内出现相对疲软，加上中美贸易摩擦等因素，下行压力增大，电网企业的成本刚性需求增加。在优化营商环境的背景下，降电价呼声渐高。两年来，一般工商业降价实现“六连跳”，累计降低 158.8 元/千千瓦时。电网企业的成本增加、营收减少，投入产出比明显下降。

基层单位在成本投入产出管理方面存在一些问题：一是缺乏“机制”将下达的成本总额分配至不同申请事项，导致成本配置能力不足，投入产出效率效益不高。二是缺乏“手段”对投入的成本事项进行全程监控，导致成本使用合规性不够，难以达到预期效益和效果。三是缺乏“数据”量化成本投入产出结果并开展评估，导致对成本效益结果的挖掘能力不强，无法实现降本增效。

此外，成本投入全过程管理信息化水平较低，对基层单位如何将“二下”预算结果有效配置至重点领域和关键部门缺乏研究。目前，相同事项分解给不同部门的标准不统一、重点不突出，资源配置能力不强。业务部门乱报、错报、多报成本投入事项的现象普遍存在，财务审核效率不高；在精准投资、精准营销方面，财务与业务部门配合开展各线路、用户的投入产出效益研究不够，没有精准构建用户画像信息库，为管理提供支撑。

2019 年，嘉兴供电公司围绕参与市场竞争的核心——降本增效——这一主线，提出成本投入产出全过程管控理念，实施前台、中台、后台的“计划调控、过程监控、结果评控”三种管理策略，全力提升电网企业成本投入产出效率效益水平。以所有成本事项为管理对象，以提高投入产出效率效益为目标，构建“一库、一单、一模型”贯穿成本投入产出的全过程。在前台建立事项评分规则库，实施成本否决机制，诊断评估成本申请事项的合理性；在中台增设成本简易订单，实施成本全寿命机制，动态监控成本使用的规范性；在后台设置成本效益分析模型，实施成本激励机制，深入挖掘成本效益增长点。

为实施“一库、一单、一模型”管理模式，构建“433”管理阵型，嘉善公司在提升成本投入产出效率效益方面设置三个指标：一是成本投入预算增长不超过 10%。二是重点成本投入事项简易订单管理覆盖率达 100%。三是公司全年投入产出比不小于 110%。

二、项目实施路径与流程

嘉兴供电公司财务部组织梳理成本投入产出全寿命管理标准流程（见图 4-7），初步建立了事前审批、事中监控和事后评估的管理体系，明确了关键步骤和管控要点。

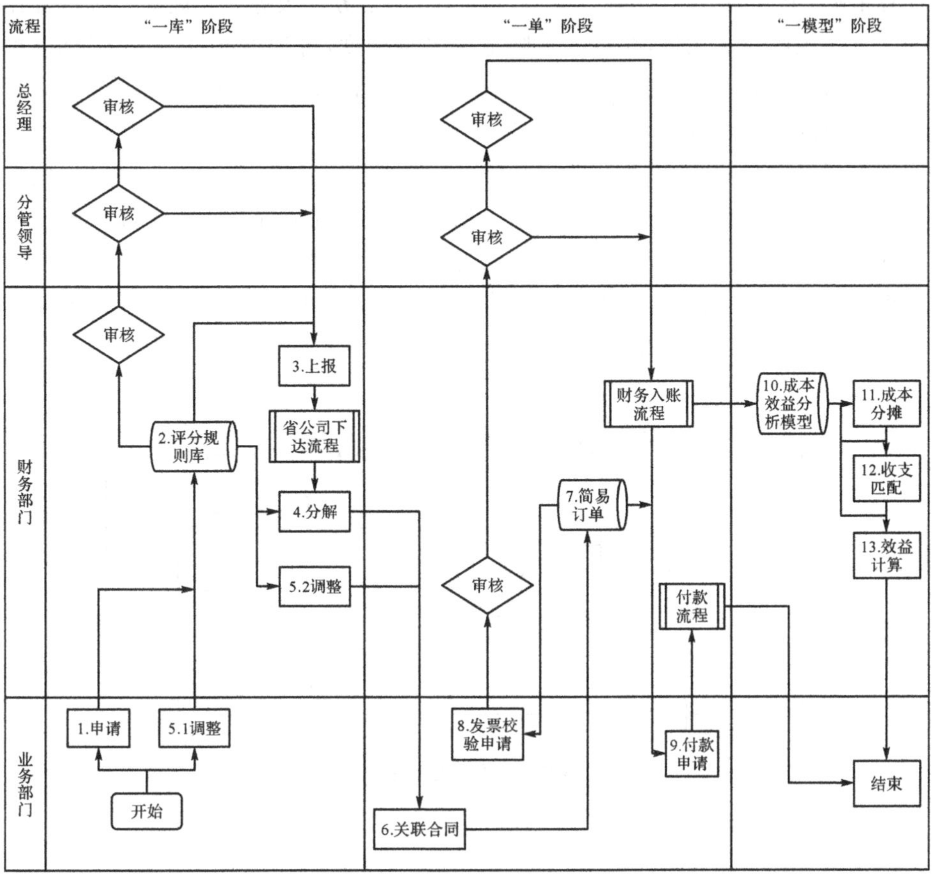
流程
"一库"阶段
"一单"阶段
"一模型"阶段
总经理
分管领导
财务部门
业务部门
审核
审核
审核
审核
审核
审核
3.上报
省公司下达流程
2.评分规则库
4.分解
5.2调整
1.申请
5.1调整
开始
财务入账流程
7.简易订单
8.发票校验申请
6.关联合同
付款流程
9.付款申请
10.成本效益分析模型
11.成本分摊
12.收支匹配
13.效益计算
结束

图 4-7 成本投入产出管理全流程

(一)"一库"联防"四后卫",筑牢计划的安全防线

在成本计划方面,嘉兴供电公司研究构建成本事项的"评分规则库",对成本事项的申请、上报、分解和调整四个环节分别进行管控,甄别各种不合理、不重要、不紧急的成本事项,筑牢成本投入的第一道防线。在申请、调整环节,各业务部门通过填报单据内容,触发评分规则库并进行评分,直接否决低于标准分值的成本事项。在上报、分解环节,财务部门根据评分结果对成本事项实施否决或平衡。强化系统性控制,减少人为操作,打造成本计划的链式防守体系,过滤异常事项,提升效率效益。

1. 四后卫之"申请"

评分规则库细分成本事项是否签订合同、紧急程度、费用属性、供应商类型、计算依据、金额大小、会计科目类型、预计进度、财务评级等九大规则。按百分比赋予每一规则一定比例，在每一规则下设多种维度，每种维度对应定额分值（见表4-17）。各部门填报的成本事项内容自动触发评分规则库中的各项维度完成申请阶段的智能评分。

根据经验值设定申请环节的事项过滤区间为0～40分。各业务部门填报时，低于40分的事项将被直接否决，不纳入后续审批流程。通过评分规则库过滤的成本事项产生唯一的事项编码，贯穿后续审批、下达、调整等全过程。前移管控重点，过滤后的成本事项应按重构的审批流程（见图4-8）完成审批，确保成本事项与公司战略相匹配，资源有效配置至重点领域和关键部位。

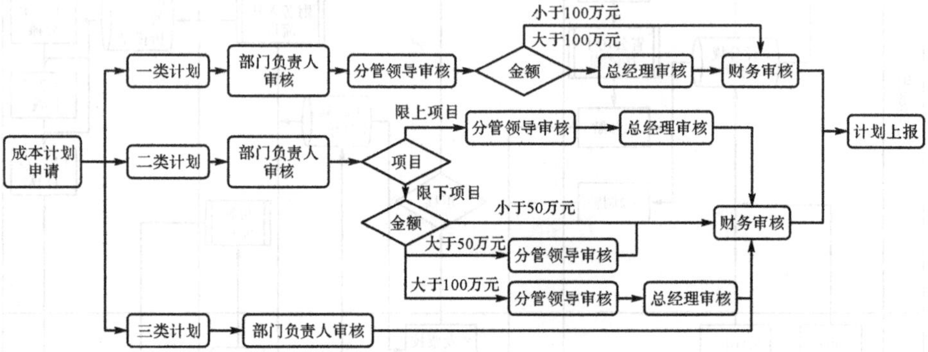
小于100万元
大于100万元
一类计划
部门负责人审核
分管领导审核
金额
总经理审核
财务审核
限上项目
分管领导审核
总经理审核
计划上报
成本计划申请
二类计划
部门负责人审核
项目
限下项目
小于50万元
金额
财务审核
大于50万元
分管领导审核
大于100万元
分管领导审核
总经理审核
三类计划
部门负责人审核

图4-8 成本计划审批流程

2. *四后卫之“上报”*

经评分规则库过滤后的成本事项纳入审批流程，审批结束后标记评分结果。为防止成本过度扩张，嘉兴供电公司每年将上报至省公司的非项目化成本事项总额控制在上年度的110%以内，10%的总额增长空间包含了物价、经济、人员变动等因素的影响。

经评分规则库过滤后的事项总额超过上年度110%时，则由财务部门在上报环节对成本事项进行平衡管理。首先，根据成本事项的评分结果划分不合理、不重要、不紧急的分值区间。40～50分（不含50分）为不合理分值区间，50～60分（不含60分）为不重要分值区间，60～70分为不紧急分值区间。其次，按评分结果的排序优先取消不合理的成本事项直至满足上报目标需求。仍不能满足上报目标的，按平均水平调剂各部门不重要的成本事项。即：将申请事项与上报目标的差额，按各部门不重要、不紧急申请事项的比重分配至相应业务部门，从而减少成本申请事项额度，有效控制成本投入总额水平。

表 4-17　评分规则库(示例)

项目	占比	合同	分值⑧	重要性	分值⑦	费用属性	分值⑥	财务评级	分值⑤	供应商类型	分值④	计算标准事由长度(个字)	分值③	金额(万元)	分值②	费用类型	分值①
费用类型	10%	有	100	紧急	80	国网严控	90	重要	80	政府部门	100	100	80	500	80	安全费	100
金额(万元)	10%	无	60	中等	60	电改严控	90	中等	60	集体企业	60	50	70	100	90	办公费	85
合同	15%			一般	40	其他	70	一般	40	民营企业	60	20	60	50	70	财产保险费	100
重要性	15%									个人	100	10	40	10	80	差旅费	80
费用属性	15%											10 以下	20	10 以下	90	出国人员经费	70
财务评级	15%															存货盘亏和毁损	70
供应商类型	10%															大修项目	80
计算标准事由长度(个字)	10%															党建工作经费	90

$$f(n)=\sum_{n=1}^{\infty}(\partial_n \times A_n)$$

3. 四后卫之"分解"

省公司"二下"的成本费用总额会与上报目标之间存在差异。嘉兴供电公司利用评分规则库来解决传统"分解靠财务、口径不统一"的弊端。下达的费用与标记评分结果的成本事项之间按设定的规则进行分解，消除"财务说了算"的现象，使业务部门普遍满意，同时督促业务部门强化对成本申请事项的管理，确保真实、有效。

分解时优先全额安排标记 60 分以上且签订合同的部门费用，剩余部分按评分结果比重分摊至各业务部门。以"财务"为中心的分解模式改变为以"评分结果"为核心的管控体系，提高成本申请事项的真实性、合法性和合规性，确保成本有效投入。同时，以"评分结果"为核心的分解体系有效连接省公司预算信息化管控工作，有助于构建全流程、智慧化管理模式，提升信息化水平。

4. 四后卫之"调整"

使用分解的成本预算，会出现盈余或缺口，需要对原分解的预算进行平衡或调整。嘉兴供电公司将成本预算调整划分为"部门内平衡""部门间平衡"和"年中调整"三种类型。对于成本事项首先考虑部门内平衡，其次考虑部门间平衡、最后再考虑纳入年中调整。

执行年中调整时，评分规则库提示业务部门关注原大于 60 分且未安排的年初申请事项，防止出现高产出成本未投入的情况。各部门对提示信息逐一确认，填报年中调整事项申请内容，再次触发评分规则库进行评分。年中调整环节，评分规则库执行的成本否决条件更加严格，70 分以下的成本事项不纳入年中调整范围。

(二)"一单"运作"三中场"，监督结算的高效协同

投入是创造价值的过程。监督成本投入全过程，确保成本结算的"合同、发票、付款"协同运转，也是提升成本投入产出效率效益的重要因素。嘉兴地区按依法合规和共建共享两大原则，构建了"简易订单"新型结算模式，将成本结算订单化、流程规范化、管控精细化，实现过程可管控、信息可溯源。简易订单无须审批、不做确认，创建后即可使用，提升用户体验感。从合同、发票、付款三个维度监控异常成本信息，确保合规，提高成本投入产出效率效益。

1. 三中场之"合同"

创建的简易订单以合同全寿命周期管理为主线，贯通经法、网报及 ERP 等系统，融合成本、税务及付款等业务，生成简易订单合同管理信息(见表 4-18)。简易订单流程必须一订单一合同，无合同无法进行订单创建和报销，从前端规范了合同的签订和执行，提升了业务人员的法律意识、合规意识，确保成本投入合规、有效。

表 4-18　简易订单合同管理信息(示例)

单位:元

采购凭证	合同号	供应商	名称 1	订单合计	发票检验（在途）	发票校验（完成）	发票校验总计(在途＋完成)	剩余开票数	付款申请（在途）	实付款	付款合计（在途＋支付）	剩余付款数
710＊＊＊6	SGZJJX＊＊＊6	5009	杭州＊＊电子科技公司	63565.59	63565.59	0.00	63565.59	63565.59	0.00	0.00	0.00	63565.59
710＊＊＊4	SGZJJX＊＊＊7	4221	杭州＊＊信息技术公司	52788.00	0.00	52788.00	52788.00	0.00	52788.00	0.00	52788.00	0.00
710＊＊＊4		12067	嘉善＊＊设计制作公司	9467.00	0.00	9467.00	9467.00	0.00	9467.00	0.00	9467.00	0.00
710＊＊＊5		12067	嘉善＊＊设计制作公司	8580.00	0.00	8580.00	8580.00	0.00	8580.00	0.00	8580.00	0.00
710＊＊＊2	SGZJJX＊＊20	13907	嘉善县＊＊服务公司	456456.00	0.00	456456.00	456456.00	0.00	382560.00	0.00	382560.00	73896.00
710＊＊＊2	SGZJJX＊＊14	12072	嘉兴市南湖区＊服务公司	785346.25	0.00	785346.25	785346.25	0.00	0.00	0.00	0.00	785364.25

通过增强电子报账平台配置，采用简易订单方式管理重点费用，实现按单位、部门、订单、合同多维穿透查询功能，实时查询合同履行情况、加强合同全过程管控，规避成本投入失效、无效。例如：通过对比实付金额与合同付款条件，发现采购订单 7100000014 节能服务费，第二笔进度款已超过合同约定日期尚未完成支付。订单 7100000348 安全措施服务，订单金额 60 万元，合同约定按季度结算，截至 7 月共入账 15 万元，少结算一个季度费用。上述成本投入事项存在法律风险。合同指引业务、业务融入合同、简易订单创新了成本投入的结算机制，效率更高，效果更好，效益更大。

2. 三中场之“发票”

简易订单的发票校验流程通过网报系统发起，经部门领导审批后，直接流转到责任会计进行发票校验。财务在校验发票时，系统自动带出订单总额并进行校验。经发票校验的成本事项可通过供应商等信息查看开票、付款等历史记录，提高成本结算和统计的效率。

成本结算采用简易订单管理，还能加大对成本的管控力度，防范经营风险。明确成本使用需求部门与财务部门的职责界限，强化前端业务的过程管控职责，增强业务端的知晓度和责任感，全面推进前端业务部门管理的精益化。

3. 三中场之“付款”

简易订单在网报系统发起付款申请。有效分离发票与付款动作，保障成本安全投入。可多次自动生成付款申请，满足合同确定的付款条件需求，提高成本结算规范性，同时对合同、发票、付款三个环节进行监控。三者出现不一致，则为预警事项，各业务部门、财务人员可通过系统实时查看相关信息，将成本投入的付款行为从事后的支付控制转变为全过程的精益管控，追溯反映每笔成本事项的支付业务信息，进一步加强成本投入事项过程管控，规避业务风险，提高成本的结算效率和安全水平。

（三）“一模型”打造“三叉戟”，攻坚效益的增长点

为适应新一轮电改要求，落实按“产品”进行归集、分摊、结转生产成本的相关财政政策，嘉兴供电公司在云平台搭建了“基于输配电价改革的单一电力用户成本效益分析模型”。利用模型联通财务、营销、发展等业务系统，打造效益攻坚的“三叉戟”，即动态分摊生产成本、实时匹配电费收入、精准研判项目投资。实现了“单一用户”“单条线路”“单片区域”成本投入产出效率效益的计算和分析。

1. 三叉戟之“成本”

模型收集云平台的历史数据自动计算分析生产成本与成本动因之间相关系数，按相关系数的大小截取资产原值、销售电量和输送电量 3 项关键成本动因。明确 34 类生产成本与 3 项成本动因的对应关系后，模型自动计算 3 项成本动因的归集参数，将公共生产成本归集至不同电压等级的输配电成本，汇总直接归集部分便产生输配电等级成本向量 A。

模型利用“一体化线损管理系统”获取电量传输数据，生成本电压等级出售的电量和向其他电压等级传导的电量关系表，构建电量潮流矩阵 $\propto$ 。成本向量 A 与潮流矩阵 $\propto$ 相乘产生成本分摊向量 $M(M=\sum A\times\propto)$，最终将所有的生产成本分摊至不同类型的用户群体（见图 4-9）。

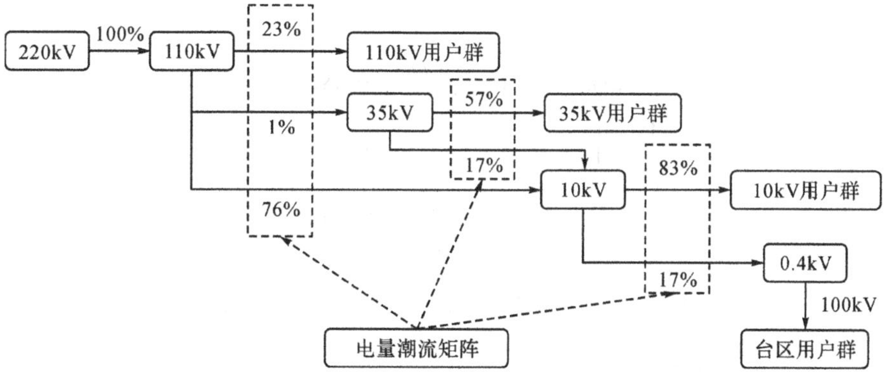
220kV
100%
110kV
23%
110kV用户群
35kV
1%
57%
35kV用户群
17%
10kV
83%
10kV用户群
76%
0.4kV
17%
100kV
电量潮流矩阵
台区用户群

图 4-9　成本效益分析模型核心公式

2. 三叉戟之“收入”

模型自动从营销系统中截取用户编号、电量、电价、电压等级、变压器容量、区域等信息，生成用户清单。因低压居民数量庞大，以台区为单位反映低压用户。台区和高压用户构成完整的用户清单，在用户清单中计算单一用户占该电压等级用户的电量比重 φ 和变压器容量比重 ω 。将用户群的成本拆分成固定成本和变动成本，固定部分按变压器容量 ω 进行分摊，变动部分按电量 φ 进行分摊，从而计算单一用户的输配电成本。与用户电费收入建立对应关系，产生单一用户投入产出效益（见图 4-10）。

监控用户效益的异常变动并开展盈亏平衡分析，深入挖掘效益增长点。例如：2019 年，从用户效益清单中筛选了盈亏平衡点靠近实际用电量的亏损台区 186 个作为研究对象，从内部管理和外部开拓两个方面强化对亏损台区的管理。内部管理方面：提高电费收费核查，避免因漏抄、错抄造成电量损失；加大窃电查处力度;跟踪和监督电价执行的合理性。外部开拓方面:组建驻村工作队,推广厨房电气化、电气化大棚、光伏等智慧用电项目。开展台区用能结构信息普查,分析典型台区用能设备、能源消费和实时用能信息,为客户提供多元化综合用能建议方案。截至10月,有154个台区由亏损开始转变为盈利,增收金额131.27万元。

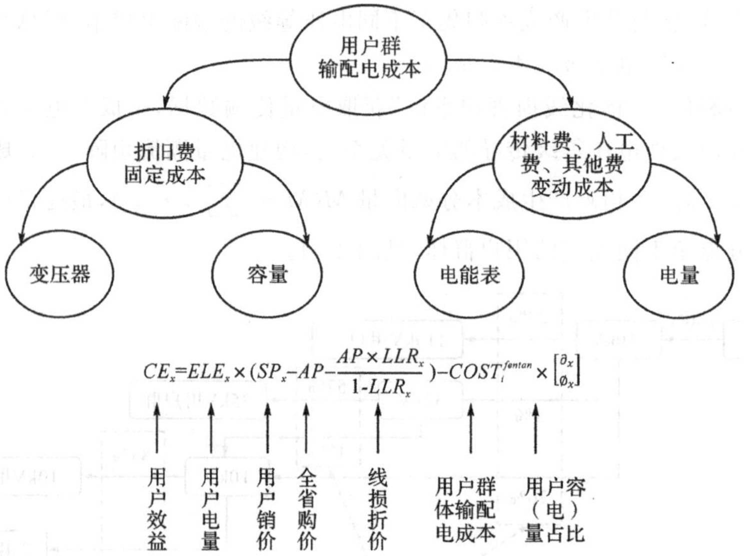
用户群
输配电成本
折旧费
固定成本
材料费、人工
费、其他费
变动成本
变压器
容量
电能表
电量
$CE_x=ELE_x\times(SP_x-AP-\frac{AP\times LLR_x}{1-LLR_x})-COST_i^{fentan}\times\begin{bmatrix}\partial_x\\ \emptyset_x\end{bmatrix}$
用户效益
用户电量
用户销价
全省购价
线损折价
用户群体输配电成本
用户容(电)量占比

图 4-10　用户群输配电成本分摊至单一用户过程

3. 三叉戟之"投资"

模型通过一体化线损管理系统中获取线路与用户的对应关系,将用户所属线路信息回传至用户效益清单中的,从而汇总计算单条线路的投入产出效率。实现了精确计算配网项目投资方案的NPV(净现值)、ANCF(年金净流量)、PVI(现值指数)、IRR(内部收益率)、PP(投资回收期)等指标的目的,精确判断项目可行性。模型解决了可研评审阶段无法开展经济性分析的困境,将用户效益绘制成热力图,突出"精准投资"重点方向。

(四)制定相关制度,确保实施效果,挖掘增效潜力

嘉兴供电公司设置了《经营控制能力考核实施方案(2019版)》来确保成本投入产出取得实效。应用"一模型"产生象限矩阵为营业厅"三型一化"升级及"新零售"业务转型提供决策参考。基于营业厅与台区映射关系,将台区收支价值数据归集至营业厅,形成营业厅质效点分布图,按中位数法划分营业厅矩阵分群(见图4-11)。同时建立台区成本效益与营业厅负责人的绩效挂钩机制,每月

对高危亏损台区及各营业厅进行预警和通报，促进各营业厅负责人通过增收节支方式提升台区效益，突出高品质营业厅，最大限度挖掘公司增效潜力。

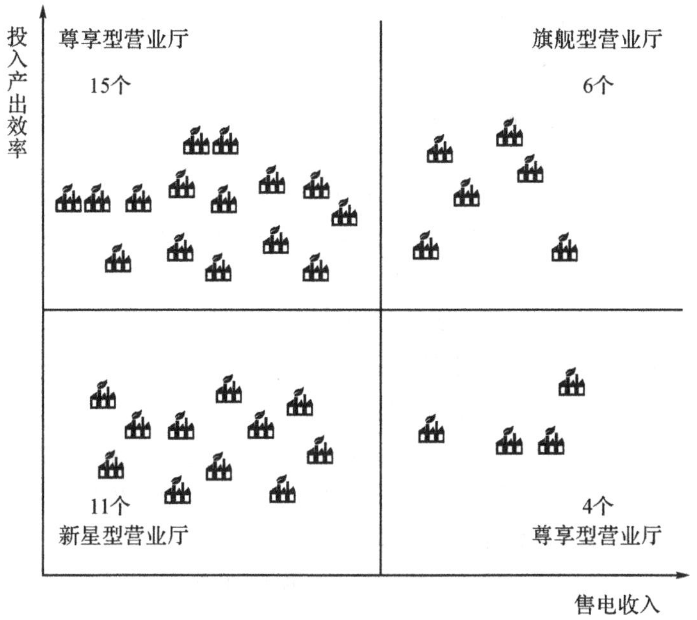
投入产出效率
尊享型营业厅
15个
旗舰型营业厅
6个
11个
新星型营业厅
4个
尊享型营业厅
售电收入

图 4-11 营业厅分群体矩阵

三、项目实施效果

(一)实现成本投入产出全过程多维精益化管理创新

“一库、一单、一模型”管理模式实现了成本投入产出全过程管理。

1. 从无到有

归集、分摊生产成本，直接核算单一用户投入产出效益，是电网系统内从无到有的突破。做法与输配电价改革和多维精益核算变革相融合，产生的成本效益数据支撑“三型两网”建设，提升公司管理水平。

2. 链路贯通

以投入产出管理为突破口，梳理全寿命管理流程。通过简易订单及分析模型融合了网报、ERP、财务管控、经法、SG186、一体化线损管理等系统，贯通了成本从投入到产出的全流程路径。

3.重心前移

成本控制重心从事后迁移至前端，强化成本计划环节的管控，对成本事项采取评分模式，并实施成本否决机制。设置计划审批流程，确保成本事项合规、有效，提高成本投入产出效率效益。

(二)评分机制引领管理变革

“一库、一单、一模型”管理模式的评分机制将成本事项管控要点前移至申请关口，强化前端审核的重要性。实施自动评分，减少人为操控，促进业务部门强化事项管控，认真梳理成本标准，确保成本申请事项得高分。以评分机制为核心提升基层预算管理的信息化程度，提高工作效率。

以 2020 年成本事项预算申请为例，评分规则库共计算 215 条事项，过滤不合理事项 21 条。从测试结果看：一是过滤的不合理事项主要由标准偏离实际、申请额度超过以前年度水平和填报不规范引起。二是安全投入、委托运行等重要、紧急事项评分较高，确保满足公司管理需要。三是管理咨询等非生产性费用评分较低，可作为成本压降的重要手段。

2019 年试行评分机制以来，成本预算的规范性有所提高，基本消除乱报、错报、多报的现象。财务人员审核汇总成本预算原本需要 2～3 天，采用评分机制后仅需要 1 个小时，提高了工作效率。

(三)简易订单促进全省成本使用合规

在成本投入产出全过程管理过程中，简易用户界面、强大的查询功能满足用户实施监督成本使用情况，确保成本投入合法合规，有效串联合同、发票及付款信息，确保合同、发票与付款的三流一致，提升效率效益。2019 年，嘉兴供电公司运用简易订单的监控功能，累计发现不合规成本事项 21 项，金额达 304 万元。

(四)成本效益模型引导精准投资和精准营销

成本效益分析模型计算结果可按单一用户、单条线路、单片区域等多种维度展示。实时感知高价值用户、台区、营业厅，为管理决策提供支撑，引导精准投资和精准营销，提升成本投入产出效率效益。

以 2019 年 10 月 4253 个高压用户和 4682 个低压台区为样本，利用成本效益分析模型计算用户投入产出比，从结果看：一是成本投入产出比异常数据占 0.13%，全部由用户电费退补造成，用户销户时出现电量或电费异常增减变动，造成成本投入产出比无限放大或缩小。二是营业厅评价结果(见表 4-19)与实际水平几乎一致。

表 4-19 营业厅评价结果展示

项目	电量（万度）	电费收入（万元）	购电成本（万元）	固定资产折旧（万元）	人工费（万元）	材料费（万元）	其他运营费用（万元）	输配电成本（万元）	投入产出比（%）	毛利率（%）
＊＊供电营业厅	4583	2970	1833	206	38	56	312	612	121.47	18
＊＊供电营业厅	26763	16463	10683	731	136	256	1130	2252	127.28	21.43
＊＊供电营业厅	6977	4457	2793	319	59	87	487	952	119.04	15.99
＊＊供电营业厅	6650	4285	2654	331	62	887	502	983	117.80	15.11

(五)助力构建频道画像驱动管理提升

频道化的用户画像信息如图 4-12 所示。以成本效益模型产生的成本效益数据为基础生成内部管理画像，仅对公司内部公布，用于运维检修和电网投资，提升投入产出效益；同时将生成的管理画像植入外部频道，完善用户外部画像，用于业务推广和电力营销。通过双轮驱动提升管理。在迎峰度夏期间，建议政府关停低效用户。在“利奇马”台风期间，重点管理维护高价值型线路，减少经济损失。

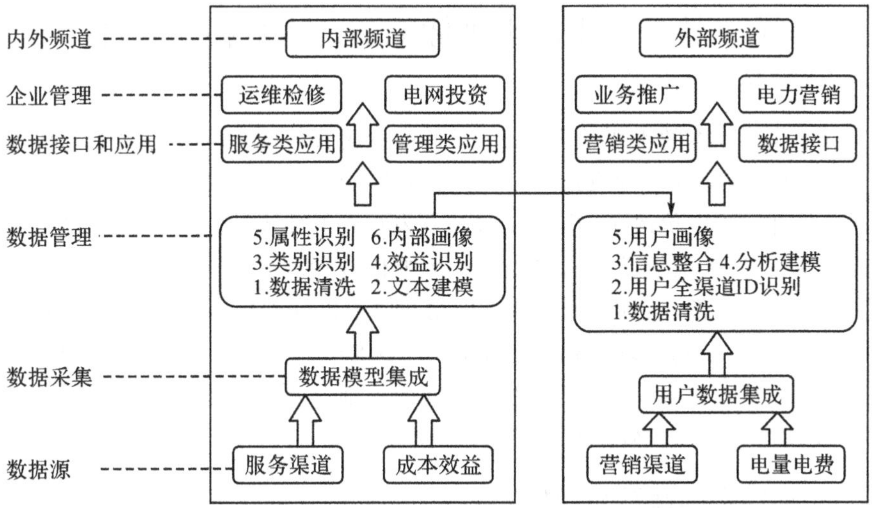
内外频道
企业管理
数据接口和应用
数据管理
数据采集
数据源
内部频道
运维检修
电网投资
服务类应用
管理类应用
5.属性识别 6.内部画像
3.类别识别 4.效益识别
1.数据清洗 2.文本建模
数据模型集成
服务渠道
成本效益
外部频道
业务推广
电力营销
营销类应用
数据接口
5.用户画像
3.信息整合 4.分析建模
2.用户全渠道ID识别
1.数据清洗
用户数据集成
营销渠道
电量电费

图 4-12 频道化用户画像信息设计架构

第五章 工程资产精益化管理创新与实践

输配电价改革后，电网企业的盈利模式从依赖购销差价和电量增长转变为通过做大有效资产、做优准许成本提高准许收入。嘉兴供电公司大胆探索《管理会计应用指引第502号——项目管理》《管理会计应用指引第200号——预算管理》《管理会计应用指引第204号——作业预算》在电网资产投资、成本预算管理中的应用，以做大有效资产、做优准许成本为战略导向，通过绘制运维成本“现状、风险、预算”三维画像，调整运维成本管控目标，通过“立项、预算、核算、关联交易”四重防护，强化全过程成本管控，运营作业成本法理念，优化可研评审、状态检修等作业，实现准许收入不断提高。嘉兴供电公司在市政配网迁改工程项目管理、配网项目全过程管理、配网项目投入产出评价等方面，运用“多维度盈利能力分析”“项目管理”等多种管理会计工具和方法，显著提高了迁改项目、配网项目等项目财务管理水平，大大夯实了有效资产。

第一节 基于成本画像的资产运维精益管理

资产作为成本的重要动因和依托，其精益化管理的重要内容之一是成本支出的合理性、高效性。为贯彻国家电网公司“三型两网、世界一流”发展战略，主动适应外部输配电价改革，积极应对经营发展严峻形势，2019年嘉兴供电公司另辟蹊径，开展了基于成本画像的资产运维精益管理探索。通过开展核价与预算多视角成本画像、核价规则下预算优化和成本执行风险预警，全流程优化成本资源配置，与省公司管理目标贯通衔接，与多维精益管理体系变革相辅相成，提高资产管理精益化水平，夯实嘉兴价值创造基础。通过多维成本画像优化预算编制，实现了资产运营效率与公司价值的有效提升。

一、项目实施背景与目标

与资产相关的运行维护支出主要有材料费、修理费、其他运营费用等。在第二轮输配电定价成本监审过程中，监管部门制定了材料费、修理费以及其他运营费用中的生产经营类费用、安全保护类费用、研究开发类费用、价内税金、管理类费用、其他费用的监审规则。嘉兴供电公司根据这些规则要求，通过收集、梳理、采集2016—2018年实际账面数据开展成本监审模拟测算，计算各明细费用实际数与成本监审数存在的差异；针对存在差异的费用项目，以相关性、合法性、合理性为原则，研究预算安排、项目立项、合同签订、成本核算等环节的统筹安排策略、管理措施，制定相关经营策略和管理规范。

以与资产相关的运行维护支出（材料费、修理费、其他运营费用）为研究对象，以嘉兴供电公司历史成本、资产数据、下达预算为基础，通过多维成本画像，把握嘉兴供电公司成本结构及变动趋势特点；基于核价规则试算准许成本规模，开展核减风险点分析；以高风险成本项目为核心，研究预算安排、项目立项、合同签订、成本核算等环节相关风险的事前、事中统筹安排策略、精益管理措施，规避核减风险，提高成本支出的精准性、高效性，优化资产投入产出效率。

二、项目实施路径与流程

通过“现状、风险、预算”三维画像发掘成本管理价值洼地，通过“立项、预算、核算、关联交易”四重防护保障成本支出价值导向，最终促进成本的精准支出及资产管理效益的提升。

（一）三维画像，快准稽查成本管理风险点

通过绘制现状、风险、预算三维画像，把握成本结构及规模变动趋势，披露核价规则下的风险成本项目，诊断预算视角下的成本管理风险，快速准确稽查成本管理风险点。

1.现状画像，把握成本结构及规模变动趋势

对运维成本中除人工成本外的材料费、修理费及其他运营费用开展规模、结构及变动趋势分析，了解现状。整个嘉兴地区的材料费、修理费年发生规模在4亿元左右，2018年达到5亿元水平，同比增长26%；其他运营费在3亿元左右（见表5-1、图5-1）。

表 5-1　主要成本项规模及变动趋势

项目	历史值(万元)			增长率(%)	
	2016 年	2017 年	2018 年	2017 年	2018 年
1. 材料费、修理费	42055.25	40177.77	50613.88	—4.5	26.0
2. 其他运营费用	26497.50	28855.64	29066.07	8.9	0.7

材料费、修理费
其他运营费用
60000.00
40000.00
20000.00
0
费用（元）
42055.25
40177.77
50613.88
26497.50
28855.64
29066.07
2016
2017
2018
年份

图 5-1　材料费、修理费及其他运营费用三年变动情况

材料费、修理费占总运维成本的 37%左右，其他运营费用占比在 23%左右，两类成本合计占总运维成本的 60%左右(见表 5-2、图 5-2)。从两大类成本占固定资产原值比来看，材料费、修理费呈波动上升趋势，其他运营费用比率微降。

表 5-2　主要成本项结构及费率变动趋势

项目	占运维成本比(%)			占固定资产原值比(%)		
	2016 年	2017 年	2018 年	2016 年	2017 年	2018 年
1. 材料费、修理费	37.0	34.6	39.1	3.1	2.8	3.2
2. 其他运营费用	23.3	24.8	22.4	2.0	2.0	1.8

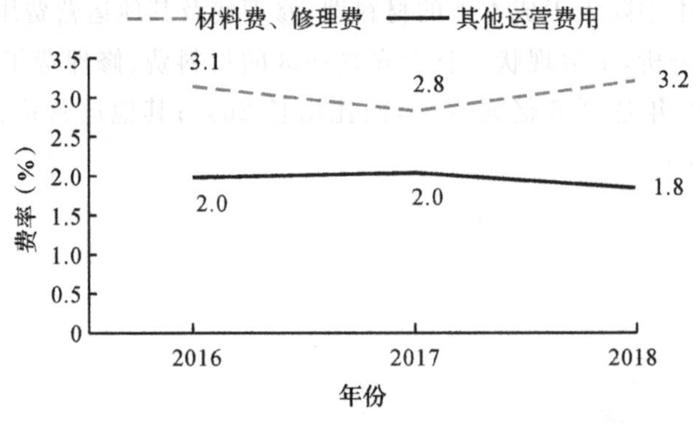
材料费、修理费
其他运营费用
3.5
3.0
2.5
2.0
1.5
1.0
0.5
0
费率（%）
3.1
2.8
3.2
2.0
2.0
1.8
2016
2017
2018
年份

图 5-2　材料费修理费及其他运营费结构及费率变动情况

2.风险画像，披露核价规则下风险成本项目

通过梳理核价规则下成本监审规则，分析材料费、修理费、其他运营费用管理风险点。

(1)成本监审规则梳理。核价规则下，材料费、修理费相关规定有：一是按剔除不合理因素后的监审期间平均值核定；二是不得超过本监审期间核定的新增输配电固定资产原值的2.5%，超过需评估。其他运营费相关规定有：一是划分为6小类，其中生产经营类、安全保护类、研究开发类、其他类费用按剔除不合理因素后的监审期间平均值核定；税金按照现行国家税法规定核定；管理类按剔除不合理因素后的监审期间最低值核定。二是剔除生产经营类、安全保护类费用后的其他运营费用，不得超过本监审期间核定的运行维护费（仅包括材料费、修理费、人工费和其他运营费用中的生产经营类费用）的20%。三是其他运营费用占本监审期间核定的输配电固定资产原值的比例，不得超过上一监审期间核定的比例（见图5-3）。基于以上规则，对嘉兴供电公司的材料费、修理费及其他运营费用模拟核减测算，量化各项成本核减风险。

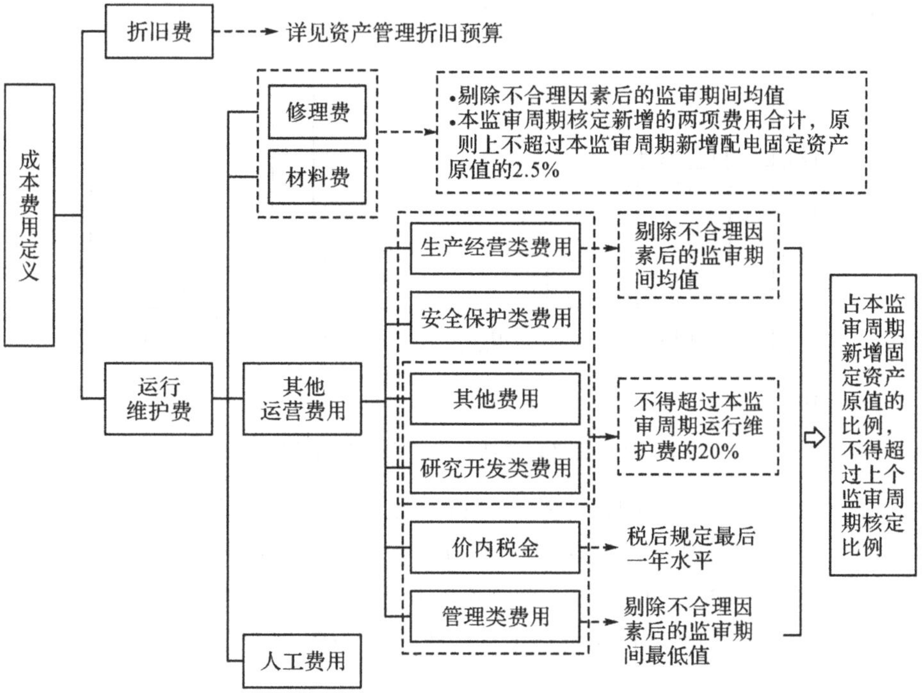
成本费用定义
折旧费
详见资产管理折旧预算
修理费
材料费
•剔除不合理因素后的监审期间均值
•本监审周期核定新增的两项费用合计，原则上不超过本监审周期新增配电固定资产原值的2.5%
运行维护费
其他运营费用
人工费用
生产经营类费用
安全保护类费用
其他费用
研究开发类费用
价内税金
管理类费用
剔除不合理因素后的监审期间均值
不得超过本监审周期运行维护费的20%
税后规定最后一年水平
剔除不合理因素后的监审期间最低值
占本监审周期新增固定资产原值的比例，不得超过上个监审周期核定比例

图5-3　材料费、修理费成本监审规则

(2)材料费、修理费风险点分析。对近几年的材料费、修理费与固定资产原值的分析发现,近几年虽然嘉兴供电公司固定资产原值持续增长,但是增幅不稳定,材料费、修理费增长率略高于资产原值增长,导致材料费、修理费费率走高,核减风险较大(见图 5-4、图 5-5)。

嘉兴
全省水平
4.0
3.5
3.0
2.5
2.0
1.5
1.0
0.5
0
修理费率(%)
3.1
3.1
2.8
3.2
2015
2016
2017
2018
年份

图 5-4　材料费修理费费率变动情况分析

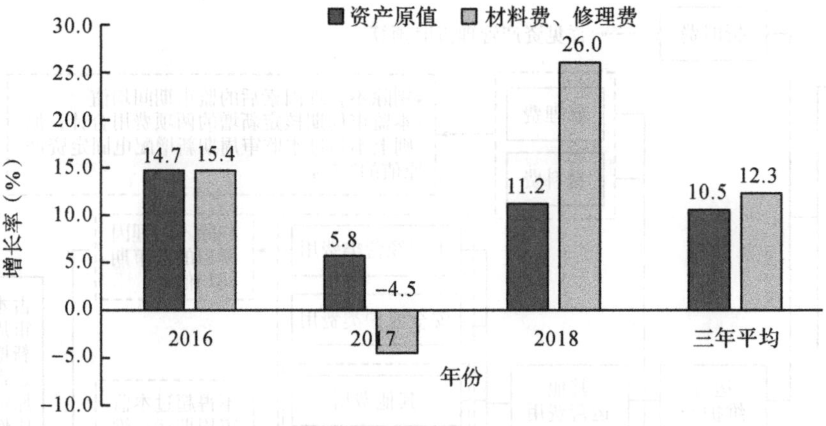
资产原值
材料费、修理费
30.0
25.0
20.0
15.0
10.0
5.0
0.0
−5.0
−10.0
增长率(%)
14.7
15.4
5.8
−4.5
11.2
26.0
10.5
12.3
2016
2017
2018
三年平均
年份

图 5-5　材料费修理费增长与资产原值增长情况对比

深入挖掘资产现状可以发现,相较折旧规模,年新增固定资产原值较小,资产成新率(净值/原值)逐年下降(平均 37.6%),低于全省水平(平均 49.6%)。运维成本管理风险一方面是由于资产老化水平高,拉高了运维成本;另一方面是由于资产新增速度慢,缩减了成本增长空间(见图 5-6、图 5-7)。

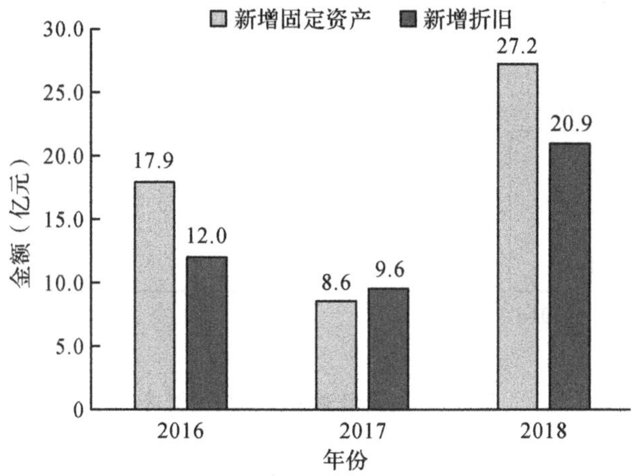
新增固定资产
新增折旧
30.0
25.0
20.0
15.0
10.0
5.0
0
金额（亿元）
17.9
12.0
8.6
9.6
27.2
20.9
2016
2017
2018
年份

图 5-6 嘉兴供电公司资产新增情况

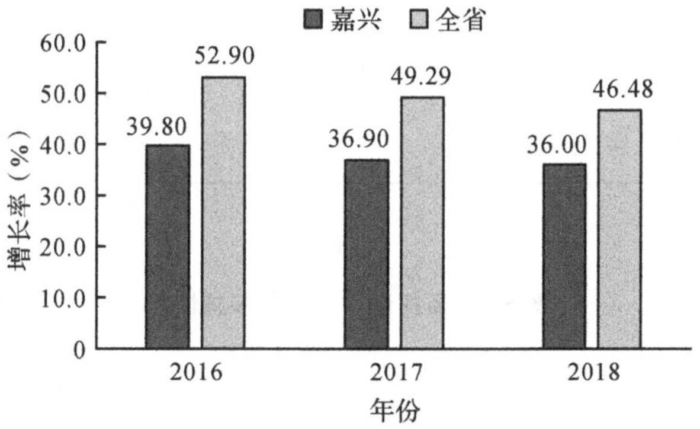
嘉兴
全省
60.0
50.0
40.0
30.0
20.0
10.0
0
增长率（%）
39.80
52.90
36.90
49.29
36.00
46.48
2016
2017
2018
年份

图 5-7 嘉兴供电公司与全省资产新增情况对比

(3)其他运营费风险点分析。生产经营类及安全保护类构成其他运营费里其他费用的计费基础(生产经营类及安全保护类以外的其他运营费合计不得超过材料费、修理费、人工成本、生产经营类及安全保护类合计值的 20%),原则上这两类在保证其他运营费总规模不超标的情况下,规模越大越好。但是由于费用年度发生不均,按三年均值核定规则会导致部分成本核减。三年均值规则下该类成本合计核减 913.8 万元(见图 5-8、图 5-9、图 5-10)。从项目明细看,主要是委托运行维护费和租赁费核减。委托运行维护费年度费用发生额不均衡,2016 年委运费偏低导致三年均值核减 731.92 万元,租赁费主要是 2018 年发生额异常偏大,导致三年均值核减 181.88 万元。

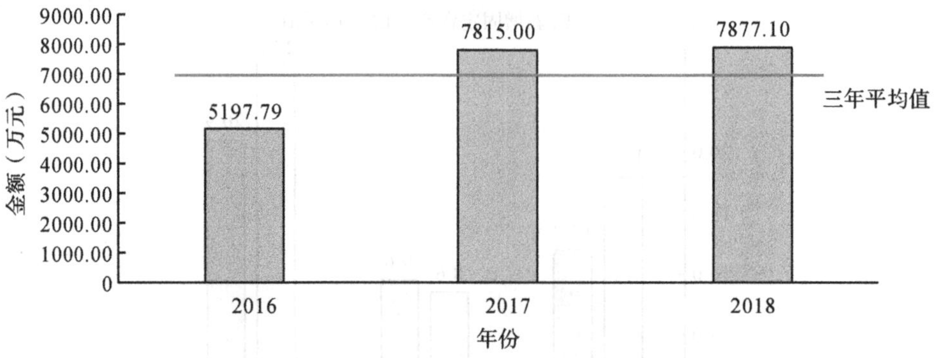
9000.00
8000.00
7000.00
6000.00
5000.00
4000.00
3000.00
2000.00
1000.00
0
金额（万元）
5197.79
7815.00
7877.10
三年平均值
2016
2017
2018
年份

图 5-8　生产经营类主要核减情况

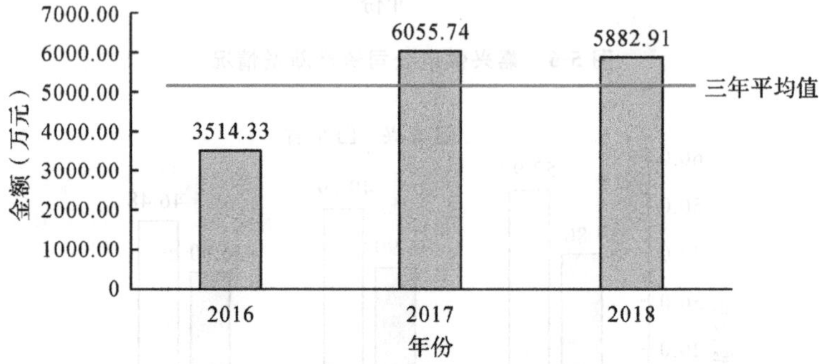
7000.00
6000.00
5000.00
4000.00
3000.00
2000.00
1000.00
0
金额（万元）
3514.33
6055.74
5882.91
三年平均值
2016
2017
2018
年份

图 5-9　委托运行维护费核减情况

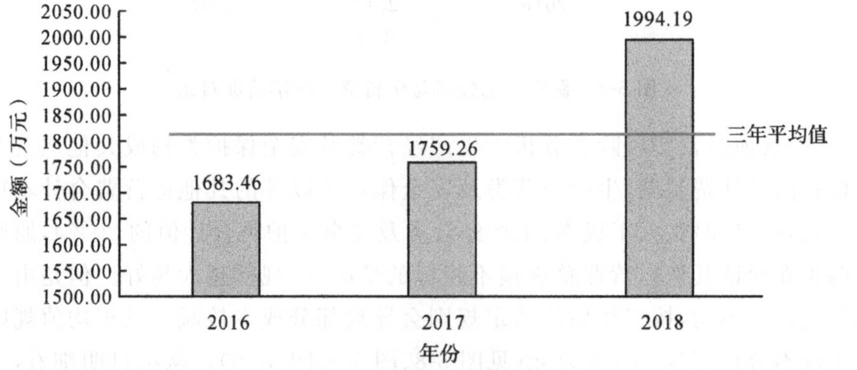
2050.00
2000.00
1950.00
1900.00
1850.00
1800.00
1750.00
1700.00
1650.00
1600.00
1550.00
1500.00
金额（万元）
1683.46
1759.26
1994.19
三年平均值
2016
2017
2018
年份

图 5-10　租赁费核减情况

按照三年均值规则，安全保护费合计核增 313.47 万元（见图 5-11、图 5-12），核增主要是均值相较 2018 年发生额高。从项目明细看，主要是安全费核增。安全费占运维成本的 1.6%以上，呈现较平稳增长的趋势，三年均值核定规则下核增 279.77 万元。

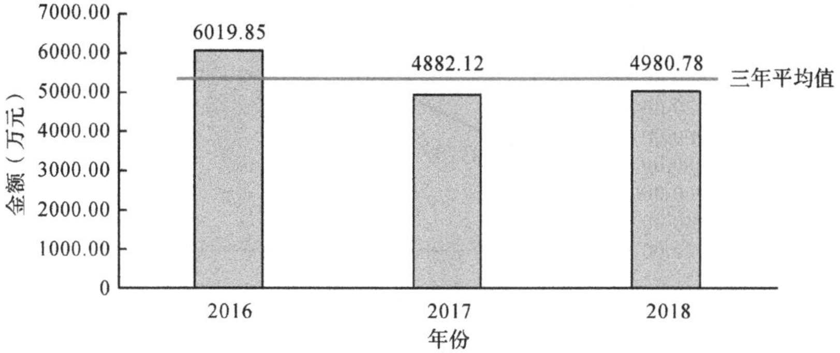

7000.00
6000.00
5000.00
4000.00
3000.00
2000.00
1000.00
0
金额（万元）
6019.85
4882.12
4980.78
三年平均值
2016
2017
2018
年份

图 5-11　安全保护费合计核增

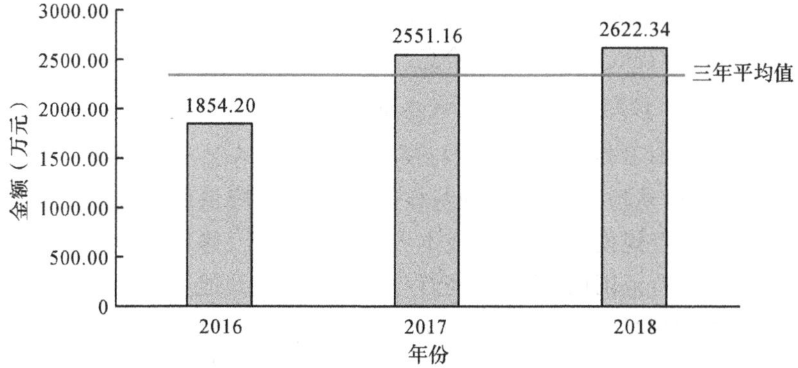

3000.00
2500.00
2000.00
1500.00
1000.00
500.00
0
金额（万元）
2551.16
2622.34
1854.20
三年平均值
2016
2017
2018
年份

图 5-12　安全费核增

管理类费用采用三年最低值核定，在分明细费用取最低值算法下较整个费用类别取最低值核减更多（见图 5-13、图 5-14）。物业管理费三年增速在 2.5% 以上，呈现较平稳的增长趋势，核减风险较大。

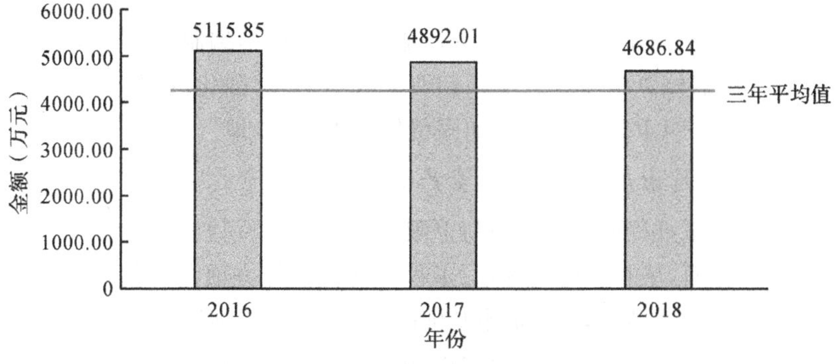

6000.00
5000.00
4000.00
3000.00
2000.00
1000.00
0
金额（万元）
5115.85
4892.01
4686.84
三年平均值
2016
2017
2018
年份

图 5-13　管理类合计核减

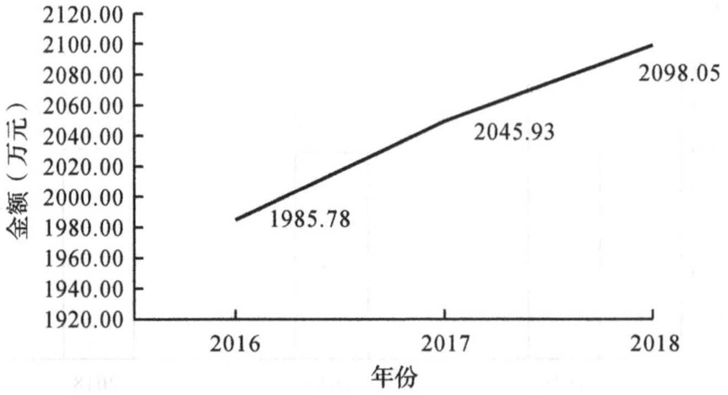
2120.00
2100.00
2080.00
2060.00
2040.00
2020.00
2000.00
1980.00
1960.00
1940.00
1920.00
金额（万元）
2098.05
2045.93
1985.78
2016
2017
2018
年份

图 5-14　物业管理费核增

税金据实核定；研发及其他类采用三年均值核定。广告宣传费中除停电故障信息公告、电力安全保护宣传、电力设备安全警示等费用外均不得纳入核价成本，导致广告宣传费成核减主要风险点。

3. 预算画像，诊断预算视角下成本管理风险

对比核价规则下各项成本规模与预算安排差异情况，把握核价规则下预算执行风险，逐步调整预算安排，实现与核价规则衔接，降低成本核减风险。

在既定的投资规模水平下，从成本大类看，材料费、修理费不得超测定值，年初预算安排在核价范围内；除生产经营与安全保护外其他类不得高于测定值，生产和安全类不建议低于测定值，均满足要求；其他运营费合计不得高于测定值，年初预算超测定值 1.19 亿元，总规模超标（见图 5-15、图 5-16）。主要是 2019 年委运费、租赁费、安全费相较 2018 年实际值均成倍增加，而生产经营和安全保护类以外的其他四类合计相较 2018 年增加 4.3%。管理类各项费用不得超过测定值，也不建议低于测定值。年初预算各项均存在差异，建议按核定值调整设定。

（二）四重防护，有效加固价值流失“风沙地”

通过开展立项与出库设计把控资产成本规模，科学编制与调整预算，统筹业务核价需求，精细核算维度与方法回归业务成本实质，强化内部交易合规性夯实监审成本支撑的“四重防护”，有效加固价值流失“风沙地”。

1. 优化立项与出库设计，把控资产成本规模

资产规模决定准许成本的规模与上限，嘉兴供电公司资本化进度与费用化进度两手抓。一方面，从有效资产管理、工程自动转资等方面进行优化，提高工程转资效率，保障固定资产规模，夯实成本基础；另一方面，有规划地调剂部分大修项目至技改项目，探索运维检修支出资本化方式，在压控成本的同时增加有效资产基数。

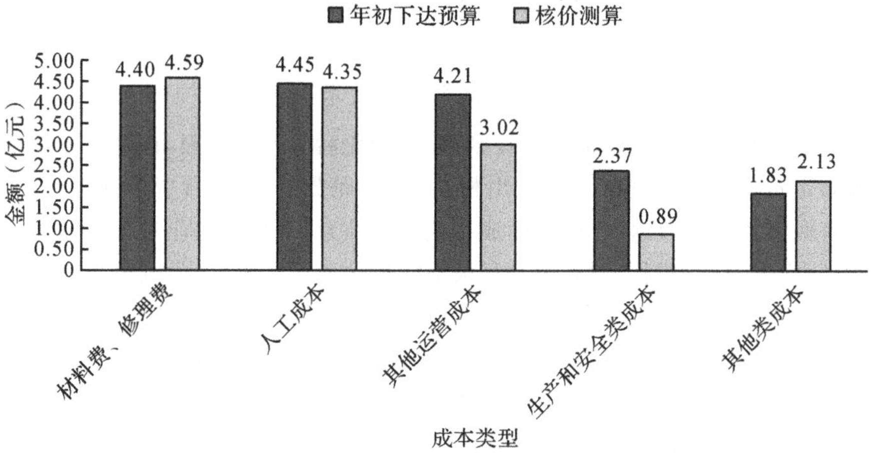
年初下达预算
核价测算
5.00
4.50
4.00
3.50
3.00
2.50
2.00
1.50
1.00
0.50
0
金额（亿元）
4.40
4.59
4.45
4.35
4.21
3.02
2.37
0.89
1.83
2.13
材料费、修理费
人工成本
其他运营成本
生产和安全类成本
其他类成本
成本类型

图 5-15 成本大类对比分析

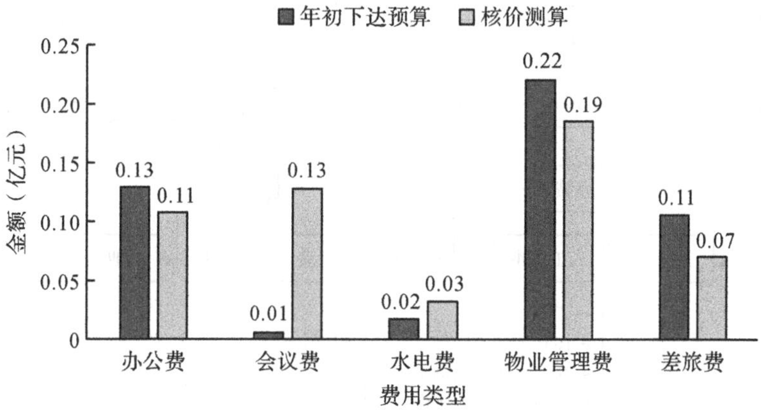
年初下达预算
核价测算
0.25
0.20
0.15
0.10
0.05
0
金额（亿元）
0.13
0.11
0.01
0.13
0.02
0.03
0.22
0.19
0.11
0.07
办公费
会议费
水电费
物业管理费
差旅费
费用类型

图 5-16 管理类费用对比分析

有效资产管理及转资优化方面，以提高电网投资效益、夯实壮大有效资产为目标，通过“狠抓两率目标，强化迁建资产管理”夯实了效资产管理基础。两率方面，通过开展技改项目自动竣工决算，加强主网、配网项目验收盘点管理，项目投产后及时完成项目结算，确保按时完成决算，加快转资速度，及时足额确认有效资产，完成了全年项目预算完成率95%和项目转资率80%的目标。强化迁建资产管理方面，围绕嘉兴市政府中心城区配网升级改造、中心城区品质提升“十大专项”行动、快速路环线建设、南湖湖滨区域改造提升等市政工程，抓好电网迁建资产接收，加强资产迁建业务规范性检查与考核，完备相关文件支撑材料。完善用户资产接收常态化工作机制，对小区和园区用户资产应收尽收，优化配网技改策略，优先安排对已接收用户资产进行改造，实现了夯实有效资产增长基础的目标。

2.科学预算编制与调整，统筹业务核价需求

预算编制积极适应成本监审规则，根据优化后的预算规则，在测算未来期间新增固定资产规模的基础上测算出材料费、修理费、其他运营费用预算额，平时按月获取实际成本数据，开展月度成本执行监控及预警，统筹业务核价需求。

(1)优化预算编制。预算编制积极适应成本监审规则，一是调整预算编制年度区间由 1 年变为 3 年综合安排平衡，以 3 年为周期做好费用规划预测工作，充分考虑资产规模及增速，对未来三年内需求增速明显的费用做好预算安排。二是以成本监审办法为依据，做好成本费用的分类管控。针对不同类型的成本按不同的核价规则测定上限，开展预算安排。三是从核价准许成本上限出发优化各项成本预算标准。预算编制详细思路如图 5-17 所示。

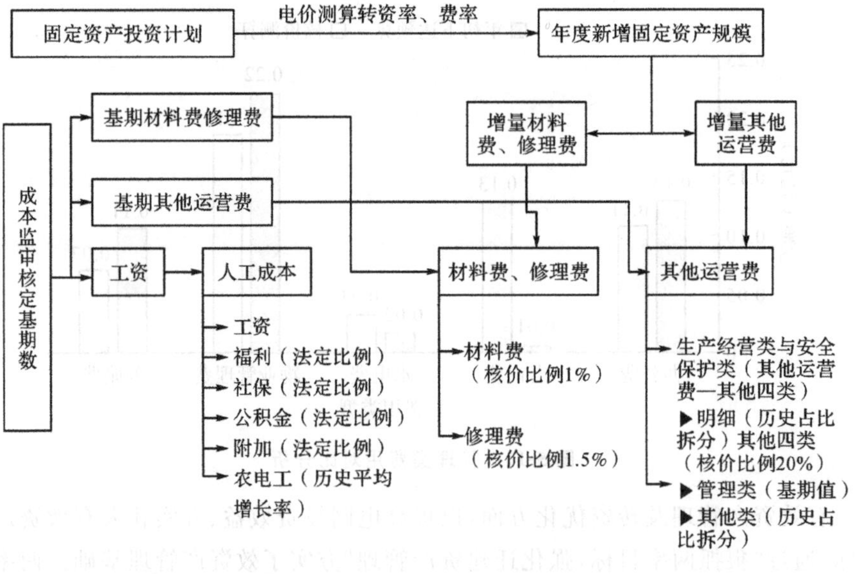
固定资产投资计划
电价测算转资率、费率
年度新增固定资产规模
成本监审核定基期数
基期材料费修理费
基期其他运营费
工资
人工成本
增量材料费、修理费
增量其他运营费
材料费、修理费
其他运营费
工资
福利（法定比例）
社保（法定比例）
公积金（法定比例）
附加（法定比例）
农电工（历史平均增长率）
材料费（核价比例1%）
修理费（核价比例1.5%）
生产经营类与安全保护类（其他运营费—其他四类）
▶明细（历史占比拆分）其他四类（核价比例20%）
▶管理类（基期值）
▶其他类（历史占比拆分）

图 5-17 基于 2019—2022 年度核价规则的预算编制思路

(2)调整预算。根据优化后的预算规则，在测算未来期间新增固定资产规模的基础上测算出材料费、修理费、其他运营费用预算额。

未来期间新增固定资产规模测算，是基于嘉兴未来期间固定资产投资规模、核价确定的转资率测算未来期间新增固定资产，其中，2019—2022 年投资规模分别按 10.4 亿元、8.7 亿元、11.8 亿元、15 亿元测算，未来期间新增报废资产、已提足折旧资产均按 2016—2019 年均值测算，投资转增固定资产比例按核价上

限75%测算。

材料费、修理费测算，是基于费率上限测算特定固定资产规模下新增材料修理费规模及其他运营费总规模，加上基期核定值则为未来期间材料修理费预算上限，其中新增材料费修理费合计占新增固定资产（扣除报废部分）的2.5%测算，新增其他运营费按占新增固定资产原值（扣除报废部分）的比例按不超过上一周期核定比例5.63%的70%，即3.94%测算（见表5-3）。

表5-3　材料费修理费预算

项目	2019年	2020年	2021年	2022年	三年均值
新增投资（万元）	104000	87000	118000	150000	
转资率（%）	75	75	75	75	
退役报废额（万元）	5248	5248	5248	5248	
材料和修理费合计（万元）	45877	47189	49016	51374	47361
其中：材料费（万元）	13771	14426	15340	16519	14513
修理费（万元）	32106	32763	33676	34855	32848

其他运营费预算额测算，是按四类费用20%的上限拆分其他运营费里生产经营、安全保护类总规模和其他四类总规模（见表5-4）。管理类直接按本周期核定值确定未来四年预算规模，四年一致。其他成本明细按2018年实际费用占比拆分计算各项成本预算。

表5-4　其他运营费用预算　　单位：万元

核价项目		2019年	2020年	2021年	2022年	三年均值
其他运营费		30212	32281	35161	38877	
生产经营+安全保护		8875	10380	12476	15180	
其他四类上限		21337	21901	22685	23697	
管理类费用	（1）办公费	1078	1078	1078	1078	1078
	（2）会议费	1280	1280	1280	1280	1280
	（3）水电费	327	327	327	327	327
	（4）物业管理费	1854	1854	1854	1854	1854
	（5）差旅费	704	704	704	704	704
其他三类		16093	16657	17441	18454	16731

（3）预算执行预警。按月获取实际成本数据，按核价口径统计，滚动更新年

度预测值，对比与预算的差异、法定比例、核定费率上限、年度波动情况、成本结构特点，定期抽查交易的合规性，开展月度成本执行监控及预警。及早发现异常情况、高风险情况，有针对性地调研现状，发现并解决问题。

通过月度滚动测算成本预算完成进度，开展预算进度画像，重点关注成本值与预算差异较大的项目，如进度偏慢的会议费、劳动保护费、业务招待费、中介费；有超支风险的水电费、物业管理费、保险费、营销费等（见图 5-18），为年中预算调整及成本管控策略的制定提供依据支撑。

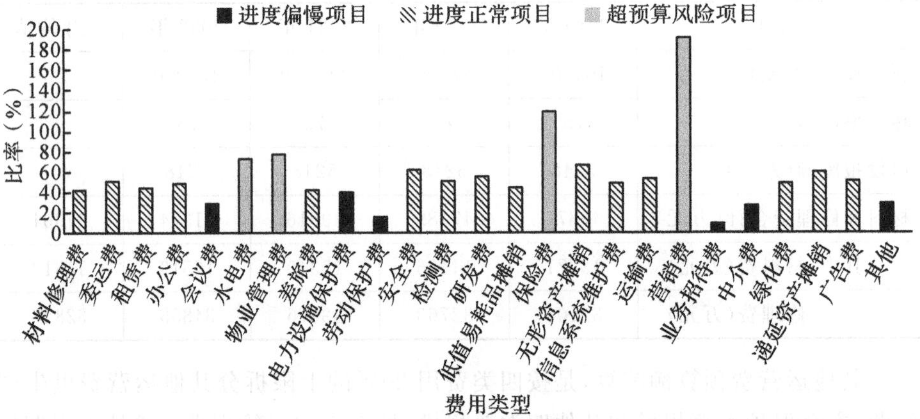
进度偏慢项目
进度正常项目
超预算风险项目
比率（%）
200
180
160
140
120
100
80
60
40
20
0
材料修理费
委运费
租赁费
办公费
会议费
水电费
物业管理费
差旅费
电力设施保护费
劳动保护费
安全费
检测费
研发费
低值易耗品摊销
保险费
无形资产摊销
信息系统维护费
运输费
营销费
业务招待费
中介费
绿化费
递延资产摊销
广告费
其他
费用类型

图 5-18 成本预算完成进度风险点

3. 精细核算维度与方法，回归业务成本实质

在不违反会计准则的前提下，夯实核算基础材料支撑，开展成本核算拆解与重分类，细化成本核算维度，拆解重构成本核算路径，回归反映成本的业务实质。

针对成本异常项目，强化费用发生支撑材料依据，如因不可抗力、政策性因素造成材料修理费异常偏高；针对维护特高压资产、运维其他核价单位的资产发生的成本单独记录入账，保障成本的可追溯性，避免无法归集成本而以收入代替扣除，防控不合理合法核减风险；细化广告费核算，对核价范围内的广告费要列明支撑性材料。

梳理与委运费实质相吻合的成本项目纳入委运费核算，如将委托施工单位对电力设施保护相关费用签订委运合同，调整到委运费；调整其他费用里支付外部单位的供电服务费（内容包括抄表、客服）、保安服务费到委运费；梳理工程施工中与委运费相关的费用，费用发生时通过签订委运合同纳入委运费。

平衡水电费与办公费核算边界。嘉兴水电费呈现明显的增长趋势。水电费属于管理类，按最严的 3 年最低值及不超过上周期核定值（6 年最低值）核定，一旦某年有下降，将直接压低后续所有年度费用列支空间，而超过部分则无法获得回报。从核价规则上看，管理类费用最优决策是每年保持一个费用水平。嘉兴供电公司办公费呈现下降趋势，水电费呈现增长趋势，建议可以拆分水电费为生产用水电费和管理用水电费，将管理用水电费纳入办公费核算，平衡两项费用。办公费明细下增加其他类，相关业务部门在水电费发生时拆分缴费、获取收据，区别入账。

拆解物业管理费回归业务实质。物业管理费属于管理类，近几年呈平稳增长趋势。通过拆分物业管理费明细，签订物业管理合同时根据内容拆分成不同的合同纳入不同科目核算：物业管理服务中与绿化相关的服务单独签订绿化服务费合同；清洁卫生服务相关的服务签订清洁卫生服务合同；与保安服务相关的服务签订安保合同，并纳入安全费管理。

细化广告费核算渠道，准许成本监审过程中仅认可广告费中与停电故障信息公告、电力安全保护宣传、电力设备安全警示等费用相关的广告费。在不违反会计准则的前提下，根据广告费支出目标，将与电力安全相关的广告费纳入安全费核算，将电力设施保护相关的广告费纳入电力设施保护费核算；将与党建活动相关的广告费纳入党建工作经费核算；将与营销业务相关的广告费纳入业务费核算，从而压控广告费规模，减少核减风险。

4.强化内部交易合规性，夯实监审成本支撑

第二轮成本监审对关联交易更加关注，明确了租赁费、委托运维费、研究开发费等涉及内部关联方交易的，可进行延伸审核，按照社会公允水平核定；社会公允水平无法获得的，按照实际承担管理运营维护单位发生金额核定。实际监审过程中，委运费、租赁费等费用由于属于关联交易重点关注项目，其相关合同、明细账、关联性、公允性、重复列支等事项都受到了较严格的审查。

目前嘉兴供电公司已实现了严格秉承公允性、合规性要求开展相关交易及管理，通过对租赁费、委运费等涉及内部关联交易的成本项目，从招标、采购、定价、交易方式、合同履行等流程和环节上全面梳理完善，保障了所有交易流程的合规、交易价值的公平，规范了管理合规合法性，强化了对成本监审的支撑。

三、项目实施成效

嘉兴供电公司通过开展核价与预算多视角成本画像、核价规则下预算优化和成本执行风险预警，全流程优化成本资源配置，与省公司管理目标贯通衔接，与多维精益管理体系变革相辅相成，共同推进资产管理精益化水平，项目实施达到了预期效果。

(一)精准量化各项成本管控边界,严控了经营风险

基于核价规则、成本历史变动趋势确定了各项成本预算安排原则,量化了预算管控边界,为预算调整、年度总控目标测算提供了有力支撑,有效提升了预算安排的前瞻性和科学性,提升了综合财务分析质量以及财务辅助决策水平。

(二)统筹平衡核价和经营双目标,支撑了政策争取

利用核价规则下成本规模测算模型,基于下一周期投资规划,优化测算下一周期有效资产、材料费修理费、其他运营费用等成本参数边界,为公司本周期输配电价清算和下周期电价政策制定提供支撑;对比经营需要成本规模及核价约束成本规模,为公司统筹决策提供了决策支撑,有效地平衡了公司经营管理和核价目标。

(三)推动了各业务部门流程优化,壮大了有效资产

按照有利于做实做大有效资产原则,探索立项、预算、核算、关联交易等多方位的成本管理优化策略。从财务结果出发,通过预算、考核指标管控、倒推前端发策、检修、营销等业务部门工作的优化,完善项目储备、出库与转资管理,做实做大有效资产。

(四)促进了主要成本项精准支出,提升了公司价值

通过成本画像理清家底,核价分析找到差距,及时把握成本支出异常情况,追查原因,了解实质,从预算编制到成本核算等多方面优化电改背景下的成本安排,促进了公司价值提升。

第二节　市政配网迁改工程项目管理

随着国家电力体制改革的深化,市场化定价、煤电联动、输配分离、配售分开等基本原则将被贯彻落实,电网在电力工业中的核心地位将有所下降,其现有的经营模式将受到较大冲击,电网会逐步从电力交易中退出,变为专业的输配电公司。电网准许总收入和分电压等级输配电价将以有效资产为基础进行测算,电网公司有效资产将直接决定其盈利能力。随着城镇化建设快速发展,电网企业迁改项目越来越多,但国网公司尚未出台配套的管理制度。2018 年,嘉兴供电公司从规范市政涉及配网迁改工程管理出发,对市政涉及配网迁改工程全过程

管理流程进行梳理，切实做大做强公司有效资产。

一、项目实施背景与目标

近年来，随着经济的发展，政府对市政项目的投入越来越大，仅嘉兴市平湖地区2016—2018年市政涉及配网迁改工程的投入就高达18894万元，其中2016年4150万元，2017年11073万元，2018年3671万元。随着城镇化发展速度进一步加快，后续市政投入将逐步增加，做好市政涉及配网迁改工程管理对有效资产的做强做大意义重大。

目前市政涉及配网迁改工程主要由政府企业（如某市县城市建设投资有限公司，以下统一称“客户单位”）根据城市规划提出市政涉及配网资产迁移申请，供电公司收到申请后由运维检修部及其他相关部门现场查勘并制定原有配网资产迁改方案并提交客户单位，客户单位同意方案后委托设计单位根据供电公司提供的方案进行设计并委托施工单位施工，后续新资产未接收，但新资产的运维工作由供电公司负责。

在现有管理模式下，供电公司在市政涉及配网迁改工程的管理上较为薄弱，除根据客户单位的申请出具原有配网资产的迁改方案外，后续项目的进度、质量以及新建资产的移交等方面均存在一定的问题，最终出现新建资产无法及时接收、原有已拆除资产无法及时报废的情况。另外由于新资产未接收，但新资产的运维工作由供电公司负责，新资产产生的运维费、大修费等费用的列支与公司账上资产无法匹配，造成账上核算资产与实际脱节，账实不相符，公司资产管理存在明显的问题。

此外，还存在具体相关管理制度缺失问题。截至2018年，国网浙江省电力有限公司针对110千伏及以上主网项目分别制定了《国网浙江省电力公司市政涉及输电线路迁改工程管理办法》《关于变电站等资产迁建财务管理指导意见》《国网浙江省电力有限公司关于资产迁建（置换）财务管理的指导意见》等管理办法，但是针对县公司涉及的配网迁改工程管理尚未出具完善的管理制度。

根据电力体制改革方案，国家发展改革委对各地区开展输配电定价成本监审工作。市政涉及配网迁改工程管理薄弱，无法形成有效资产，将会作为不相关或不合理的投资和成本费用进行核减，不利于电网可持续发展。

嘉兴供电公司通过对配网迁改工程全过程进行梳理，目标是形成一套较为完善的管理制度：一是有效提升公司资产管理水平；二是有效填补配网迁改工程管理方面的空白，有效补充省公司层面的迁改工程管理办法；三有效应对电力体制改革后续成本监审工作。

二、项目实施路径与流程

嘉兴供电公司对存量项目和后续新增项目分别进行接收处理。

(一)存量项目

存量项目已经施工,前期由于管理不到位,很多资料缺失,这部分资产采取的方式为在取得政府拆迁公告和拆改申请书的前提下,与客户协商签订资产移交协议,并委托中介出具资产评估报告,根据评估值入账。

以平湖公司为例,梳理出了2013—2018年迁改工程清单共计74个项目,平均每年12个项目左右,预算造价合计2.3亿元,配电工程和土建工程资产分别约为60%和40%。迁建资产投资主体较多,选取了投资体量较大的平湖城市建设投资有限公司作为突破口进行重点推进,该客户同意对配电工程部分资产进行移交并经平湖市国资委的审批。此外公司目前也与平湖市发展改革委就迁建工程日后管理进行协商沟通,对日后迁改工程的管理以及资产产权归属予以明确。

(二)后续新增项目

后续新增项目针对现有模式存在的问题,对市政涉及配网迁改工程的政府拆迁意向直至接收新资产,报废原有资产并完成账务处理全过程管理流程进行梳理,对现有管理模式存在的问题提出针对性的解决方案,最终实现顺利接收新资产并做大最强公司有效资产的目的。具体做法如下。

1. 项目前期阶段

(1)取得政府拆迁意向相关文书,如拆迁公告等。公司客户服务中心在收到客户单位提交的申请报告后应对项目进行初步判断,确认该项目是否属于市政涉及配网迁改工程,若是,则应向提交单位索取政府拆迁意向相关文书,并将拆迁意向书及申请报告一并提交公司运维检修部。

(2)现场查勘并出具迁移工程方案。运维检修部收到客户服务中心提交的申请报告等资料,根据申请报告会同涉及的其他相关部门进行现场查勘,根据现场查勘情况出具迁改工程方案。

(3)明确迁改工程涉及的资产归属。运维检修部在方案中明确告知客户单位迁改工程形成资产需作为拆迁补偿资产移交给供电公司。客户在接受供电公司出具的迁改方案时应对该项条款进行重点考虑。

(4)参与设计评审。供电公司需派人参与迁改工程的设计评审工作,重点评审设计文件是否与迁改方案一致，是否满足现有技术规程规范要求，是否符合该区域电网规划要求以及设计单位是否具有相应的资质。

2.项目施工阶段

(1)施工方案审批。供电公司应对客户单位提供的施工方案进行审批，迁改工程的实施应纳入公司年度停电计划，停电方案应满足电网安全稳定运行和可靠供电服务的要求，根据电网运行方式适时安排。

(2)审查施工资质。迁改工程需要按照电力建设的有关规范标准，确保迁改工程的质量，因此施工单位应具备电力行业施工的相应资质。

(3)开工条件审核。拆迁补偿资产移交协议应作为开工的必备条件。由于迁改工程涉及原有资产的拆除，如果开工前未取得拆迁补偿资产移交协议，对迁改工程涉及资产归属不能达成一致，后续将直接影响公司固定资产的管理，若后续无法接收迁改工程新资产，公司有效资产规模将变小，无法实现公司有效资产做强做大的目的。

(4)全过程参与工程。项目完工后迁建资产将移交给供电公司，供电公司应全程把控迁建工程的质量，避免出现迁建资产接收后因质量问题导致后续资产运行过程中故障较多、维修成本较大的情况。特别应关注迁改工程涉及设备质量的把控，公司应建议客户单位选择设备质量较好的供应商。

3.资产接收、退役阶段

(1)原有资产拆除

①账务处理

固定资产报废应由使用保管部门填写报废申请单，获取相应审批后，在PMS中将设备状态更改为“待报废”，联动更新PM模块设备状态为“待报废”，联动更新资产卡片设备状态；资产会计对报废申请进行审核，审核无误后在系统中录入资产报废相关信息；使用保管部门更改PM模块设备状态为“报废”，联动更新资产卡片设备状态；资产会计更新设备资产变动方式，联动更新资产卡片，通过工作流自动生成固定资产报废预制凭证，资产主管审核无误后点击过账正式生成凭证。

②实物处理

第一步，拆除资产回收。仓库回收迁建项目拆旧资产应确保足额回收，严格按照公司规定规范填写废旧物资回收单，应回收数应根据设计文件如实填写，若仓库实际回收数与应回收数不一致，相关部门应分析原因。

第二步，技术鉴定。对于拆除资产，实物资产管理部门应及时组织技术鉴定，根据技术鉴定结果确定再利用或报废等处置方式，并及时将有关处置结论、对应设备清单等书面通知财务部门。其中,涉及资产报废的,还应履行相应固定资产报废审批程序。

第三步,资产处置。根据技术鉴定结果分类进行处置,对于可利旧设备,应登记可利旧物资台账并对实物妥善保管;对于需报废的,应根据公司废旧物资处置管理办法按批次拍卖处置。

(2)迁建资产接收

①配网资产改迁补偿协议的签订。为便于后续迁建资产能够顺利接收,在拆除原有电力设施前要求与申请改迁单位签订改迁资产补偿协议,明确后续迁改工程涉及的资产归属,将改迁资产补偿协议的签订作为迁改工程开工的必备条件。

②迁建资产的实际接收。由于改迁资产补偿协议在项目开工前已签订,后续项目施工质量管理、投产验收管理应施工自建项目进行管理,后续项目完工转资工作也应施工自建项目,使得原有资产拆除报废、新资产建设以及后续接收转资做到有效衔接,避免原有资产无法报废、新资产无法接收入账的情况出现。具体流程如下。

第一步,改迁项目投产验收后,工程管理部门应及时取得投产通知书并提交财务,财务暂按工程暂估价(如预算价)暂估转资,改迁项目完成结算后 1 个月内完成正式转资工作,避免工程完工至正式接收期间资产管理及折旧出现空白。

第二步,迁建资产的转自应视同自建项目,严格按照国网及省公司固定资产目录进行转资,实现电网核心固定资产与生产设备对应,统一电网资产价值管理与实物管理。

第三步,取得结算书后参照国网及省公司工程竣工决算管理相关规定,合理分摊结算费用,并以此为依据正确登记固定资产卡片。

三、项目实施效果

项目实践结果表明,市政设计配网迁改工程管理有了较大的提升,有效解决了原管理模式存在的问题。主要体现在以下几点。

第一,在项目施工前明确改造后新资产及原有资产的产权归属,后续新资产接收能顺利进行。

第二,在施工全过程提前介入对项目的质量把控,确保后续接收的资产在安全性、技术性等方面能达到电网标准。

第三,新资产的接收、原有资产的报废与项目竣工投产有效衔接,解决了原有管理模式新资产无法接收、原有资产无法报废的问题。

第四,新资产能及时接收,确保后续运维修理费列支的规范性。

第五,对市政涉及配网迁改工程管理流程进行梳理,明确每一流程所需的资料，一方面提高了市政涉及配网迁改工程的管理水平，另一方面该类项目资料齐全能有效应对电力体制改革后续成本监审工作。

第三节　配网建设项目价值导向精益化管理

在输配电价改革不断深入及多维精益管理体系变革的大背景下，2020 年嘉兴供电公司按照确定分析维度、建立分析模型、制定数据标准、收集数据、加工分析数据的程序，选择从“项目”和“作业”两个层面入手，通过对业务管理的精益化改造，打通企业价值信息流，驱动公司的质量变革和效率变革。建立以项目和作业为对象的投入产出分析和评估机制，解决公司投资和支出有效性问题，提升作业效率，为优化资源配置结构和支出时序提供决策依据，实现以价值为导向的项目精益管理。

一、项目实施背景与目标

输配电价改革的不断深入对电网企业的投资策略、成本管控提出了更高的要求，促使电网企业成本透明、公开，更加注重投资回报和投资效率；而公司“三型两网、世界一流”战略目标的推进实施，也对多维精益管理变革工作提出了更高的定位和要求，多维精益管理体系变革作为泛在电力物联网建设的重点任务，必须加快推进公司全业务流程融合协同和数据贯通，为泛在电力物联网建设奠定坚实基础；国网公司也下发了 2019 年多维精益管理工作实施方案和“四个一”专题研究大纲，对 2019 年多维建设工作提出了明确要求和具体任务。

2020 年嘉兴供电公司结合实际情况，在对各业务前端部门充分调研的基础上，深入分析业务部门实际工作中存在的一些痛点和业务断点，研究解决思路，推进项目和作业的价值精益管理。具体分为三个阶段。

第一，信息反映精益阶段。实现项目全过程多维展示，对每一类项目执行情况进行实时动态跟踪与监控，建立项目—订单—合同—供应商信息的有机关联，为加强项目资金支付过程管控及进度分析提供便捷有效的数据支撑。

第二，经营管理精益阶段。在项目开支全过程自动闭环管理基础上，通过对项目进行作业化改造，推进价值细化管理到每一次作业，细化评价作业效率，优化作业安排和资源耗用标准，提高生产环节精益化管理水平。

第三，企业管理精益阶段。建立以项目为对象的投入产出分析和后评价机制，推动项目安排从投入视角到产出视角的转变，为优化资源配置结构和项目执行时序提供决策依据，实现以价值为导向的项目精益管理。

二、项目实施路径与流程

2018年，财政部发布《管理会计应用指引第304号——作业成本法》。作业成本法，是指以"作业消耗资源，产出消耗作业"为原则，按照资源动因将资源费追溯或分配至各项作业，计算出作业成本，然后再根据作业动因，将作业成本追溯至各成本对象，最终完成成本计算的成本管理方法。嘉兴供电公司按照作业成本法的管理理念，充分考虑外部监管及内在管理对电网企业成本约束，结合资产全寿命周期、标准项目体系、电网检修工程定额等相关标准，对近三年实际发生的检修项目估算书进行梳理，建立标准作业库，以标准作业为基本颗粒度和分析维度，应用标准成本作业测算方法，明确人、材、机数量及价格标准，形成标准作业成本库，并以标准作业成本为基础对项目进行作业化改造，确定项目的标准成本，并建立项目、设备、作业间的有机联系；以项目全过程闭环管理为主线，将项目数据同质化、业务流程在线化、过程管理精益化。以"每一个项目"为核心，动态跟踪反映项目执行情况，实现以价值为导向的项目全过程精益管理；充分考虑输配电价改革对配电网发展的影响和要求，建立一套包含建立精准投资、技术效益、经济效益、社会效益的全方位指标评价体系，对项目的投入产出进行分析，对区域电网投资成效进行评价。

(一)构建项目标准作业成本库，进行项目作业化改造

1. 建立电网标准作业库

明确电网检修业务发生范围。按照多维精益管理中的资产类别和业务活动两个维度，梳理电网检修业务发生的资产范围，包括变电资产、输电资产、配电资产、通信资产和其他资产五类。业务活动包括变电检修、输电检修、配电检修、通信检修、变电运行、调度运行、营销检修。

细化每一类资产下的检修对象。梳理每一类资产所包含的设备类型，如变电资产，包括变压器、断路器、隔离开关、互感器、电容器、母线、高压成套开关柜、调度设备、站内二次设备等。输电资产包括架空线路、电缆线路、杆塔、防雷接地装置等；配电资产包括配电变压器、环网柜、配电线路等；通信资产包括光纤、通信电源设备、微波设备、电缆线路载波设备等；其他资产包括房屋、检修工器具、试验设备、消防设备、给排水设备等。

梳理每一个设备发生的标准检修作业，形成标准作业库。梳理提炼电力系统中每一类设备可能发生的标准检修作业，如变压器可能发生的标准检修作业有常规检修、解体检修、返厂大修、检修后调试等，断路器设备可能发生的标准检

修作业有常规检修、常规检修、解体检修、带电检测、预防性试验等。

2. 制定标准作业的成本标准

根据梳理形成的标准作业库，制定每一项标准作业的成本标准。以检修运维项目为例，主要内容如下。

(1)分析影响成本标准的动因。对专业部门进行充分调研，同时梳理近三年检修项目，找出影响标准作业的成本标准动因。如变压器常规检修作业，其影响标准作业成本的动因主要是设备的电压等级和设备的容量，即同类设备，电压等级不同，检修作业成本就不同，容量不同，作业成本也不同。具体示例如表 5-5 所示。

表 5-5 作业成本动因分析示例

设备类型	标准作业	影响动因
变压器	常规检修	电压等级、容量
	解体检修	电压等级、容量
	带电检测	电压等级
	调试	电压等级、容量

(2)构建计算模型，计算标准成本。以“人、材、机”为基础，参考《电网检修工程预算定额》《关于发布 2015 版电网技术改造和检修工程概预算定额价格水平的通知》《关于发布电力工程计价依据适应营业税改征增值税调整过渡实施方案的通知》的最新版本，构建作业成本计算模型，具体步骤如图 5-19 所示，梳理好的项目标准作业成本库示例如表 5-6 所示。

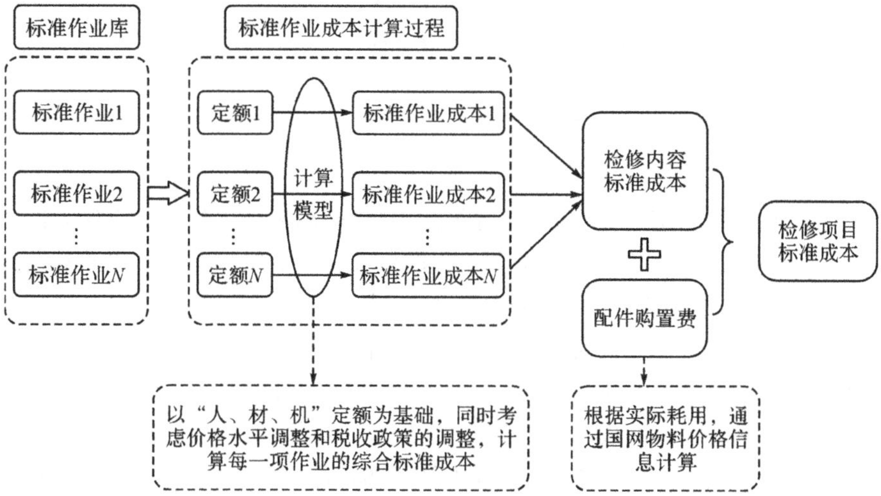
标准作业库
标准作业成本计算过程
标准作业1
标准作业2
标准作业N
定额1
定额2
定额N
计算模型
标准作业成本1
标准作业成本2
标准作业成本N
检修内容标准成本
配件购置费
检修项目标准成本
以“人、材、机”定额为基础，同时考虑价格水平调整和税收政策的调整，计算每一项作业的综合标准成本
根据实际耗用，通过国网物料价格信息计算

图 5-19 构建作业成本计算模型步骤

表 5-6　项目标准作业成本库示例

检修对象	检修内容	标准作业	动因 1：电压等级（kV）	动因 2：容量（kVA）	全费用标准成本（不含税）（元）
变压器	C1. 常规检修	普通变压器常规检修	220	40000	13935.07
变压器	C1. 常规检修	普通变压器常规检修	220	50000	15499.13
变压器	C1. 常规检修	普通变压器常规检修	220	63000	16471.50
变压器	C1. 常规检修	消弧线圈常规检修	20	—	887.64
变压器	C1. 常规检修	消弧线圈常规检修	35	—	1507.01
变压器	C1. 常规检修	干式电抗器常规检修	20	—	739.99
变压器	C1. 常规检修	干式电抗器常规检修	35	—	1019.94
变压器	D1. 带电水冲洗	主变压器带电水冲洗	110	—	1422.01
变压器	D1. 带电水冲洗	主变压器带电水冲洗	220	—	2600.14
变压器	D1. 带电水冲洗	主变压器带电水冲洗	1000	—	7123.45
断路器	A1. 全面解体检修	SF6 断路器解体检修	35	—	7497.12
断路器	A1. 全面解体检修	SF6 断路器解体检修	110	—	13107.48
断路器	A1. 全面解体检修	SF6 断路器解体检修	220	—	21409.35
断路器	A1. 全面解体检修	SF6 断路器解体检修	330	—	30525.92
断路器	A1. 全面解体检修	SF6 断路器解体检修	500	—	52701.56
断路器	A1. 全面解体检修	SF6 断路器解体检修	750	—	68489.36
断路器	A1. 全面解体检修	少油断路器解体检修	20	—	2902.34
断路器	A1. 全面解体检修	少油断路器解体检修	35	—	5421.11

3. 开展项目作业化改造

按照业务活动、资产类型、电压等级的项目细分，参考大修定额系统，梳理项目与作业的对应关系，确定每一细分项目的标准化作业组成。以变电检修为例，涉及的检修设备有 GIS（气体绝缘开关设备）或 HGIS（高压开关设备）、避雷器、变压器等，检修内容有主要部件检修、带电水冲洗、常规综合检修等，每个检修内容又可拆解成固定的若干项检修标准作业，实行项目标准作业化改造（见图 5-20）。确定项目的标准成本，贯通预算—结算—决算的信息链路，建立项目、设备、作业三者之间的有机联系，细化成本结算颗粒度，形成基于作业的成本核算。

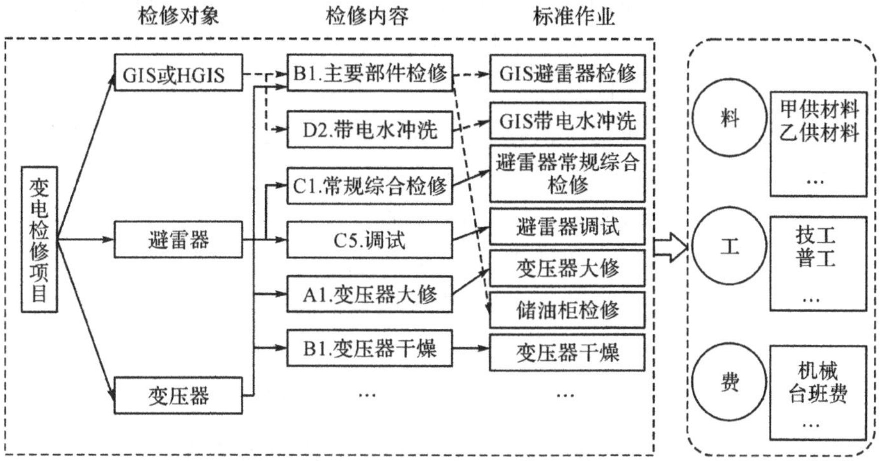
检修对象
检修内容
标准作业
变电检修项目
GIS或HGIS
避雷器
变压器
B1.主要部件检修
D2.带电水冲洗
C1.常规综合检修
C5.调试
A1.变压器大修
B1.变压器干燥
…
GIS避雷器检修
GIS带电水冲洗
避雷器常规综合检修
避雷器调试
变压器大修
储油柜检修
变压器干燥
…
料
甲供材料
乙供材料
…
工
技工
普工
…
费
机械
台班费
…

图 5-20　项目标准作业化改造示意

(二)实施项目全过程价值信息多维展示

1. 统一信息标准

嘉兴供电公司结合工程项目建设周期包括立项、建设、现场验收、预转资、结算、决算、正式转资 7 个阶段,基于 ERP 系统和项目资产一体化管理大数据平台,统一项目各阶段信息标准和管理要求,贯通从项目、物资、设备到资产的信息链路,进而全方位展示项目全过程数据。

2. 贯通信息链路

嘉兴供电公司贯通项目管理平台、电子报账平台、经法系统等信息链路,实现项目全过程价值信息一键查询、多维展示,便于业务部门及时掌握项目完成进度及资金支付进度,加强项目过程管理。嘉兴供电公司所有项目成本归集链路均已贯通,实现了基建、大修、营销等各类项目开支自动精准归集,并在 ERP 系统中集成了项目预算、招标采购、合同签订、成本入账、资金支付等环节的核心价值信息。各类项目可进行核心维度多维分析。

3. 信息多维展示

基于浙电云平台,构建项目全过程分析应用场景。通过动态展示项目全过程核心数据支撑项目执行过程环节工作,围绕项目预算、执行、资金支付等各环节核心信息,按单位、项目类型完成项目各阶段核心信息的全过程动态展示分析。

通过对项目预算、招标、结算、资金支付等各阶段开支信息进行整合,贯通项目管理平台、经法系统、ERP系统信息链路，建立项目—订单—合同—供应商信息的有机关联，实现对每一个项目执行情况实时动态跟踪、多维度展示。从纵向看，可以实现按单位—项目类别—单个项目—单据—附件资料全过程穿透查询。从横向看，每个项目都可以按预算金额、入账金额、资金支付金额等价值信息展开，并可以按供应商、合同、订单维度进行多维展示，为业务部门及时掌握项目完成进度及资金支付进度，加强项目过程管理提供支撑。

项目全过程动态跟踪分析与监控已在嘉兴供电公司业务部门、财务部门全面落地应用，并以项目全过程动态跟踪分析与监控为抓手，转变理念，主动作为，加强项目过程管控力度，对项目实施里程碑管控，建立预警及监督机制，强化考核机制，有效提升项目预算完成率及转资率，为做大做强资产奠定基础。

(三)建立项目投入产出模型，进行项目投入产出后评价

充分考虑输配电价改革对配电网发展的影响和要求，建立一套包含建立过程评价、技术效益、经济效益、社会效益的全方位指标评价体系。对区域电网投资成效进行后评价。

1.评价指标设定原则

注重投资回报和效率：输配电价改革对电网企业的最大影响在于促使电网企业“成本透明、公开”，进一步倒逼电网企业降低内部损耗，管控生产成本和管理费用，更加注重投资回报和投资效率。

电网统筹规划和有序建设：增量配电业务的放开，将使得配电网建设、运行出现多个不同的主体，利益难以协调，变电站站址、线路通道等空间资源将面临激烈竞争。以上种种影响将使得配电网的统筹规划和有序建设难度加大。

电网安全运行和优质服务：电力用户的选择权、话语权有较大提高，不论是配电业务的竞争，还是售电业务的竞争，都要求给用户提供更高的电能质量，电网企业服务的广度、深度有所延伸，难度有所增加。

2.评价指标体系框架构建

根据以上原则，构建包括精准投资、经济效益、社会效益、技术效益四个方面的指标评价体系，对项目投资成效进行多维评价分析。评价指标框架如表5-7所示。

表 5-7 评价指标框架

评价维度	一级指标	权重	二级指标	权重
静态评价	精准投资	0.32	项目投资完成率	0.25
			项目建成投产率	0.23
			投资控制偏差率	0.27
			投资规范率	0.25
	经济效益	0.36	项目投入产出比率	0.11
			单位投资增售电量(千瓦时/万元)	0.24
			资产增长率	0.17
			项目转资率	0.27
			市场占有率	0.21
	社会效益	0.32	清洁能源发电量占比	0.30
			电能替代电量占比	0.30
			业扩接入率	0.40
动态评价	技术效益	—	供电可靠性提升率	—
			电压合格提升率	—
			综合线损下降率	—
			节能型配电变压器提升率	—
			线路联络提升率	—
			站间联络提升率	—
			供电半径合格提升率	—
			分段合理线路上升率	—
			线路负载率合理区间提升率	—
			重过载设备占比下降率	—
			线路 N-1 通过提升率	—
			配电自动化覆盖提升率	—

指标框架横向看分为静态评价和动态评价，动态评价主要是指标提升率的一个评价，纵向分为一级指标和二级指标，体现了投资回报和效率、绿色发展、优质服务、其他指标四个评价方向。

3. 指标评价方法

采用综合评价方法，从静态和动态两个层面对指标进行综合评价，计算指标综合得分(见图 5-21)。

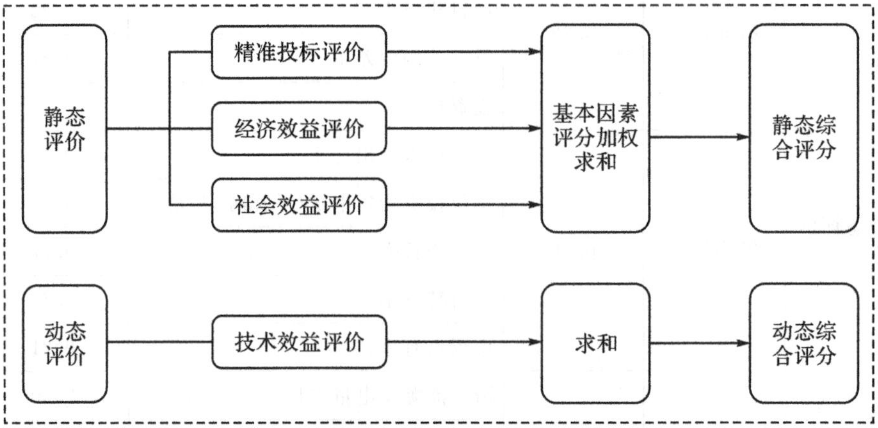
静态评价
精准投标评价
经济效益评价
社会效益评价
基本因素评分加权求和
静态综合评分
动态评价
技术效益评价
求和
动态综合评分

图 5-21 指标评价方法

三、项目实施效果

通过运用作业成本法管理理念，开展电网企业多维度盈利能力分析，确定项目为分析维度，追溯到检修作业，建立后评估指标体系，确定指标权重和评价方法，有效指导了对配电网建设项目必要性、经济合理性等方面进行后评估分析，为以后配电网建设项目的选定奠定基础，从而避免和减少项目决策的盲目性，优化配电网建设项目的投资效益、社会效益和环境效益。

第四节 配网建设项目多维管控精益管理

2017 年 9 月 29 日，财政部发布了《管理会计应用指引第 502 号——项目管理》文件。项目管理，是指通过项目各参与方的合作，运用专门的知识、工具和方法，对各项资源进行计划、组织、协调、控制，使项目能够在规定的时间、预算和质量范围内，实现或超过既定目标的管理活动。电网企业配网项目具有涉及部门多、管理链条长、管控难度大等特点。2020 年，电网公司面临非常严峻的外部形势。从宏观环境来看，在新冠肺炎疫情和中美贸易摩擦双重影响下，国家经济下行压力增大，增长动能趋缓，电量增幅下降。从体制改革来看，第二轮成本监审更加关注投资与成本的合规性，对公司经营管理提出了更严、更细、更高的要求。为积极应对输配电价改革，落实国网公司提质增效工作部署，嘉兴供电公司以工程全过程为管控对象，从配网的前期、立项、预算、物资、决算、机制等多维度出发，研究构建基于推行可研初设一体化、调整项目结构、加快项目实施进度、优化物资需求上报、强化项目决算管理、建立协同机制等多维管控体系，为公司提升配网项目管理精益水平，做大做强有效资产提供一体化解决方案，全面推行量化分析、标准化建设和过程质量管控；强化精细作业，全方位提升工作质量，推动公司发展方式从规模扩张型向质量效益型转变。

一、项目实施背景与目标

电力体制改革不断深化，输配电价改革持续推进，将逐步过渡到按"准许成本加合理收益"原则，强化对电网成本监管，同时正在探索建立对电网企业投资后评估制度，对于企业不合理、无效的投资和成本，不予纳入输配电价。根据 9 号文件精神，电网企业不再以购销价差作为主要收入来源，按照"准许成本加合理收益"的原则核定输配电价收取过网费，而资产是核定准许收入的基础。因此，有效资产成为电改后公司经营管理的"生命线"。

(一)工程项目管理存在的问题

(1)重建设而轻两头管理。项目管理部门将主要精力投入项目建设过程，对项目前期可研初设评审把关不严，项目投产后对施工成本结算工作不重视，部门间仅关注自身考核，业财缺乏沟通协同机制，项目管理各个关键节点均存在一些问题。

(2)计划与实际不匹配。嘉兴供电公司的可研投资规模与工程实际结算数偏差大，投资结余较多。

(3)项目全过程管理水平亟待提高。配网项目建设进度缓慢，项目里程碑形同虚设，投产后项目结、决算效率不高，导致项目投产成本难以及时形成有效资产。

(二)工程项目精益化管理目标

《管理会计应用指引第 502 号——项目管理》提出，企业进行项目管理应遵循以下原则：注重实效、协同创新；按级负责、分工管理；科学安排、合理配置。基于此，嘉兴供电公司提出工程项目精益化管理目标。

(1)强化业财协同，构建长效机制。搭建配网项目虚拟团队，不定期召开财务部门、项目管理部门碰头会，针对项目管理工作节点，例如初设评审、预算上报，以及决算关键时间段等，进行详细的讨论，以明确工作思路、工作措施和工作要求，达到业财融合、齐抓共管的工作局面，落实项目各项相关工作，解决项目管理难题，切实提升管理实效。

(2)理顺项目源头，挖掘可研深度。通过推进可研初设一体化模式管理，进行可研初设一体化实践，宣贯项目投资精益化理念，挖掘项目初设深度，提高项目设计与技经质量，促进配网项目的精细化、标准化管理。

(3)重视指标管控，落地责任考核。以项目“两率”为抓手，推进配网项目全过程管理优化工作，将配网项目管理指标明确到项目关键业务节点上，具体包括项目预算完成率、转资率、项目开启率、决算延期次数、分级审核审批合规率、决算问题个数等管理指标。通过加强管控关键业务节点，考核各关键业务节点所对应的业务部门，并由此定位指标所涉及的部门，加强过程纠偏。通过对信息系统的创新与应用，以多环节共同管控的方式确保资产管理各环节业财协同，从而提升配网项目预算完成率及转资率，做大做强有效资产。

二、项目实施路径与流程

(一)优化组织协同，建立内外部协同机制

1.成立工作小组，提供组织保障

嘉兴供电公司加强管理工作组织领导，成立了领导小组和工作小组，保障配网项目精益化管理有序推进。领导小组由公司主要领导担任组长，相关部门主要负责人为成员，负责配网项目管理组织领导，指导和决策重大事项，协调解决工作过程中的重要问题。工作小组负责开展配电网项目投资费用偏差分析，负责跨部门沟通协作，及时解决项目推进过程中遇到的问题。

建立了领导小组三级例会制度，分别为总经理月度工作协调分析会、分管领导周工作例会和专题推进会。在此制度基础上，推行“项目监理制”“月度问题通报”“绩效考核”等工作机制与方法，确保项目推进效果，提高了项目精益化管理水平。

2.强化协调机制，促进内部外部双协同

企业应用项目管理工具方法一般按照可行性研究、项目立项、项目计划、项目实施、项目验收、项目后评价等程序进行。

(1)公司内部纵向管理协同。配电网建设业务链条长，专业交界面多，管理跨度大。通过由发展部和财务部共同牵头，运检部、各区县公司、物资公司、经研所等多部门参与，建立工作例会制度，讨论解决配电网项目实施过程中出现的问

题，以运行问题和发展需求为导向，加强过程衔接，打破专业壁垒，促进信息反馈，确保工作顺利推进。运维检修部、配改办、各供电所，形成纵向一体化工作实施小组。运检部加强相关工作指导、检查、监督，考核各单位工作开展情况，定期开展工作评价，组织开展相关宣贯培训、经验交流。项目管理部门即配改办，贯彻执行管理部门相关工作安排，按照相关业务管理制度和标准规范推进项目，配合管理部门开展配电网工程全过程管控工作，并协调解运行单位之间的问题。运行部门及各供电所，贯彻执行管理部门相关工作安排，协调项目政策处理，并向管理部门反馈项目问题情况。

(2)公司内部横向管理协同。目前，设计、物资、施工各个专业之间存在相互制约关系，通过统筹管理，合理分配年度设计任务、物资供应任务、施工任务，避免局部工作过分集中造成项目整理管理相互拖累现象，按照均衡布局思路，项目管理各个节点工作顺势推进，相互促进，提高项目综合管理质量。均衡年度设计任务，包括本年度项目的施工图、竣工图，以及下一年度项目的设计等。均衡年度物资供应任务，避免上半年物资供应过度集中，嘉兴供电公司依托国网物资标准和省公司配电网通用化设计成果，匹配通用典型设计标准与物料的对应关系，努力实现物资供应与工程建设无缝衔接。均衡年度施工任务，合理分配年度迎峰度夏工程、年度需结报工程、跨年度工程。具体分为：①项目立项环节。嘉兴供电公司在 2019 年底开展子项拆分工作。为了符合电改背景下的配网项目管理要求，嘉兴供电公司改变配网项目的立项规则，按照供电区域和实施计划设立子项，执行一个可研对应多个概算，可研为总项，每个概算对应 ERP 单项的建项原则，以满足子项单独投产转资的业务需求。②物资需求提报环节。改变以往配网工程物资打捆、粗放的申报模式，将配网工程物资的需求申报细化到每个工程项目。物资供应分中心在每月统购统配平台关闭前一周内收集好当月各配网工程项目的物资需求，以一个配网工程项目为单位，在统购统配平台上维护好项目物资信息，包括物资种类、物资数量、收货联系人、收货地点、到货时间、项目名称等，并上报到系统等待统一匹配。③项目后续施工与结算环节。供电所与外部施工单位和监理单位实现管理信息的共享，并及时反映项目问题情况。加快项目施工费用结算工作，确保在一个月之内完成项目结算，从而保证后续决算编制、决算审计以及最终决算上传的及时性。

(3)深化政企合作。嘉兴供电公司加大与政府合作力度，积极推动建立电网建设项目用地储备制度，并力争使其纳入地方性法规中，为今后电网建设项目提前开展土地储备提供法律依据，使电网规划与城乡规划不脱节，站址及走廊得到有效预控，提高项目实施能力和电网建设效率，彻底扭转了以往做前期工作时发现规划点位被开发利用，造成项目实施受阻、建设滞后、推进工作被动的局面。同时探索建立“政府主导，政企联动，责任共担，合作共赢”的电网建设模式，在加强巩固与政府合作的同时，嘉兴供电公司以解决问题为导向，以同一个项目、同一个投资渠道解决多个问题为目标，避免由重复投资造成的投资浪费。

(二)强化规划引领，做好项目储备

1. 坚持规划引领，明确需求导向

结合区域经济社会发展水平和供区重要程度，开展现状分析，从电网规模、装备水平、供电能力等多个方面评估分析配电网建设存在的主要问题。开展负荷预测，参照规划设计手册的各类用地负荷密度指标，并结合嘉兴地区各行业类型负荷特性和用电水平，形成更适应嘉兴地区的负荷密度指标体系，做到精准预测。做深做细配电网网格化规划，制定差异化目标网架，结合高压变电站建设时序、配电网运行状况和近期用户报装需求，编制配电网逐年提升目标和建设改造过渡方案，形成“七图三表三报告”(见图 5-22)，确定逐年建设储备项目，确保配网项目投资质量。

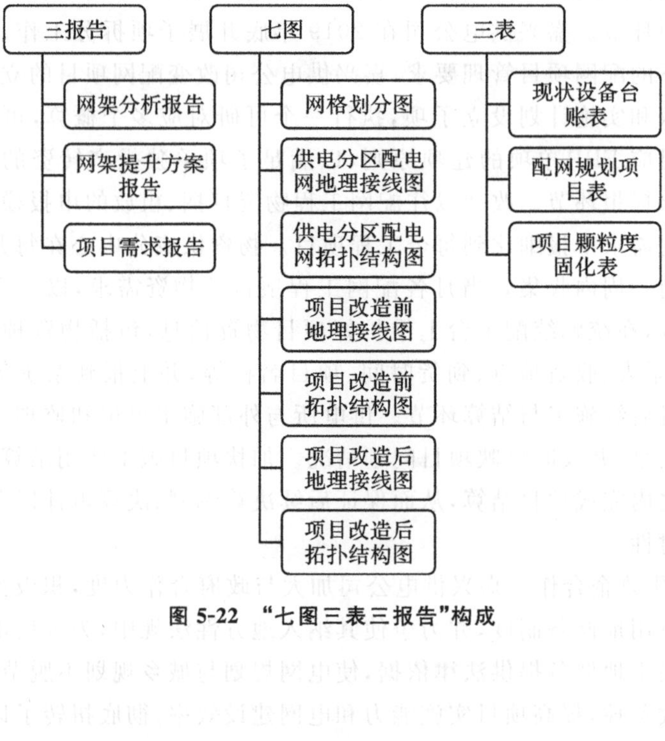
三报告
网架分析报告
网架提升方案报告
项目需求报告
七图
网格划分图
供电分区配电网地理接线图
供电分区配电网拓扑结构图
项目改造前地理接线图
项目改造前拓扑结构图
项目改造后地理接线图
项目改造后拓扑结构图
三表
现状设备台账表
配网规划项目表
项目颗粒度固化表

图 5-22 “七图三表三报告”构成

2. 优化投资计划，做好项目储备

重视投资整体效益，核实项目与指标提升之间的对应关系，判断片区建设项目的轻重缓急，实行“问题销号”管理。通过分类分级对储备项目进行优选排序，保证高效项目投资，压控低效项目投资，从而优化年度投资计划，提升综合计划与财务投资预算匹配度。财务部通过提前介入项目实施前环节，取得投资预算编制的第一手材料，避免信息不对称的情况，提升财务投资预算与综合计划的关联度，减少投资结余，进而提高配网转资质量。

3. 深化前期管控，严把评审关口

(1)加强前期管控，保障项目落地。公司从项目立项、开工到投产一般需要两年时间。在这段时间中，影响项目实施的外部因素较多，往往会对配电网项目建设投资产生较大影响。通过加强政企协作，保护站址、廊道等资源，在可研报告编制前期，必须严格落实项目前期条件，要求取得相关部门的意见，提前处理好项目建设的难点问题，确保项目实施的可行性。

(2)注重设计质量，做实做细项目。嘉兴供电公司加强精准投资理念宣贯，严格按照设计深度要求，做实做细项目，推动中低压配电网项目可研初设一体化。建立配电网设备信息价发布机制。通过财务部牵头，物资中心等多部门参与，制定招标信息价参考标准，提升设备材料信息价参考质量，促进工程概预算精准编制，提高嘉兴供电公司配网项目转资率。在配网项目评审前，要求各县公司、分中心认真组织开展内审，群策群力，对项目方案进行完善，对设计质量进行把控。

(3)创新评审方式，严把评审关口。嘉兴供电公司以投资效率为核心，从源头管控，促进配网项目投资精益化管理。针对必要性或者工程规模存疑的项目，组织专家开展配电网项目可研评审现场勘察会议，了解配网实际现状和建设需求并提出相关建议。财务联动参与可研评审。对项目建设必要性、资料信息完整性进行评审，并提出财务建议，实现有效的财务介入，提升项目的经济效益。邀请第三方机构专家参与评审，提高评审工作效率和质量。针对评审专家提出的意见，要求认真反馈，及时收口。

(三)注重过程管控，提升精细管理

按照《管理会计应用指引第 502 号——项目管理》第八条，项目实施应重点从质量、成本、进度等方面有效控制项目的实施过程。

1. 紧抓关键环节，促进管理措施落地

嘉兴供电公司通过分析项目管理全过程，对项目创建、计划统筹、过程管控、

结算管理、决算转资五个关键节点进行把控，在管理规范性、管理质量、管理效率上加以强化，逐月跟踪物资设计招标，分析关键节点和投资完成情况，梳理总结项目投资执行全过程中存在的延迟、不合理问题，及时协调解决现场困难，保证按期建成投产，发挥电网项目运营效益。规范工程管理，按照项目建设中主要环节顺序细化、量化业务流程、岗位职责和业务要求。建立市县两级配电网项目监理组织体系，强化巡(抽)查、监理过程跟踪、建设单位质量保证等举措，形成互为监督的质量管控机制，并根据业务关键环节制定《国网嘉兴供电公司经营控制能力专项考核实施方案》(嘉电财〔2020〕45 号)，对各项管理工作提出明确标准与考核要求。

2. 突出里程碑管控，加快项目完工进度

根据里程碑计划总体要求，具体落实到每个单体工程里程碑节点计划，从施工任务单下达、物资领用、工程开工、工程验收、投产送电、工程结算等关键环节明确完成时间到周，同时实行领导挂钩责任制，明确每个单体工程的挂钩责任领导，负责工程进度的督办，制作里程碑计划展板，对里程碑计划执行情况每天进行更新，保证施工单位里程碑的精准落地，各施工队伍严格按照公司制订的单项工程里程碑计划，将施工任务进一步细化，明确具体领料、设备安装、完工报审等工程建设环节，施工队伍对每个单项工程的节点执行情况实行日报，每天向公司配改办报送执行情况，实现精准管控。

3. 压实验收责任，强化管理考核

严格贯彻《关于加强工程验收关键环节管控的若干规定》和嘉兴供电公司《配电网建设精益化管理制度汇编》等相关要求，开展配网项目三级验收。一方面依托配改办、安监部加大班组级、项目部级、公司级验收，消除隐患缺陷，确保工程质量安全；另一方面针对新建改造线路制定验收“四不放过”条例，即“线路通道存在遗留隐患不放过，线路健康水平未达相关要求不放过，线路状况与设计有偏差不放过，设计资料移交不全不放过”，同时要求设备主人参与验收，结合其运行经验更能提出针对性见解和发现潜在问题。

开展配电网工程安全、质量、进度、规范的考核与评价，建立“督查、通报、亮灯、纠偏、积分、考核”机制，结合考核细则，实现对工程劳务分包单位“逐项积分、多项均分、批次综合排名”的积分制评价管理，对业主相关单位、总承包单位按责任归属进行“主责重点考核、同责共同考核、客观原因不考核”的月度绩效考核管理，从而使配电网工程管理安全有保障、质量有提高、进度可管控、流程更规范。

4. 加强指标分析，解决管理问题

根据每月月度通报的结果，业财部门展开横向指标的异常分析。以项目价值链为导向，将整个涉及项目的指标贯穿。从工程的完工情况、投产情况、结算情况、决算情况到最后的转资情况这一项目的价值转换，对每个节点上的指标是否存在不对应进行分析。并通过内部部门协调会的形式，打破业务部门为保自身指标各自为战的不利局面，通过规定时限、倒排计划等手段，将项目执行过程中的堵塞点疏通理畅。

(四)开展精益评估，推动协作分析

1. 制定评估指标体系

为科学评价配网项目的投资效益，嘉兴供电公司在参考配电网规划相关指标、公司投资计划和项目管控相关指标等基础上，形成了科学的配网项目投资效益评估体系（见表 5-8），通过后评估指标体系的建立，以及指标权重和评价方法的选取，指导对配电网建设项目必要性、经济合理性等方面进行后评估分析，为以后配电网建设项目的选定奠定基础，从而避免和减少项目决策的盲目性，提高配电网建设项目的投资效益、社会效益和环境效益。

表 5-8　配网项目投资效益评估体系

目标层	指标	指标单位	指标权重	在项目评估中的权重
规划成效(0.3)	单位投资重载配电线路下降条数	条/万元	0.15	0.045
	单位投资重载配变下降台数	台/万元	0.15	0.045
	供电可靠性提升率(RS-3)	%	0.1	0.03
	单位投资新增配网接入能力	个・千伏安/万元	0.05	0.015
	单位投资配电线路联络线路上升条数	条/万元	0.15	0.045
	单位投资分段合理线路上升条数	条/万元	0.05	0.015
	单位投资“N-1”配电线路提升条数	条/万元	0.15	0.045
	单位投资配电线路绝缘化提升公里数	千米/万元	0.1	0.03
	单位投资节能型配变上升台数	台/万元	0.05	0.015
	单位投资供电半径合格线路条数	条/万元	0.05	0.015
投资计划(0.3)	单位投资建成时间	月/万元	0.5	0.15
	项目资金使用率	%	0.5	0.15

续 表

目标层	指标	指标单位	指标权重	在项目评估中的权重
投资效益(0.4)	配电线路线损降低率	%	0.1	0.04
	配变损耗降低率	%	0.1	0.04
	配变单位投资增供电量	万千瓦时/万元	0.2	0.08
	配变单位投资增供负荷	万千瓦/万元	0.1	0.04
	线路单位投资增供电量	万千瓦时/万元	0.2	0.08
	线路单位投资增供负荷	万千瓦/万元	0.1	0.04
	项目投入产出比率	%	0.2	0.08

2.滚动开展分析评估

嘉兴供电公司对配网工程开展跨专业协作，由发展部牵头，运检、财务、物资、经研所等多部门参与，对项目投资的经济和社会效益、相关管理指标等进行综合评价，分析偏差原因，提出改进措施，总结投资管理经验，进一步提升项目管理水平，实现项目建设的全过程精益管理。

3.优化工程技经管理

针对嘉兴供电公司联合各部门做好配电网项目实施的可研评审工作，不断改进工作方式、方法，提高评审质量，从开头把好关，将国网批复的资金用好、用实。通过由财务部牵头，物资供应中心等多部门参与，建立配网设备信息价发布机制，提升设备材料信息价参考质量，促进工程概预算精准编制，当年核减资金达1.1亿元。提升业财联动水平，降低投资预算偏差率。通过实施精准投资全过程管控，有效缩小了从可研到决算的偏差率，提升了综合计划下达与财务投资预算的匹配度，也确保了财务预算的精准下达，发挥了全面预算管理的价值引领作用。对公司配电网建设管理中存在的结算不均衡、转资不及时、资产不对应等问题进行及时预警，并督促整改，有效提升了结算、决算工作效率和固定资产绩效管理水平。满足了配电网投资精益分析、精准投入的管理要求，有效提高投资计划安排的精准性，有力避免盲目“要投资”“铺摊子”等现象及资源分配不合理等问题，提升了配电网投资管理水平和工作效率，提升了公司盈利能力与市场竞争力，对于积极应对新电改等新形势要求具有积极意义。

三、项目实施效果

(一)“两率”引领,提高项目执行进度

嘉兴供电公司以配网“两率”管理为抓手,强化业财协同,建立了月度通报、问题约谈整改等工作机制,有效提高了配网项目预算执行进度以及项目投产转资进度,实现了配网项目“短、平、快”转化为有效资产。截至2020年9月底,配网项目预算完成率达82.91%,与上年同期相比增长22.39%;配网项目转资率达76.00%,排名全省第一,与上年同期相比增长32.69%;嘉兴供电公司各区县公司转资率较上年同期相比均大幅提升(见图5-23)。

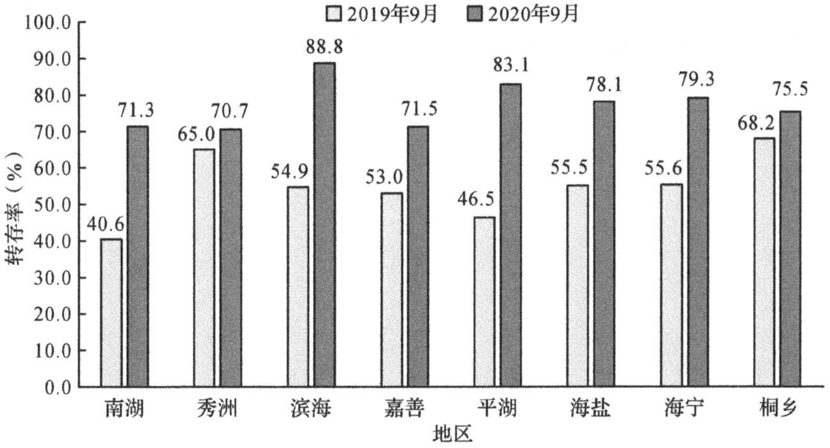
□2019年9月　■2020年9月
转存率(%)
100.0
90.0
80.0
70.0
60.0
50.0
40.0
30.0
20.0
10.0
0.0
40.6
71.3
65.0
70.7
54.9
88.8
53.0
71.5
46.5
83.1
55.5
78.1
55.6
79.3
68.2
75.5
南湖
秀洲
滨海
嘉善
平湖
海盐
海宁
桐乡
地区

图5-23　嘉兴各区县2019年与2020年9月同期转资率对比

(二)源头管控,优化项目前期工作

从业务链条角度出发,实现工程项目全过程管控,嘉兴供电公司有效提升了精益管理水平。公司突出问题导向,聚焦效率效益,查找发展短板,制定整改措施,指导事前科学决策,关注投资成效、投资决策、建设时序、投入产出等方面,分析潜在风险,把握规律趋势,深入推进全口径、全覆盖、全寿命周期项目评价。嘉兴供电公司进一步促进了各部门严格执行省公司关于配网工程项目规范管理的相关制度规定,确保每个项目在可研、立项、设计、施工等环节规范有序,“先施工后设计”“设计图、施工图两张皮”“设计变更管理不严”等不合规现象大大减少。同时形成了市配改办统筹安排,各县公司配改办、运检、发展等部门具体落实的高效协同机制,实现了配电网基建、技改、营销等项目统一规划、统一立项、统一

组织实施,改变了以往各部门多头管理的局面,提高了配网项目前期工作质量与效率。

(三)强化决算,提升工程管理水平

通过对配网投产后施工成本结算、项目决算、决算上报等工作加强管控,嘉兴供电公司各项项目管理指标实现了质的提升。截至2020年10月底,嘉兴供电公司配网项目关闭后开启次数为44次,上年同期为147次,减少了约70%;配网项目决算延期次数为3次,上年同期为150次,减少了98%;项目分级审核审批合规率为99.78%,居于全省第一;省公司审市公司决算问题个数以及省公司抽审(市公司审县公司)决算问题个数均处于全省低位;项目年度投资预算调整率为1.31%,全省最低。从各项指标分析来看,嘉兴供电公司配网项目工程成本结算更加及时,决算工作从时间管控到质量管理都有显著提升。

第六章 资金精益化管理创新与实践

资金是企业的生命线，是维持企业正常运行的“血液”。电力投资规模大，融资需求高。在确保资金安全的前提下，提高资金使用效率、降低资金使用成本、提高资金结算效率是摆在电力企业面前的重要课题。分布式光伏发电项目呈现爆发式增长，面对海量数据，2018 年嘉兴供电公司借助先进的信息化手段建立了一套涵盖财务与业务、业务与财务高效协同的光伏费用结算体系。面对国资委、国网公司对“两金”压降的考核，2019 年嘉兴供电公司在实践中应用《管理会计应用指引——营运管理》等管理工具，多措并举，大力压降应收账款、存货水平，有效提升了营运资金精益化管理水平。

第一节 “微应用”重构分布式光伏结算体系

2016 年以来，浙江地区分布式光伏项目呈现爆发式增长，原光伏结算管理系统严重滞后，远远不能满足发展的需要。面对严峻形势，嘉兴供电公司大胆革新，以问题为导向，从实际工作需要出发，应用最新的信息系统管理理念，2018 年重磅推出分布式光伏结算利器——光伏结算“微应用”。“微应用”改变原有整体式服务架构，对多个服务进程独立部署，大大加快了数据处理速度，确保分布式光伏结算安全高效，实现财务工作质量的整体提升，助力分布式光伏健康发展。

一、项目实施背景与目标

嘉兴地区光伏发电户从 2016 年 8 月的 8986 户增加到 2018 年 8 月的 134515 户，两年时间增长了近 14 倍。而财务部门使用的光伏结算管理系统，操作程序烦琐，运行速度极其缓慢，管理支撑功能单一，财务人员疲于应对，苦不堪言，更无法向业务部门和公司领导及时提供准确的汇总分析数据。

(一)光伏结算与管理系统存在的问题

分布式光伏结算主要涉及三个环节:一是营销部抄表确认、发行电量,将电费数据从营销系统推送到财务管控系统;二是财务部门审核确认,进行结算处理并确认成本;三是支付光伏电费资金。

现有的光伏结算系统在结算效率方面存在如下四个方面的问题:一是财务管控系统存在数据缺失,有些必填信息在财务管控系统中存在缺失,并且不能做到批量维护,需要财务人员逐个补充维护,系统功能落后。二是成本结算环节烦琐,财务人员在业务数据审核完成后,需要重新登录系统中勾选记录,执行结算操作,然后才能进行成本确认。三是运行速度极其缓慢,财务人员一次性批量处理 200 户居民光伏项目至少需要 30 分钟,确认市本级 8000 多户居民光伏成本至少需要三天时间,有些县公司甚至是逐笔确认成本,过程非常痛苦。四是缺少光伏结算数据自动核对功能,营销系统向财务管控系统传送大批量光伏电量电费数据,难免会出现漏传误传的情况,目前财务人员只能核对总数以及抽取部分项目数据进行核对,无法做到光伏数据的全面审核。以上问题均与内部控制要求的“提高经营管理效率和效果”这一目标不相符。

在光伏结算工作中,完成成本结算和资金支付后,需要对光伏结算情况进行各种查询和统计。目前财务管控系统“可再生能源结算模块”提供的支撑功能与管理需求差距较大,主要存在以下三个问题:一是营销系统与财务管控系统之间信息回传机制不通畅,营销部门不能及时确认光伏是否成功支付,电费支付处于未结清状态,营销部门不能及时掌握光伏电费支付情况,销户处理需要财务提供证明资料。二是当前系统中不能对每一笔业务的整体状况进行追踪,不能展示各电费年月内每笔项目财政补助记录的基本信息、集成数据获取、业务数据结算审核、财政补助资金支付整体情况。三是查询条件少,也无法对光伏项目进行多维度查询统计,例如并网时间查询、补助目录批次、项目类别查询。

(二)项目实施目标

《财政部关于全面推进我国会计信息化工作的指导意见》提出了全面推进会计信息化的主要任务。其中,内部控制流程信息化,要求根据企业内部控制规范及制度要求,将内控流程、关键控制点等固化在信息系统,促进企业内控设计与运行更加高效。嘉兴供电公司立足于将数以万计的分布式光伏项目的电费和财政补助准确及时地发到分布式光伏用户手中,体现了电网企业支持分布式光伏发展的态度,在推动地区分布式光伏发展、促进环境改善方面发挥积极的示范作用。嘉兴供电公司以“微应用”为分布式光伏结算基础,高效整合内外部可配置资源，从光伏结算工作效率和满足光伏管理多样需求两个目标出发，加强财务部与营销部之间的协同，重新塑造出一套基于“微应用”的完整、及时、准确、友好的光伏结算体系，全面提高信息化支撑能力，有力地助推了嘉兴地区分布式光伏的健康发展。项目绩效指标与目标设定如表 6-1 所示。

表 6-1　项目实施绩效指标体系及目标值

序号	管理指标	指标说明	目标值
1	结算处理环节耗时降低率	[(旧模式结算处理环节耗时－新模式结算处理环节耗时)/旧模式结算处理环节耗时－1]×100%	≥30%
2	资金支付环节耗时降低率	[(旧模式资金支付环节耗时－新模式资金支付环节耗时)/旧模式资金支付环节耗时－1]×100%	≥30%
3	结算支付全流程耗时降低率	[(旧模式结算支付全流程耗时－新模式结算支付全流程耗时)/旧模式结算支付全流程耗时－1]×100%	≥40%
4	数据导出耗时降低率	[(旧模式数据导出耗时－新模式数据导出耗时)/旧模式数据导出耗时－1]×100%	≥50%
5	界面进入查询耗时降低率	[(旧模式界面进入查询耗时－新模式界面进入查询耗时)/旧模式界面进入查询耗时－1]×100%	≥50%

二、项目实施路径与流程

根据《企业内部控制应用指引第 18 号——信息系统》，信息系统内部控制的目标是促进企业有效实施内部控制，提供企业现代化管理水平，减少人为操纵因素。嘉兴供电公司以光伏结算“微应用”为基础，重新构造分布式光伏结算全流程，确保源头信息准确完整，在结算、支付、查询统计等环节实现一键生成成本凭证、打包支付申请、银联快捷支付、多维信息查询等功能。

根据系统建设目标，项目实施流程具体步骤如图 6-1 所示。

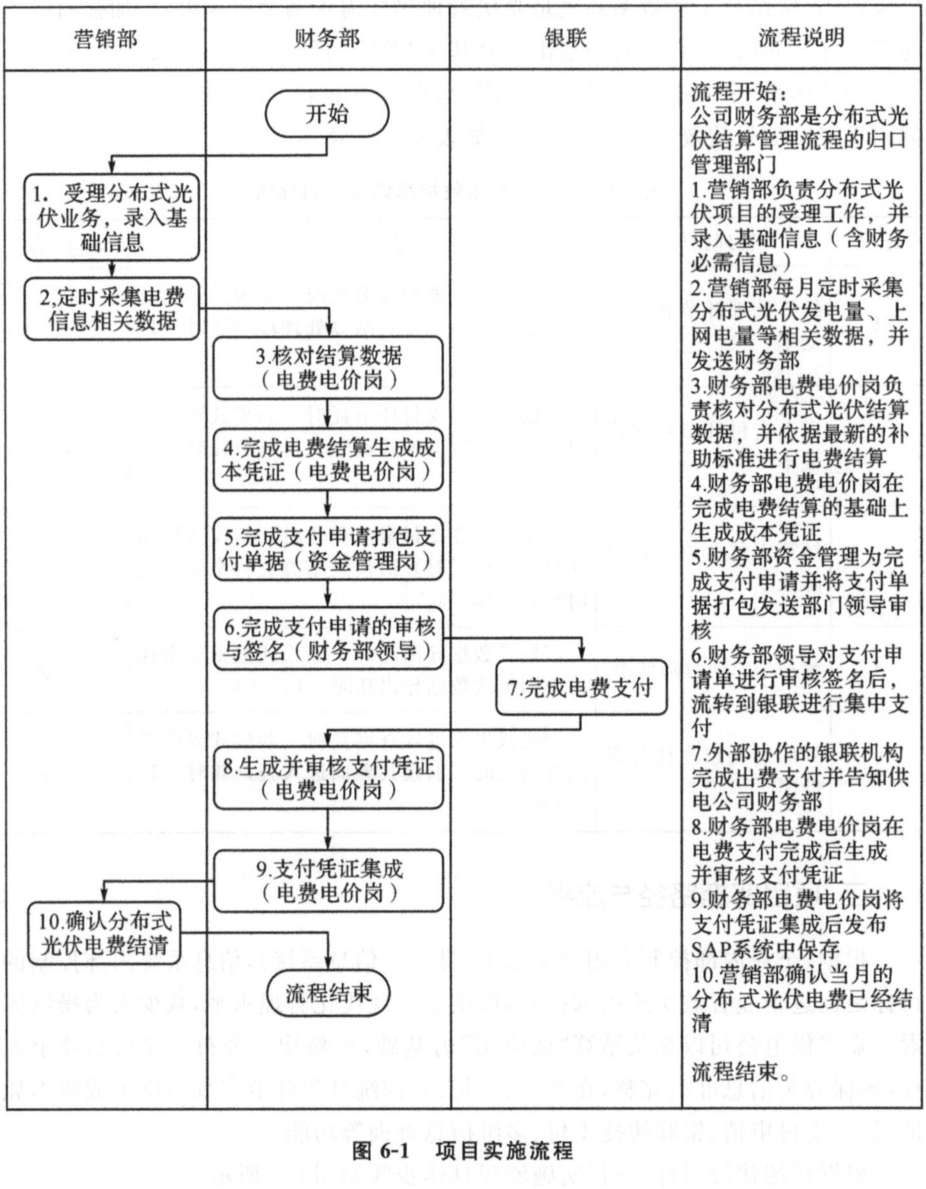
营销部
财务部
银联
流程说明
开始
1. 受理分布式光伏业务，录入基础信息
2.定时采集电费信息相关数据
3.核对结算数据（电费电价岗）
4.完成电费结算生成成本凭证（电费电价岗）
5.完成支付申请打包支付单据（资金管理岗）
6.完成支付申请的审核与签名（财务部领导）
7.完成电费支付
8.生成并审核支付凭证（电费电价岗）
9.支付凭证集成（电费电价岗）
10.确认分布式光伏电费结清
流程结束
流程开始：
公司财务部是分布式光伏结算管理流程的归口管理部门
1.营销部负责分布式光伏项目的受理工作，并录入基础信息（含财务必需信息）
2.营销部每月定时采集分布式光伏发电量、上网电量等相关数据，并发送财务部
3.财务部电费电价岗负责核对分布式光伏结算数据，并依据最新的补助标准进行电费结算
4.财务部电费电价岗在完成电费结算的基础上生成成本凭证
5.财务部资金管理为完成支付申请并将支付单据打包发送部门领导审核
6.财务部领导对支付申请单进行审核签名后，流转到银联进行集中支付
7.外部协作的银联机构完成出费支付并告知供电公司财务部
8.财务部电费电价岗在电费支付完成后生成并审核支付凭证
9.财务部电费电价岗将支付凭证集成后发布SAP系统中保存
10.营销部确认当月的分布式光伏电费已经结清
流程结束。

图 6-1 项目实施流程

（一）确保受理资料一次到位，避免财务人员后期维护

营销人员在光伏受理阶段向业主发放《分布式光伏并网服务告知书》，明确了业主需要提供的完整资料清单（含财务必需信息），降低了营销部门操作失误导致结算问题的风险。针对分布式电源结算管理，嘉兴供电公司已经出台了《分布式光伏结算业务流程手册》，围绕受理环节、合同签订环节、补助目录申报环

节、补助目录申报基本要求、结算环节、资金支付环节等，明确了相关的规范性要求。

通过以上举措，确保营销部准确提供财务需要的分布式光伏信息，避免了财务人员浪费较多时间进行相关信息的增补维护。

（二）定时采集相关数据，确保电量信息准确无误

嘉兴供电公司在所有分布式光伏的发电量计量点、上网电量计量点，均已安装无线采集终端或专变采集终端，电量、发电负荷等数据全部远程采集到省公司用电信息采集系统。居民光伏抄表例日全部为每月 1 日零点，非居分布式光伏的抄表例日截止日为每月 25 日。

（三）快速进入结算微应用，查询核对结算数据

营销部将分布式光伏发电量、上网电量等数据推送到财务管控系统后，财务部电费电价岗需要核对相关数据，并依据最新补贴标准进行电费结算。与原有的登录财务管控系统相比，登录独立微应用界面更加方便快捷。

嘉兴供电公司已实现线下数据的导入与自动核对，确保营销发送的数据跟财务管控系统接收数据一致。财务人员可以将营销系统导出的光伏数据表格导入财务管控系统中进行校验。在这一环节，系统内置校验规则，结算信息自动核对，对异常数据进行实时预警。

数据核对工作界面强化了警示功能，通过不同颜色标记数据异常或数据结算状态，其中红色字体指营销与财务校验数据不一致；蓝色背景色指数据已结算完成；黄色背景色指该项目为非自然人项目，未纳入补助目录库或者省公司未备案，不能结算中央补助。

（四）自动抓取营销项目信息，批量维护补助目录

新的分布式光伏结算管理系统打通与营销系统数据壁垒，直接从营销系统获取光伏项目数据信息，集中展示光伏项目关键字段。

系统可直观展示补助项目数据，包括联系人子表、营销项目子表及证件子表等数据。对税率、标杆电价和光伏补助标准等关键字段的集中展示，使财务人员可以批量维护和修改，大大提升了补助项目维护效率。

（五）一键生成成本凭证，快速完成结算操作，实现质的飞跃

财务人员在确认电量电费结算数据后，直接进入待制证环节，一键生成成本凭证，减少中间结算操作，提高结算效率。

与传统管理模式相比，这是一个质的变化，主要体现在对业务流程的整合。原来的操作流程是：财务人员完成结算数据核对后，首先生成购电费结算单，待购电费结算单审核通过后，才能制作成本凭证。当前的操作流程则简化为，从审核电量电费信息到生成成本凭证，一站式端对端业务处理，确认成本后直接进入待制证状态。过去确认200笔光伏成本耗时半个小时，“微应用”确认1000笔光伏成本仅需40秒，实现了质的飞跃。

为了更加快速地完成结算操作，在这一环节重点强化如下三项功能。一是按结算成分分批进行结算，支持单独结算上网电费、国补、省补，也支持多个结算成分一起结算，比如未纳入补助目录的项目可单独结算上网电费，便于实际业务操作。二是新增已结算数据回退功能，针对已结算但存在问题的数据可便捷回退并生成冲销凭证，可跨月处理且不影响历史月份数据，实现异常情况下的便捷处理。三是新增凭证分录设置功能，可根据业务需要设置不同的凭证分录模板，如未拿到发票时，可以先暂估入账，也可根据需要设置各分录摘要，减轻手工修改摘要工作量。

(六)完善支付环节支撑功能，实现打包支付申请

通过完善分布式光伏结算微应用功能，可按用户类别区分支付流程发起支付申请，如非自然人用户可通过财务管控进行电子支付，自然人用户可通过轻量化支付功能进行打包支付。同时，支持按项目的收款单位(补助项目对应的往来单位)、收款账户和账号名称合并生成资金支付记录，减少支付明细记录，提升支付审核效率。嘉兴供电公司针对居民分布式光伏项目，以500个项目为一个“包”，通过打包的方式将相关支付申请发送给相关岗位进行审核签字，大大减少了财务负责人的审核时间，跨出了“轻量化支付”的关键一步。

(七)快捷生成支付凭证，多维查询保证正确无误

银行支付成功后，支付明细信息回传至财务管控系统，可快捷生成支付凭证。在支付查询方面，可展示支付业务操作期间内所有项目的支付情况。除强大的支付查询功能外，在分布式结算微应用的全流程中，结算查询与台账查询的功能也更加全面。其中，在结算查询方面，可按单位、用户类别或补助项目等维度，展示结算业务操作时间内结算的项目数量、发电量、购电费、财政补助资金等整体情况或明细情况。在台账查询方面，可展示项目从营销集成信息到财务结算成本入账、支付及支付入账的全过程信息。支付查询、结算查询、台账查询等多维查询功能的应用，保证了结算过程每个阶段相关信息的准确无误。

(八)集成支付凭证,发送营销部门

财务部门完成支付凭证审核后,将当月的全部支付凭证集成后,按时将已支付信息发送到营销系统。

分布式光伏结算微应用在设计之初,充分考虑到了两种异常情况。一是在日常处理中,若因程序异常导致出现生成凭证但未生成结算单情况,可以通过"已结算单据补偿"功能,生成结算单。二是支付反馈营销异常处理,该功能可查询支付状态反馈营销情况,针对发送失败的记录,可手工勾选后再次发送营销系统,以及时将支付状态传递至营销系统。

三、项目实施成效

通过对光伏业务信息与财务信息的采集,实现全公司数据一个口子输入,确保财务与业务数据同源。通过研发分布式光伏"微应用",实现光伏业务数据采集、数据传递、数据加工处理、数据分析应用全流程闭环高效管理。嘉兴供电公司自 2018 年 5 月开始试运行新的分布式光伏结算管理以来,切实缓解了光伏结算工作量繁重、效率低下等痛点。经过双轮驱动确保分布式光伏结算安全高效指标体系,嘉兴供电公司目前实际取得的成效是:每千笔业务支付失败率 1.1‰(目标值≤5‰),结算处理环节耗时降低率为 98%(目标值≥30%),资金支付环节耗时降低率为 55%(目标值≥30%),结算支付全流程耗时降低率为 45%(目标值≥40%)。到目前为止,未发生任何客户信息泄露或支付金额错误的情况。

第二节　基于价值链分析的"两金"压控管理实践

两金是指"应收账款"和"存货"。多年来,"两金"占资过高的问题已经严重影响电网企业的发展。2019 年,嘉兴供电公司、湖州供电公司积极落实和响应国网公司、省公司"两金"压控的管理要求,成立专门组织机构,应用价值链分析工具,系统查找管理过程中造成"两金"占资过程的关键环节和主要风险点,并以此为基础开展了电费回收预警及差异化回收策略。针对库存占比过高的问题,不断优化标准化设计,优化采购计划提报,及时清理无效物资,有效提升了采购准确性,减少了无效库存的资金占用。

一、项目实施背景与目标

随着电网企业经营规模扩张,资产负债率持续攀升,"两金"占资过高问题已

成为影响企业健康、持续发展的瓶颈。资金是企业的血液，而“两金”占资对企业最大且最直接的影响就是对流动资金的影响。如果不能有效控制“两金”规模、降低“两金”总量，企业很可能因流动资金短缺而导致企业资金链的断裂，致使企业面临巨大的财务危机。2019 年，嘉兴公司、湖州公司以“提质量、增效益、控风险”为主线，主动适应、积极应对复杂多变的内外部经营环境，在资金管理过程中引入价值管理理念，通过分析应收账款和存货的价值流程，以降低应收账款占比、提升存货周转效率为重点，加快将资源资金资本从低效无效领域释放出来，投向更有效率、更能创造价值的优势领域，改善发展质量、防范经营风险。

嘉兴供电公司、湖州供电公司将“两金”压降的重点领域确定为提升电费的精益管理以及提升库存物资周转效率两个方面，通过价值链理论对两项业务进行价值分析，确定管控的关键节点和核心环节，创新管理机制，全面实现“两金”压控目标。

“两金”压控目标具体是：年末公司整体“两金”周转效率同比提高，账龄较长的应收账款和低效无效存货显著下降。其中：应收账款（剔除供售同期对应收电费的影响后）余额不增长，一年以上应收账款压降 10％以上；存货增幅低于收入增幅，全面完成非正常存货盘活处置。根据公司主营业务范围、客户结构、物资类别、工程平均建设周期，结合“两金”压降考核要求、营收规模、投资规模设置应收账款（供售同期影响剔除）管控边界为年末余额为 0 元，存货管控边界增幅为 1.5％（低于收入增幅）。

二、项目实施路径与流程

项目实施主要分为机制建立、价值流分析、整改落实、考核激励四个阶段，具体实施路径流程如图 6-2 所示。

（一）落实各专业协同作战，建立齐抓共管机制

嘉兴供电公司和湖州供电公司将“两金”压降与提升公司总资产周转率、提升企业经营绩效结合起来，由财务部牵头，联合营销部、建设部、设备部、物资部等部门建立协同联动工作机制。各单位对照责任分工，做到各负其责又相互配合衔接。财务部作为牵头部门，全面加强统筹管理协调，各主责部门积极担当责任，相关部门齐抓共管、共同参与。嘉兴、湖州公司主动对接、落实上级部署，形成上下互动、有序衔接的良性机制；对“两金”压降、清欠工作统筹部署，携手联动，做到方案上下衔接，数据相互吻合，措施协调配合，确保工作效果。

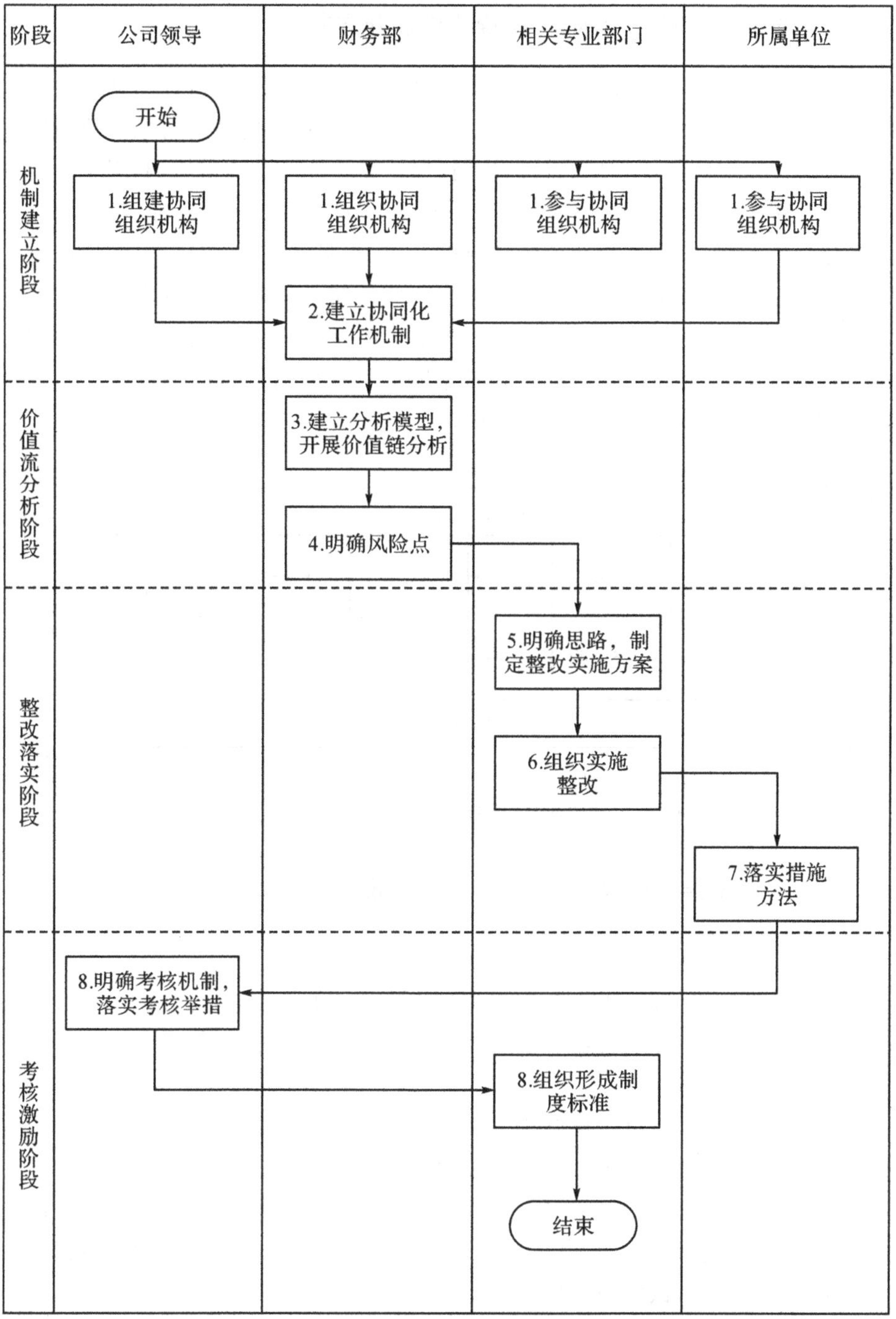
阶段
公司领导
财务部
相关专业部门
所属单位
机制建立阶段
价值流分析阶段
整改落实阶段
考核激励阶段
开始
1.组建协同组织机构
1.组织协同组织机构
1.参与协同组织机构
1.参与协同组织机构
2.建立协同化工作机制
3.建立分析模型，开展价值链分析
4.明确风险点
5.明确思路，制定整改实施方案
6.组织实施整改
7.落实措施方法
8.明确考核机制，落实考核举措
8.组织形成制度标准
结束

图 6-2　项目实施流程

（二）构建价值链分析模型，明确改进提升方向

价值链管理活动构成企业内部控制的特定对象。价值链管理活动与内部控制对象之间的关系决定了价值链管理活动构成内部控制的特定对象。价值链分析模型的目标与价值链管理的目标相同，都是实现价值链的增值，利用企业财务核算功能和方法为企业价值增值的最大化服务，对象是价值信息流、物流及其所体现的人力、资源等关系。在价值链分析过程中（见图 6-3），对应收账款占比过高的价值流，按照产生收入—风险策略—回收策略—应收账款占比的流程进行分析，其应收账款占比过高的主要原因在于电费回收风险的控制；对存货占比过高的价值流分析，通过物资计划—物资采购—物资周转—形成库存的流程进行分析，认定物资计划不合理以及物资周转效率过低是形成库存的主要原因。

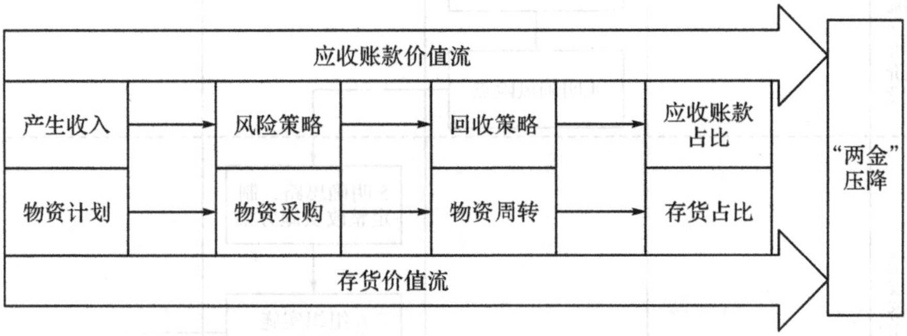
应收账款价值流
产生收入
风险策略
回收策略
应收账款占比
物资计划
物资采购
物资周转
存货占比
存货价值流
"两金"压降

图 6-3　以"两金"压降为目标的价值流分析模型

（三）实施差异化回收策略，严控账款回收风险

1. 差异化风险预警策略

嘉兴供电公司、湖州供电公司根据用电客户的用电类别、信用等级、行业分类等维度，结合系统的大数据分析和政府等渠道的信息发布，对三类用户执行差异化的电费风险预警策略。

针对高压客户，以电费风险为主要维度，结合信用等级（逾期交费次数）、行业分类等，每月确定本月重点防控的客户群体，启动风险防控流程。将电费风险防控目标客户纳入营销系统流程化管控，通过目标客户相关外部信息收集、防控方案制定与审批、防控方案执行、成效评估等流程环节，对高风险客户进行预警。

针对低压客户，以客户信用等级（一年内的逾期交费次数）为主要维度，将用户分为守信客户、准失信客户、失信客户三类，对风险客户进行预警。

针对其他客户，结合走访、政府等渠道获取的信息，对差别化电价客户、"两

高”企业、负面清单客户、拆迁区块客户进行重点关注，及时了解用户的生产经营情况，及早发现，第一时间进行电费风险预警。

2. 差异化电费回收策略

嘉兴供电公司、湖州供电公司为保证电费颗粒归仓，针对不同类型的用户采用了差异化的电费回收策略。

针对居民用户，积极争取地方政府的支持，全力推行智能交费业务。传统的用电模式为“先用电，再缴费”，智能交费改变了传统的缴费模式，通过“先预存电费，再用电”的方式大大降低了电费回收风险和催费压力。同时，当客户预存金额小于预警金额时，系统会自动对客户进行短信提醒。

针对非居用户，根据客户的信用等级，密切关注用户的生产经营情况，对于逾期不缴费的，采取主动上门催交或驻场催收的方式。

针对高压优质客户，为用户提供“臻享＋”优质服务，为减轻用户的资金周转压力，将用户分次结算改为单次结算。

针对已发生欠费的高风险客户，除指定欠费还款计划、派员驻场催收、争取政府支持外，提出要求用户以物电互抵、第三方担保等方式确保消除电费拖欠风险。严格执行电费滞纳违约金制度，采取经济手段遏制用电客户人为拖欠电费。拓展电费缴费渠道，方便客户就近缴费。

3. 施行回收承包责任制

发挥责任部门的主体作用，通过承包制的形式，对不同风险级别用户，按职级进行责任挂钩，以应收电费金额的大小分层级落实责任，避免交叉管理、越级管理，形成有序清晰、适宜高效的管理责任网格。通过与各供电单位签订电费回收三级责任书，对各供电单位进行层层承包、分解，落实到人，加快电费回收。

对于电费金额较高的客户，重点发挥公司党政主要领导及各层级党政领导人员的示范表率作用，实施一把手工作负责制，强化领导责任，转变电费回收工作思想观念，实现重要客户领导引领、督办管理、全员参与的工作局面，形成网络化的风控工作责任主体（见图 6-4）。

（四）开展精准化物资采购，减少库存无效物资

嘉兴供电公司在配网物资管理中主动助推标准设计和通用物料的应用，严格管控非标物资使用，为配网物资主动配送提供了必要的前提和有力的支撑。通过几年的不懈努力，已在设计标准化和配网物料通用化方面形成了较好的基础。

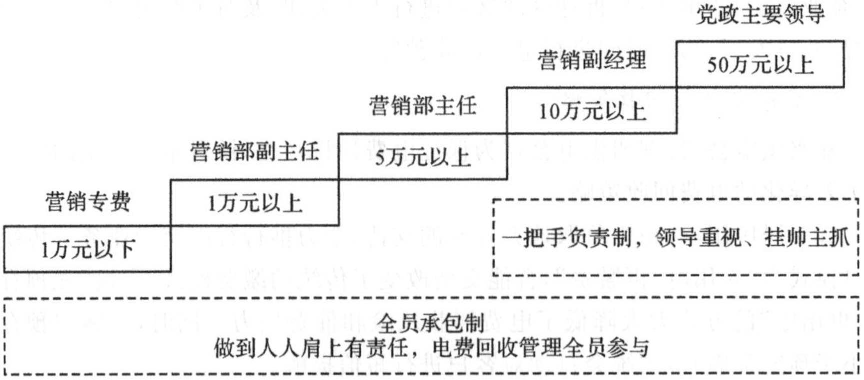
党政主要领导
50万元以上
营销副经理
10万元以上
营销部主任
5万元以上
营销部副主任
1万元以上
营销专费
1万元以下
一把手负责制，领导重视、挂帅主抓
全员承包制
做到人人肩上有责任，电费回收管理全员参与

图 6-4 电费回收工作责任制

1.深化物资标准化设计

近年来，嘉兴供电公司开展配网工程标准化设计和配网物资模块化组件研究工作，在充分结合工程实际情况的基础上，修订完成 1 个总册和 12 个分册的配网工程标准化设计，同时编制完成 426 个典型模块、1200 余张图纸（达到施工图深度），各模块拼接后可直接用于各类工程，实现了从工程设计到物资采购的全过程标准化工作。同时进一步梳理通用化清单，根据标准化设计，由物资部、运检部共同组织梳理并颁布了 433 种通用物料和 194 种铁附件通用规格，使日常使用的物资规格大幅减少，有力提升了物资通用化率，增强了配网物资相互间的通用互换性，大大降低了存货占比。

2.科学测定物资计划

应用大数据技术，嘉兴供电公司和湖州供电公司对通用配网物资需求进行科学预测。首先基于对配网物资月度、季度出库量的历史数据分析，采用智能的组合预测模型，得到基于物资层面的需求预测结果；其次基于对配网可研批复和综合计划历史数据，通过聚类分析、主成分分析等方法和多元回归预测模型，得到基于项目层面的需求预测结果；最后考虑物料与项目的相关程度，通过加权的方式将两个层面的预测结果相结合。在利用大数据技术对需求进行初步预测的基础上，公司物资调配室组织专家团队结合年度投资总额、技术更新情况，参考上季度预测结果与实际业务的偏离情况，对初步预测结果进行修正，可得到较为准确的预测结果。经过几年的努力，完成了对国网下发的配网标准物料目录的精简优化，进一步提高了配网物资的通用互换性，为主动配送提供了较好的通用化基础。

3. 强化物资质量监测，及时清退不合格物资

为了使物资到现场后可以立即投入安装，且在运行阶段保持坚固耐用，嘉兴、湖州公司联合省公司建立省级、区域级、市级三级质量检测体系。质量检测关口前移，可以确保物资出库前完成质量检测。省公司层面，依托电科院、华电所检测资源，成立省级物资质量检测中心，主要承担型式试验和特殊试验。依托市公司检测资源和人员，在嘉兴中心库设立区域检测中心，在其他地市公司设立市级检测中心。区域检测中心主要承担例行试验项目检测，市级检测中心主要实施本单位具备检测能力的常规试验项目检测。入库初检，建立物资初检卡，主要包括参数核对、外观检查（外形测量和重量检测）、配件核对、资料清点等四个方面。在供应商将货物交到仓库后，仓库质检人员打印初检卡，对照实物实施入库初检。初检不合格则直接办理后续退、换货手续；常规抽检。初检合格，仓库质检人员按抽检比例进行实物抽样，及时送到本市（或本区域）物资质量检测中心进行质量检测，原则上 5 个工作日内完成质量检测工作，检测不合格办理后续退、换货手续；重点检测。对初检结果如有疑义，或需要实施型式试验和特殊试验，由供应商和仓库质检人员共同封样，送省级物资质量检测中心实施检测，原则上 10 个工作日内完成质量检测工作，并作为最终检测结果。三级质量检测结果的应用不仅体现在供应商不良行为、供应商绩效评价上，更重要的是提升了入库物资的合格率，有效减少了不合格物资的资金侵占。

（五）实施配网物资寄售制，减少存货资金占用

在配网物资寄售实施过程中，嘉兴供电公司和湖州供电公司进一步优化原有的寄售模式，完善组织实施体系，科学建立寄售配网物资目录，避免与现有公开招标工作要求产生冲突。

1. 对寄售物料的选择与整理

依照当前供电企业物资供应与使用的实际状况并将项目部室的意见综合考虑在内，列举出常用的且在抢修中常常被用到的一些物料，加以整理之后作为现在进行协议库存寄售的物料。对所梳理出的物料分门别类拟定出一批物资作为协议库存寄售物资。这些物资不仅包含设备，也包含装置性材料等。确定了需要进行寄售管理的物料之后，便同协议库中的标的厂商开展磋商会谈，在达成一致意见后签署寄售协议。

2. 明确寄售物资调配机制

由市公司物资配送中心集中储备，在调配平台中建立周供应批次计划，各需求单位上报成套需求及非成套需求，中心库平衡全市范围物资需求后，完成成套

预装，实现按周配送到各需求点或仓储点，再触发供应商开票结算。

3. 实时更新寄售物资库存型号和数量等信息

计算项目可用预算，结合项目投资预算每月控制收发货额度，加快项目结算进度，避免因无预算而导致存货积压。监测未清采购订单清理情况，加快物资结算，避免因项目关闭而无法校验。

（六）进一步优化机制流程，提升存活周转效率

1. 完善工程结余物资、退运资产的退库管理机制

严格审核物资退料需求，有序办理退料。项目物资退料时，严格办理审批手续，要求提供后续使用需求，并提供领料凭证；对于确实无法明确用途的退料需求，在办理退料物资鉴定、确认退料物资的有效性同时，要求逐级审批，并由公司分管领导签字审核同意后，办理退库手续。退库后，定期下发退库结余物资清单，物资采购时优先匹配退库物资，减少退库物资的积压。

明确废旧物资包括报废物资与可利用退役资产。完善废旧物资管理制度，严把退运资产入库审批关口。通过完善废旧物资管理制度，明确拆除、回收、鉴定、处置各环节业务衔接，督促运维检修部、营销部等专业管理部门加强本专业工程废旧物资拆除计划管理，并从安全、效能和再利用维修以及运输成本等维度对旧物资再利用进行量化评估，出具技术鉴定结果，提出报废和再利用意见，提高废旧物资再利用的经济效益。

2. 建立统一的库存资源共享调配机制

按照盘活利库工作要求，为加快代保管积压物资尤其是大型变电设备的再利用或报废处置进展，嘉兴供电公司和湖州供电公司调动发展策划部、运维检修部、基建部利库利旧的积极性，依托物资调配平台建立积压物资信息管理平台，利用图片、表格等形式展示积压物资尤其是大型设备的铭牌、资产卡片、主要技术参数、运行检修记录、实际库存地点、实物情况等信息，公司内部各个部门以及各基层物资管理专员均可登录平台查看积压物资信息。建立跨部门、跨地区、跨项目的库存资源调拨机制，实现库存资源信息共享、统一调配、降低项目成本，提高物资周转效率。

3. 重点规范专项物资的管理机制

依据电网发展规划，综合考虑专项设备存量、投资规模、库存维修养护费用、历史库存消耗量、供应周期、存储成本等状况，统筹采购策略，制订自身的周转物资、备品备件、应急物资储备计划。按照“物资部统一组织、专业部门分工协作”

的方式，由物资部梳理现有库存专项物资，科学合理设定储备定额，确定安全库存、最高库存，做到以最少的物资储备满足最大的物资需要。各相关部门也及时对应急防汛物资、备品备件进行补充和完善，综合分析其年周转耗用水平，平衡周转其物资需求，保证盘活利库工作成效。

4. 建立健全工作长效工作机制

建立需求计划准确性管控机制。一是把好设计关和施工进度关，提高物资需求计划数量和需求时间准确性，减少工程结余物资及工程暂存物资，从源头规避积压物资形成。二是严把采购关口，坚持“优先平衡利库、其次协议库存、最后合同采购”的物资供应原则，组织物资需求部门、仓储管理部门进行物资需求审查，通过平衡利库或者公司调拨落实“先利库，后采购”原则。建立积压物资定期鉴定、集中处置机制。为及时鉴别新增积压物资状态，各网省公司的物资部门根据月末清查盘点情况，上报新增积压物资明细，协调相关部门开展技术鉴定工作，出具技术鉴定意见，物资管理部门根据鉴定意见加快对鉴定不可用物资的报废处置流程。三是建立库存资源监督考核机制及信息反馈机制。按照“谁形成积压、谁负责利库”的原则，每月与各项目单位召开一次联席会议，对重点积压物资进行专题分析，督促使用，并定期对各单位盘活利库情况进行一次交叉检查，对优胜单位进行奖励，对发现的问题进行全省通报。四是探索其他库存模式。针对积压大型变电设备尤其是110千伏及以上主变压器，资产残值高、报废处置损失严重的，可组织供应商研讨物资置换的业务，通过物资置换，进行以旧换新，实现积压物资的利益最大化。

（七）建立激励考核机制，制定配套的规章制度，考核坚持“三个结合”

1. 建立激励考核机制

电费回收方面，为进一步做好基层电费回收工作，嘉兴供电公司和湖州供电公司严格执行考核激励差异化策略。在公司内部，建立健全电费回收绩效考核实施办法，全面落实电费回收管理责任。实施阶梯式的奖励机制，电费结清越早，奖励越多，充分调动全体员工电费回收的积极性。在公司外部，确保反窃电举报奖励、查处奖励等政策的落地，发动社会力量，完善警企协查机制，兑现奖惩措施，严防跑冒滴漏。

推行与绩效考核挂钩机制，为充分调动各部门（单位）加强“两金”压降工作的积极性，发挥好各项改革措施积极作用，使责任部门和员工的工作质量和效率紧密挂钩，建立有效的“强激励，硬约束”管理机制，对项目精准管控卓有成效的专业给予激励，激发专业部门提高管理水平，营造“比、学、赶、帮、超”的良好氛围。

2. 制定配套的规章制度

嘉兴供电公司和湖州供电公司联合所属各区县公司，进一步优化了工作流程，形成了多项实施细则，确保“两金”压降工作顺利开展。形成的实施细则包括《电费回收差异化考核实施细则》《电费回收承包责任制实施细则》《配网工程标准化设计总册及12项分册》《废旧物资实施细则》等。

3. 考核坚持“三个结合”

主要是采用“过程指标和业绩指标”相结合、“材料佐证和系统取数”相结合、“月度管控与年度考核”相结合的方法，对公司“两金”压降工作进行全过程管控和考核，以此确保公司资产管理水平的提升。

三、项目实施效果

项目实施后，一是有效降低应收账款占比。嘉兴、湖州公司已累计3年年末无应收账款余额，确保运营资金颗粒回仓。二是优化科学库存结构，降低存货水平。2018年初，嘉兴供电公司、湖州供电公司存货余额4000万元，2019年10月余额为3422.8万元，共下降了16.86%，大幅度减少流动资金占用，避免物资积压。三是有效提升公司总资产周转率。嘉兴供电公司总资产周转率由2018年12月末的2.55%提升到2019年12月末的2.63%，提升0.08个百分点。湖州供电公司总资产周转率由2018年12月末的2.47%提升到2019年12月末的2.51%，提升0.04个百分点，资产周转效率稳步提升。

第七章　电费电价管理创新与实践

为全面贯彻落实党的十八大和十八届三中、四中全会精神，以及中央财经领导小组第六次会议、国家能源委员会第一次会议精神，进一步深化电力体制改革，解决制约电力行业科学发展的突出矛盾和深层次问题，促进电力行业又快又好发展，推动结构调整和产业升级，2015 年 3 月 15 日，中共中央、国务院发布了《关于进一步深化电力体制改革的若干意见》（中发〔2015〕9 号）。与此同时，国资委、国网公司提出了提质增效的工作目标。嘉兴供电公司大胆先行先试，应用《管理会计应用指引第 504 号——约束资源优化》等管理工具，整合跨省配网资产实现收益共享，压降投资成本。随后，嘉兴供电公司积极探索应用《管理会计应用指引第 405 号——多维度盈利能力分析》等先进工具方法，积极开展“每一个客户”“每一个员工”“每一个项目”等投入产出研究，开展了资产组、单一电力客户的投入产出分析，取得了提质增效的显著成效。

第一节　长三角区域省(市)间配电网互联互供电费结算

推动长三角一体化发展，是习近平总书记亲自谋划、亲自部署、亲自推动的重大战略。建设长三角生态绿色一体化发展示范区是实施长三角一体化发展战略的先手棋和突破口，在上海青浦区、江苏吴江区、浙江嘉善县三地走出一条跨行政区域共建共享、生态文明与经济社会发展相得益彰的新路径，更好引领长三角经济带发展，对全国高质量发展发挥示范引领作用。2019 年，嘉兴供电公司在长三角示范区建设中充当了电力“先行官”，率先打通了省（市）间配电网的“断头路”。然而，省（市）间配电网互联互供电费结算在国内尚属于空白，电费结算又成为“拦路虎”。据此，嘉兴供电公司联合“三省一市”供电公司“共建”结算蓝图、“共享”结算体系、“共赢”结算效益，“促进”长三角区域电价一体化发展（三共一促），全面贯通了长三角区域省（市）间配电网互联互供电费结算全流程，再次率先铲除了省（市）间配电网的“拦路虎”。2020 年 10 月，“三共一促”模式下的首单跨区域配电网互联互供电费结算在浙江落地，为全国跨区域省（区、市）间配电量联络起到了重要的示范作用。

2018 年 8 月 17 日，财政部发布《管理会计应用指引第 504 号——约束资源优化》（财会〔2018〕22 号）。约束资源优化是指企业通过识别制约其实现生产经营目标的瓶颈资源，并对相关资源进行改善和调整，以优化资源配置、提高资源使用效率的方法，一般应用于企业的投融资领域和营运管理领域。约束资源，是指企业拥有的实际资源能力小于需要的资源能力的资源，即至月企业实现生产经营目标的瓶颈资源，如流动资金、原材料、劳动力、生产设备、技术等要素及要素投入的时间安排等。电力的长三角一体化发展，需要实现对短缺的实际资源与富余的实际资源进行整合、互补，从而达到降低投资、节约成本的目的，其根本的财务目的是提质增效。

一、项目实施背景与目标

长三角区域省（市）间配电网互联互供电费结算管理贯彻长三角示范区域“一体化制度试验田”的核心理念，通过实践形成一套长三角区域内共融互通的电费结算管理制度，促进长三角区域电网共建、效益共享，达到节约投资、节省营运成本的目的。采用“三共一促”策略破解当前省间配电网互联互供的电费结算难题，为长三角电价政策趋同打下坚实基础。

长三角一体化发展上升为国家战略后，嘉兴迎来了历史最佳发展机遇。为全面贯彻落实国家长三角一体化发展战略，满足长三角电力需求，加快建立地区电力平衡和安全保障体系，实现区域电网互济互保、互联互通，推动长三角生态绿色一体化发展示范区建设，2019 年 9 月 10 日，嘉善 10kV 俞汇线与上海青浦 10kV 练 5 泗联线联络新建工程顺利竣工投产。9 月 22 日，受台风“塔巴”影响，嘉善电网俞汇 J152 线受到重创，造成 30 个公变、4 个用户专变失电。故障发生后，嘉善公司迅速响应，联动青浦公司开展跨省配合操作，倒供时长 9 时 31 分。2020 年 8 月，“黑格比”再次到来，供电公司以同样的方式累计交换了电量 11640 千瓦时，电费结算成为绕不开的话题。

嘉兴供电公司以“嘉善—吴江”“嘉善—青浦”两条跨省联络线为研究对象，以建立“规则清晰、融合创新、效益共享”跨区域配电网互联互供电费结算体系为工作目标，联合“三省一市”供电公司“共建”“共享”“共赢”电费结算，“促进”长三角区域电价一体化发展。分前、中、后三个阶段开展建设工作：前期，专设长三角电价政策一体化研究课题，分析长三角区域购售水平差异，让“数据”支撑省间配电网电费结算体系的建设；中期，实地调研省（市）间边缘交界区域的用电类型和占比，联合“三省一市”供电公司财务负责人协商确定电费结算价格，让“行动”督促省(市)间配电网电费结算体系的建设;后期,组织青浦、嘉善、吴江三地专业人员联合拟定结算流程、合同模板、管理制度等文件,让“制度”保障省(市)间配电网电费结算体系的建设。

嘉兴供电公司在长三角区域省(市)间配电网互联互供电费结算体系建设中设置了三个专业指标:一是保证交易电费在次月15日前全额支付。二是交易价格应高于送电方的平均上网电价,保证对方利益不受损。三是长三角区域省(市)间配电网互联互供交易业务100%实现协同抵消。

二、项目实施路径与流程

企业应用约束资源优化工具方法,一般按照识别约束资源、寻找突破方法、协同非约束资源、评价实施效果等程序进行。嘉兴供电公司按“三共一促”四个阶段、分“业务、财务、上级单位”三个层级推动建立长三角区域省(市)间配电网互联互供电费结算体系,具体流程如图7-1所示。

(一)理论结合实际,促进长三角区域电价一体化发展

长三角区域一体化发展上升为国家战略,为新时代长三角一体化发展指明了方向,赋予了长三角一体化发展更高远的战略定位、更深刻的发展内涵、更广阔的实践舞台。2019年12月1日,中共中央、国务院印发了《长江三角洲区域一体化发展规划纲要》(以下简称《纲要》)。《纲要》指出,到2025年,长三角一体化发展取得实质性进展。跨界区域、城市乡村等区域板块一体化展达到较高水平,在科创产业、基础设施、生态环境、公共服务等领域基本实现一体化发展,全面建立一体化发展的体制机制。

2020年6月29日,浙江省发展改革委印发《2020年浙江省深化电力体制改革工作要点》(浙发改能源〔2020〕212号),对2020年重点工作进行了深入谋划,提出缩小浙江与长三角其他省份的电价差距,全力支撑长三角区域高质量发展。嘉兴供电公司率先打通配电网“断头路”是缩小浙江与长三角其他省份电价差距的一项重要举措。目前,已全面完成了长三角区域省(市)间配电网互联互供电费结算体系的建设工作,在应用“三共一促”的新型结算体系中实现了供售电双方的合作共赢。随着长三角区域省(市)间配电网联络线路的不断架设,可充分发挥各省“低价”电源的优点,激活市场活力;率先缩小上网侧电价差异,并将缩小的差异逐步延伸至售电侧。

在前期充分开展“长三角背景下电价政策一体化研究”课题研究的基础上,嘉兴供电公司结合长三角区域省(市)间配电网互联互供电费结算实践,从用户、电网和政府三个层面提出促进长三角区域电价政策一体化的建议方案和具体举措,积极推动价格主管部门出台相应政策逐步实现长三角区域电价一体化。

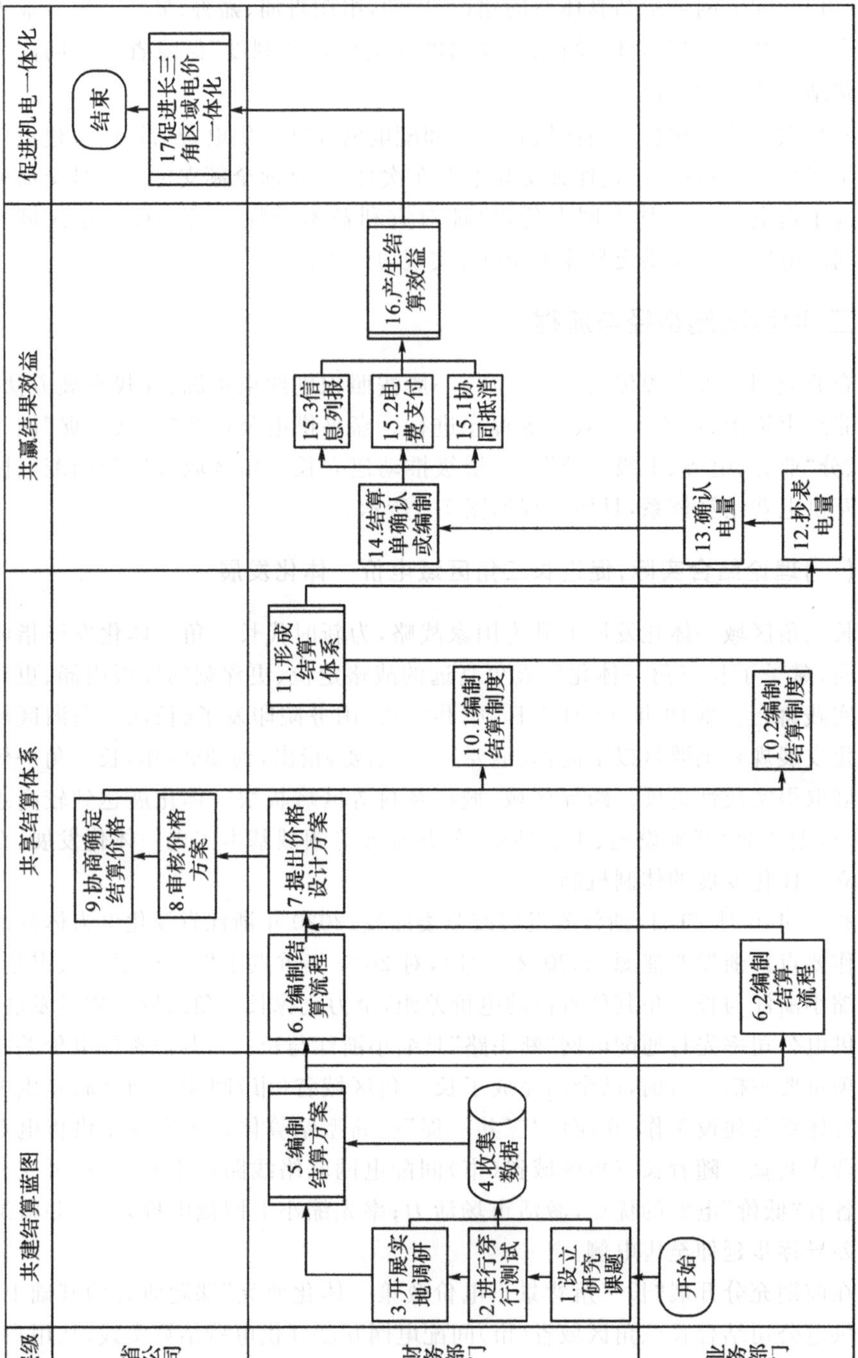
层级
省公司
财务部门
业务部门
共建结算蓝图
共享结算体系
共赢结果效益
促进机电一体化
开始
1.设立研究课题
2.进行穿行测试
3.开展实地调研
4.收集数据
5.编制结算方案
6.1编制结算流程
6.2编制结算流程
7.提出价格设计方案
8.审核价格方案
9.协商确定结算价格
10.1编制结算制度
10.2编制结算制度
11.形成结算体系
12.抄表电量
13.确认电量
14.结算单确认或编制
15.1协同抵消
15.2电费支付
15.3信息列报
16.产生结算效益
17促进长三角区域电价一体化
结束

图 7-1 长三角区域省（市）间配电网互联互供电费结算体系建设流程

(二)以问题为导向、数据为支撑,"共建"一张蓝图

长三角区域省(市)间配电网互联互供电费结算与跨省输电线路、统调电厂、非统调电厂、趸购趸售、分布式电源等结算不同,结算体系应统一"三省一市"供电公司的结算方式,融合"三省一市"供电公司的结算流程,共享"三省一市"供电公司的结算效益。嘉兴供电公司组织编制结算方案设计的总体思路(见图 7-2),绘制结算蓝图,提交"三省一市"供电公司审核。结算方案以课题研究为起点,主动融合"三省一市"的电价政策,趋同"三省一市"的电价水平;选取最相似购售电交易为对象,开展穿行测试,分析现有结算方式中存在的问题,并制定解决措施;对三省一市交界区域开展实地调研,收集长三角区域省(市)间配电网互联互供区域的用电信息数据。

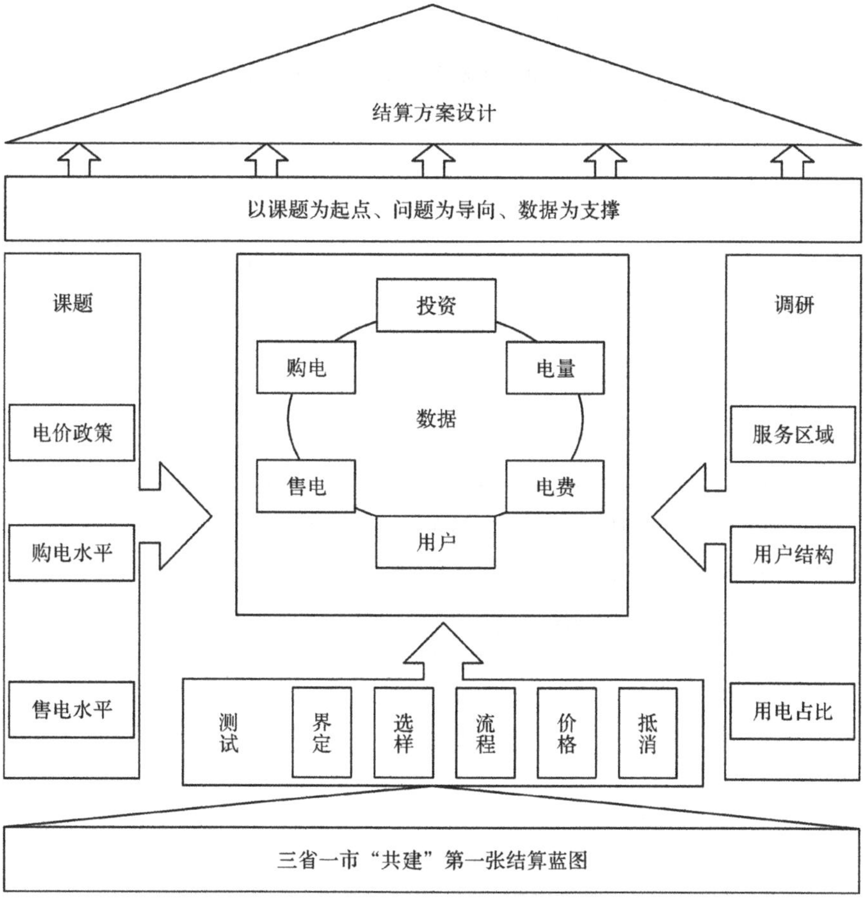
结算方案设计
以课题为起点、问题为导向、数据为支撑
课题
电价政策
购电水平
售电水平
投资
购电
电量
数据
售电
电费
用户
调研
服务区域
用户结构
用电占比
测试
界定
选样
流程
价格
抵消
三省一市"共建"第一张结算蓝图

图 7-2 长三角区域省(市)间配电网互联互供电费结算方案设计总体思路

1. 立课题，找差异

结算体系建立的第一步是要确定交易价格，这需要有真实的数据来支撑。嘉兴供电公司联合经研院、嘉善公司向省公司申报了"长三角背景下电价政策一体化研究"课题，对三省一市的电价政策、电价水平进行分析，为建设省（市）间配电网互联互供电费结算价格提供数据支撑。

首先，购电方面。以 2019 年年度财务决算数据为基础比对"三省一市"购电价格水平。浙苏沪三地中，浙江省平均上网电价为 437.33 元/千千瓦时，江苏省平均上网电价为 411.84 元/千千瓦时，上海市平均上网电价为 439.23 元/千千瓦时。浙苏沪皖各类型电价情况如表 7-1 所示。由表 7-1 可知，不同电价类型在长三角区域间存在较大差异，如江苏的水电、核电，浙江的生物质能，安徽的燃煤电厂、光伏等具有优势，合理建设长三角区域省（市）间配电网互联互供电费结算体系有助于促进电价政策一体化。

表 7-1　浙苏沪皖各电能类型上网电价　　单位：元/千千瓦时

电能类型	浙江	江苏	上海	安徽
燃煤	416.3	391.9	410.2	382.8
燃气	932.1	475.5	714.1	
水电	566.8	391.0	415.5	403.2
风电	733.4	690.5	746.5	605.6
生物质能	649.8	673.7	767.7	713.5
核电	425.0	404.7		
光伏	1136.0	1113.4	1198.0	933.8

通过研究，系统梳理了长三角区域的燃煤标杆电价（见表 7-2）政策的演变差异和历史动因，为统一结算价格做足了铺垫。

表 7-2　浙苏沪皖燃煤标杆上网电价　　单位：元/千瓦时

地　区	燃煤标杆上网电价
浙江	0.4153
江苏	0.3780
上海	0.4048
安徽	0.3693

其次，售电方面。从物价公布的销售电价表来看，浙江地区的大工业、一般

工商业电价水平较高。课题采用抽样法以嘉兴地区大工业用户为研究对象，随机从系统中抽取25个用户绘制符合曲线。在样本符合曲线下，分别套用了浙苏沪皖地区的电价政策来测算电网企业实际收益。结果表明：虽然各地销售电价政策水平存在差异，但应各地峰谷分时用电政策更加符合各地实际，工商业在长三角区域省(市)间配电网互联互供服务区域之间的销售电价水平差距不大，应重点关注长三角区域省(市)间配电网互联互供服务区域的居民生活用电电价水平之间的差异，确保在本次结算体系建设中统一的结算价格符合可持续发展的要求。如结算价格远高于居民生活用电价格，会损害受电方利益；如结算价格远低于居民生活用电价格，则会损害送电方利益。

2.剖麻雀，找问题

因省份间配电网互联在国内属于首次，为准确区分省份间配电网互联互供交易与其他类型电力交易，设置一套更加符合实际的电费结算方案。

首先，划分定义。嘉兴供电公司明确了省(市)间配电网互联应同时满足下列四个条件之一的跨县级以上互联：一是某一区域内现有(规划待建)变电设施无法满足供电能力、供电质量、用电时间等要求的。二是某一区域内现有(规划待建)变电设施可满足供电能力、供电质量、用电时间等要求，但区内互联方案经济指标显著低于跨区互联方案且达不到基本盈利水平要求的。三是客户对供电安全、可靠性有特殊要求的，仅靠某一区域内电网设施无法实现的或经济指标不达标的。四是采用跨区互联供电方式可以优化上级电网整体建设规模，提升变电设备利用效率的。通过四个条件严格区分其他电力交易，避免电费结算出现混乱。

其次，结算模拟。模拟了现有干俞8199线联络线(历史遗留)的电费结算全流程。当前的主要结算步骤包括：一是由县公司营销部抄表班现场对正反两向表底抄表，填报报表后上报市营销部电费专职。二是市公司营销部电费专职确认后同时发电费室电厂专职及趸售专职。三是市电费室电厂专职确认后发市公司财务，由市公司财务与青浦公司对接结算事宜。四是同时市趸售专职根据结算电量，汇总于趸售报表中，并经市发展专职确认后最终发行给市财务与市发展。五是市财务、市发展收到报表后，同时发送至所属县公司，其中县财务与市财务进行趸售电量结算工作，县发展根据趸售电量填报月度报表。现有的结算流程如图7-3所示。

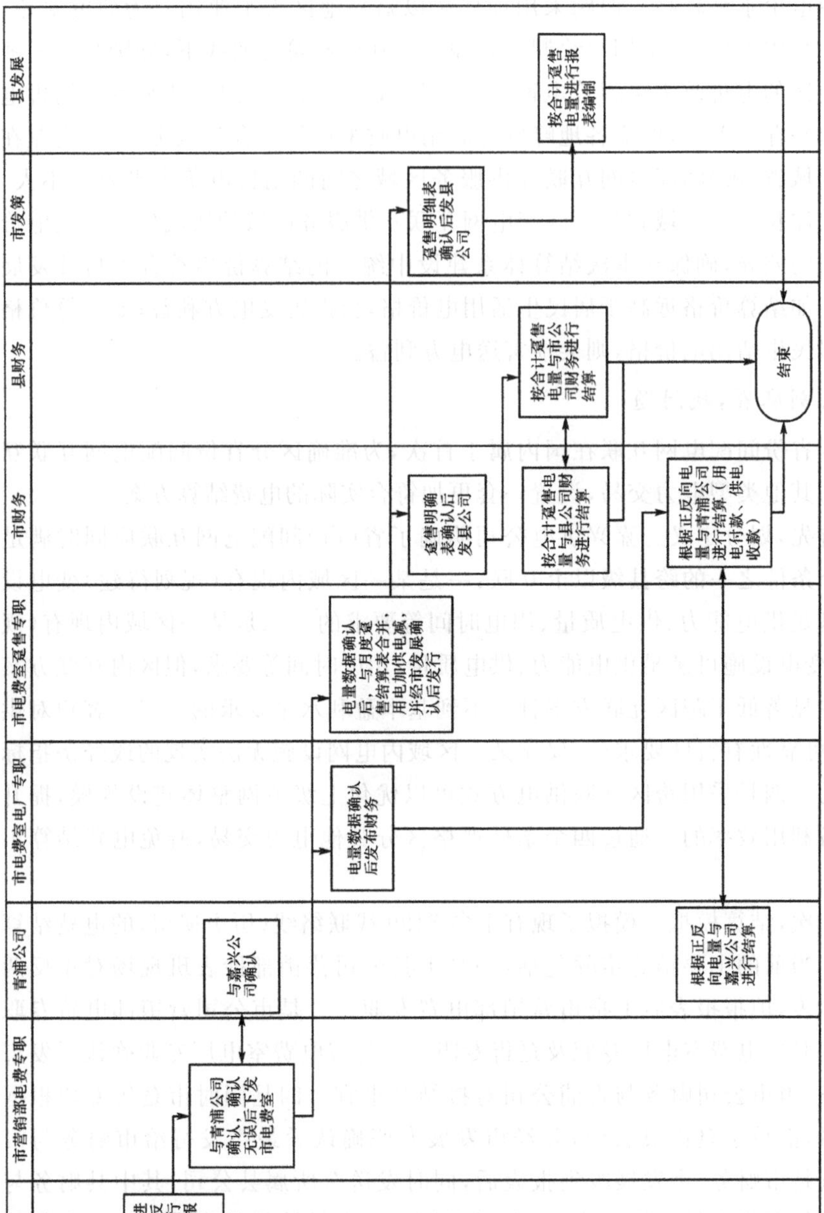
县营销部抄表班
市营销部电费专职
青浦公司
市电费室电厂专职
市电费室趸售专职
市财务
县财务
市发策
县发展
开始
按月对俞汇152线进行现场抄表，对正反两向表底及电量进行抄录，填报报表，报送市电费专职
与青浦公司确认，确认无误后下发市电费室
与嘉兴公司确认
根据正反向电量与嘉兴公司进行结算
电量数据确认后发布财务
电量数据确认后，与月度趸售结算表合并，用电加供电减，并经市发展确认后发行
趸售明确表确认后发县公司
核合计趸售电量与县公司财务进行结算
根据正反向电量与青浦公司进行结算（用电付款、供电收款）
核合计趸售电量与市公司财务进行结算
结束
趸售明细表确认后发县公司
核合计趸售电量进行报表编制

图 7-3 相似业务的结算流程

最后，剖析问题。模拟结算产生的问题如下：一是主体有脱节。干俞8199线由嘉兴供电公司结算与上海公司结算，嘉兴购入后“转手”至嘉善公司，存在协议价和趸购价两种。实际上，交易实施主体为嘉善公司和上海公司，结算主体与实施主体不一致。二是价格未联动。干俞8199线依据《购售电协议》(嘉电合同综合〔2008〕218号)文件执行，上网侧及销售侧的电价未及时联动调整。三是交易未抵消。嘉兴供电公司将上海公司作为一个电厂进行处理。发生的电力交易未实施抵消，国网总部的销售电量和购电量将同步虚增，导致会计信息失真。

3. 多调研，找数据

在课题研究的基础上，嘉兴供电公司组织到已投产的两条省(市)间配电网联络线路开展现场调研，分析省(市)间互联配电线路的主要供电服务区域和用户结构比例。经查勘，嘉善10kV俞汇线与上海青浦10kV练5泗联线联络主要服务浙江嘉善“金星村”，双方实施省(市)间配电线路互联的目的主要为交界区域的居民生活用电提供保障，金星村各类型用户占比分析如表7-3所示。金星村平均销售电价为496.27元/千千瓦时。

表7-3　金星村各类型用户占比情况

用户类型	用户数(户)	用户占比(%)	电量(千千瓦时)	电量占比(%)	电价(元/千千瓦时)
1. 大工业用电	2	0.30	13	11.59	591.27
2. 一般工商业用电	32	4.83	15.6	13.90	543.12
3. 居民生活用电	597	90.05	78.6	70.05	471.46
4. 农业生产用电	32	4.83	5	4.46	493.19
合　计	663	100.00	112.2	100.00	496.27

(三)以流程为载体、价格为核心、制度为保障，“共享”一套体系

结算体系包括三方面内容：结算流程、结算价格和结算制度(见图7-4)。嘉兴供电公司编制了包含抄表、电量确认、发票开具、结算发起、结算确认、电费支付等步骤的结算流程；配合浙江省电力公司完成了长三角区域省间配电网互联互供电费结算价格的制定工作，2019年8月邀请三省一市供电公司财务负责人到嘉兴嘉善专题召开长三角区域省间配电网互联互供电费结算价格研讨会，会议一致通过了价格设置方案并明确了结算基本要求。9月组织各专业部门完成了线损、合同、抄表、电量等管理制度的起草工作。

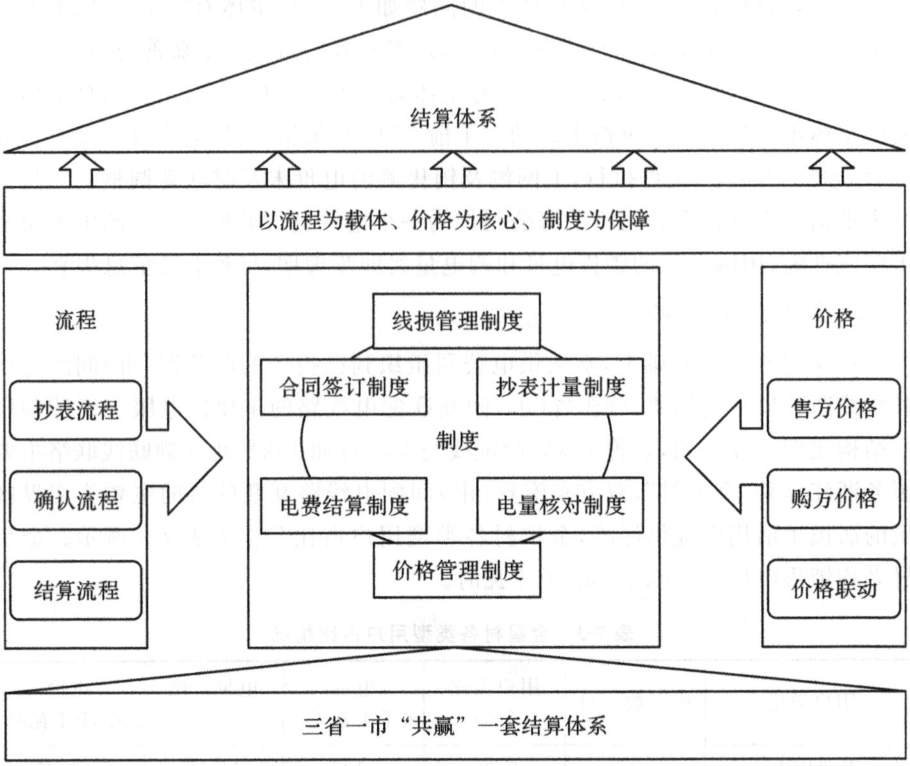
结算体系
以流程为载体、价格为核心、制度为保障
流程
抄表流程
确认流程
结算流程
线损管理制度
合同签订制度
抄表计量制度
制度
电费结算制度
电量核对制度
价格管理制度
价格
售方价格
购方价格
价格联动
三省一市“共赢”一套结算体系

图 7-4　长三角区域省(市)间配电网互联互供电费结算体系建设思路

1. 取精华，去糟粕

嘉兴供电公司根据模拟结算阶段总结的“流程杂、步骤多、线条长”和结算管理中存在的问题，对长三角区域省（市）间配电网互联互供电费结算流程进行优化，优化后的流程经过了互联互供实施主体的审核。将原流程涉及的 9 个部门缩减为 4 个部门，将原流程的 12 个步骤缩减为 8 个步骤（见图 7-5）。优化后的流程职责更加清晰，分工更加明确。

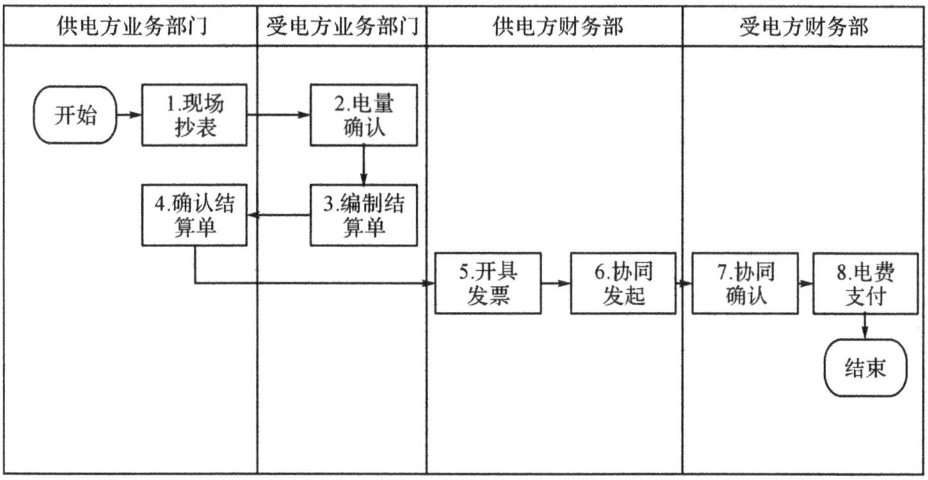
供电方业务部门
受电方业务部门
供电方财务部
受电方财务部
开始
1.现场抄表
2.电量确认
3.编制结算单
4.确认结算单
5.开具发票
6.协同发起
7.协同确认
8.电费支付
结束

图 7-5　长三角区域省(市)间配电网互联互供电费结算流程

流程明确由供电方业务部门进行现场抄表后发送至受电方业务部门确认，经双方确认一致后，由受电方业务部门编制结算确认单盖章扫描发送至供电方业务部门，供电方业务部门确认结算单信息后交由财务部门开具发票。供电方财务部门根据开具的增值税专用发票在协同平台发起结算申请并将发票邮寄至受电方，受电方财务部门在协同平台确认交易，并于次月 15 日前完成电费支付。省(市)间配电网互联互供电费结算流程省略了市公司营销部、发展部、财务部的职责，提升了流转效率，更具可行性和可操作性。

2. 破瓶颈，拨云雾

嘉兴供电公司在课题研究和实地调研的基础上，配合浙江公司拟定省(市)间互联互供电价设置方案。结合不同区域的购、售电水平差异，基于效益共享原则来引导长三角区域电价向一体化方向趋同。

按实地调研结果，省(市)间配电网互联互供主要用于保障居民生活用电，且研究表明长三角区域工商业用电成本差异较小，确定居民用电为主要管理对象。嘉兴供电公司按“保障民生”原则来拟定结算价格，在“低于浙江、江苏、上海、安徽居民生活用电电度电价的最小值，高于浙江、江苏、上海、安徽燃煤基准电价的最大值”区间范围内协商确定结算价格。协商确定后，三省一市供电公司签订框架协议，框架协议中明确结算价格、结算原则和结算方式等内容。各实施主体在框架协议的基础上签订购售电合同开展结算。

按“三省一市”最新电价政策信息，燃煤基准电价最大值为 0.4155 元/千瓦时(见表 7-4)，居民生活用电最小值为 0.5283 元/千瓦时，则三省一市省级电网公司在0.4155元/千瓦时至0.5283元/千瓦时之间协商确定，形成双方合作共赢的价格机制，解决了核心问题。

表7-4 三省一市燃煤基准电价及居民生活用电价格

单位:元/千瓦时

地区	燃煤基准电价	燃煤基准电价最大值	居民生活用电度电价	居民生活用电度电价最小值
浙江	0.4153	0.4155	0.5380	0.5283
安徽	0.3844		0.5653	
上海	0.4155		0.6170	
江苏	0.3910		0.5283	

3.立规矩，成方圆

为保障长三角区域省(市)间配电网互联互供电力交易有序结算，嘉兴供电公司牵头完成了抄表、电量核对、结算单出具、发票开具、结算发起、结算确认、电费支付、信息反映等6项管理制度。

按照“谁调度、谁结算”的原则来推动结算体系应用实施，省(市)间配电线路采用“网联不供户”方式实施互联互供，按照“产权清晰、便于计量”的原则设置计量关口。跨省(市)配电网互联互供所产生的电量采取“购售分别结算”，解决线损管理与实际不符的问题。即:送电方不抵消受入相同单位的电量，受入方不抵消供出相同单位的电量。结算需按月进行，发票应开具增值税专用发票，电费须次月及时支付，业务应通过协同平台生成等管理要求嵌入6项管理制度中。

长三角区域省(市)间配电网互联互供电费结算体系实现电量信息与线损信息完全同步，且整个结算流程仅涉及送电方和受电方，在制度上为缩短结算业务流程、减少结算业务环节、双方实现共赢等提供了保障。6项制度的建立对促进跨省(市)配电网互联互供电力交易具有重要意义。

(四)以合同为依据、协同为平台、精准为方向，“共赢”一单效益

为推动结算体系应用落地，嘉兴供电公司组织实施单位分别签订了购售电合同，在协同平台搭建了交易模板，实现县、省、总部信息同步生成。搭建互联互供双方利润分享模型，设计结算效益实现的总体思路(见图7-6)，推动长三角区域实现效益共赢。

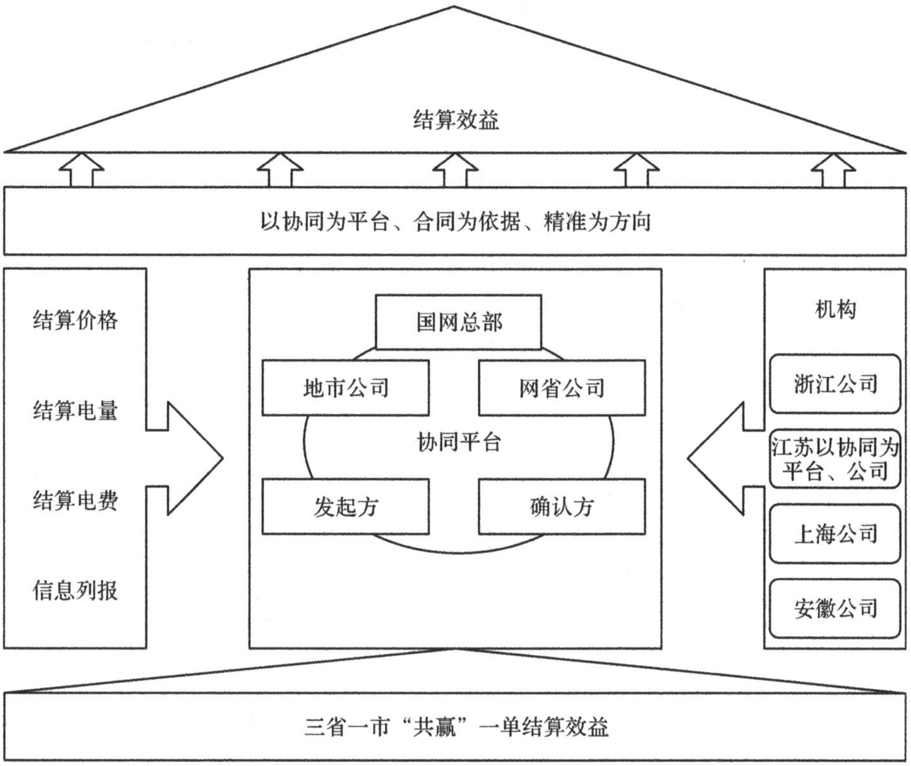
结算效益
以协同为平台、合同为依据、精准为方向
结算价格
结算电量
结算电费
信息列报
国网总部
地市公司
网省公司
协同平台
发起方
确认方
机构
浙江公司
江苏以协同为平台、公司
上海公司
安徽公司
三省一市“共赢”一单结算效益

图7-6 长三角区域省间配电网互联互供电费结算效益建设思路

1.签合同,强保障

嘉兴供电公司推动三省一市完成了《长三角区域省间配电网互联互供电费结算框架协议》的签订工作。以框架协议为依据,组织营销部、经法部统一设定《长三角区域省间配电网互联互供购(售)电合同》文本格式,明确购售双方职责界限。供售双方以“长三角区域省间配电网互联互供”这一事项为依据分别签订购电和售电合同。结合课题研究阶段设置的省(市)间配电网互联互供业务定义,统一供售电方只要发生了符合省(市)间配电网互联互供联络线路条件的交易业务,就不再区分是哪一条线路,均按供售双方签订的《长三角区域省间配电网互联互供购(售)电合同》开展交易结算。

2.共协同,强关联

长三角区域省(市)间配电网互联互供业务抵消由送电方通过协同抵消平台线上发起,经受电方确认后生成送电方和受电方的会计凭证,同时在国网总部生成抵消凭证。在协同抵消平台配置配电网互联互供抵消业务模板,基于区块链技术的去中心化和不可篡改的功能，由送电方发起协同抵消业务，受电方收到增值税发票并确认后，同步在财务管控系统生成不可篡改的会计核算凭证，会计核算凭证同步传递至 ERP 系统中，无须人工操作。

在门户的协同平台中配置省（市）间配电网互联互供交易模板。在发起环节，在财务管控系统中编制电费结算单，电费结算单传至协同平台的“协同草稿箱”。点击“查看协同信息”后输入合同号和发票号，完成“己方记账信息”。

在确认环节，财务确认身份登录协同平台，点击待办事项“协同 ID”，进入如下界面：“协同信息”页签，查看“己方记账信息”页签，核对相关信息无误后，点击“同意”按钮，完成确认工作。通过协同抵消凭证查询可以查询会计凭证、管控凭证，同步产生抵消分录。

3. 建模型，赢效益

嘉兴供电公司基于结算体系搭建了供售电双方的利润计算模型，精准评估和反映供售电双方应用结算体系所获得的效益成果。省（市）间配电网联络促进了电网动态平衡，提高了供电保障能力，增强了电网弹性（见图 7-7）。

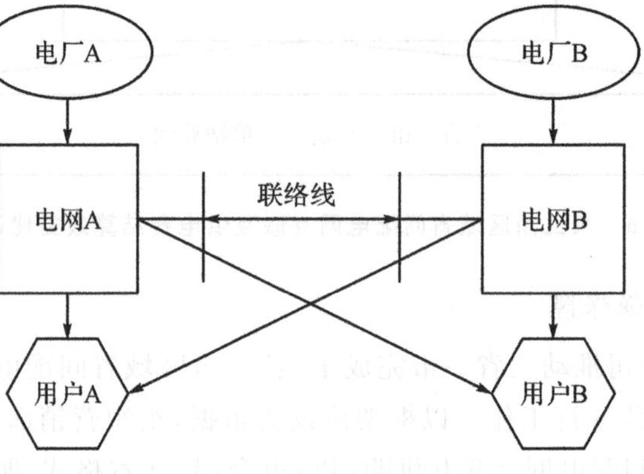
电厂A
电厂B
电网A
联络线
电网B
用户A
用户B

图 7-7 省（市）间配电网互联互供

送电方利润公式为：$E_{song} = P - C_{song} - \dfrac{C_{song} \cdot L_{song}}{1 - L_{song}}$，其中：$E_{song}$ 为送电方利润，P 为长三角区域省（市）间配电网互联互供结算电价，C_{song} 为送电方的平均购电单价，L_{song} 为送电方的线损率。

受电方利润公式为：$E_{shou} = P_{xiao} - P$，其中：E_{shou} 为受电方的利润，P_{xiao} 为受电方本区域的平均销售电价，P 为长三角区域省（市）间配电网互联互供结算电价。

假设三省一市燃煤标杆基准电价为 $C_{标}$，根据课题研究结果三省一市的 $C_{gong} < C_{标}$，在设定的结算价格中，明确了 $P > \max(C_{标1}, C_{标2}, C_{标3}, C_{标4})$，使得

送电方的 E_{song} 均能大于 0；假设三省一市居民生活用电价格为 $P_{居}$，根据课题研究结果，$P < \min(P_{居1}, P_{居2}, P_{居3}, P_{居4})$，联络线服务区域的 $P_{xiao} >= P_{居}$，因此也总能保证 $E_{shou} > 0$。

送电方分享联络线路的利润占比为 $\dfrac{P - C_{song} - \dfrac{C_{song} \cdot L_{song}}{1 - L_{song}}}{P_{xiao} - C_{song} - \dfrac{C_{song} \cdot L_{song}}{1 - L_{song}}}$，受电方分享联络线路的利润占比为 $\dfrac{P_{xiao} - P}{P_{xiao} - C_{song} - \dfrac{C_{song} \cdot L_{song}}{1 - L_{song}}}$。双方产生的结算效益明显。

供售电双方除直接获得上述结算效益外，还大幅度节省了电网投资。近年来，电力需求出现增长，如采用传统模式来满足交界区域的电力需求，供售双方均需投资变电站，而搭建省（市）间配电网联络线就能有效解决此类问题。每座变电站投资约 2000 万元，一条联络线平均约 150 万元的成本，嘉兴地区的 2 条联络线相当于节省了 3700 万元电网投资和每年 300 万元的运维支出。

（五）制定相关考核制度，确保流程正常运行

长三角区域省（市）间配电网互联互供电费结算流程是对原有业务电费结算流程的优化和补充，并不需要额外增加人员来保证流程正常运行。在本流程中涉及营销抄表人员、电量确认人员和财务结算人员仍保持原来的结算职能，并没有新增工作任务。所不同的是，对于上述人员新增了长三角区域省（市）间配电网互联互供电力交易的业务类型，需要准确进行判断和识别，从而保证能够套用公司建立的一套新结算体系。

为确保长三角区域省（市）间配电网互联互供电费结算流程正常运转，需对营销抄表人员的准确性进行考核，包括两个方面：一是月末最后一天现场抄表的准确性和及时性。二是是否能准确区分购入和送出电量。此外，还需要对财务人员是否通过协同平台反映长三角区域省（市）间配电网互联互供电费结算业务进行考核和控制，确保关联方交易业务全额抵消。次月 15 日前及时支付长三角区域省（市）间配电网互联互供电费结算电费，确保对方应收账款及时清理，实现“两金”压降。

（六）推广实践，不断完善与改进，提高实施效果

2020 年 10 月，嘉兴供电公司组织嘉善公司根据长三角区域省（市）间配电网互联互供电费结算体系，分别对“嘉善—青浦”联络线路和“嘉善—吴江”联络线采用“穿行测试法”进行评估。

1. 优化程序

从评估结果来看，青浦公司的电费结算权上缴至上海公司，与原设计的结算体系中的送电方和受电方直接进行结算存在差异。上海地区因电费集中结算的特殊性，需与上海公司签订购售电合同，将发票开具环节、协同发起环节的主体调整为上海公司，其余结算要求不变。优化后的结算业务流程如图 7-8 所示。

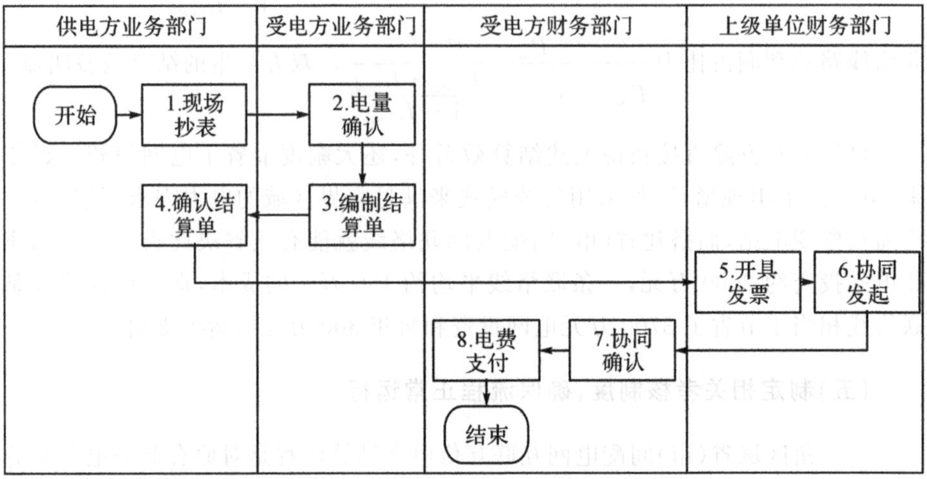

供电方业务部门
受电方业务部门
受电方财务部门
上级单位财务部门
开始
1.现场抄表
2.电量确认
3.编制结算单
4.确认结算单
5.开具发票
6.协同发起
7.协同确认
8.电费支付
结束

图 7-8 优化后结算业务流程

2. 发现问题

一是送电方与受电方均在所属区域安装联络线路计量表，线损问题会导致两者表计读数存在极小差异，给双方的电量确认带来影响。二是结算体系中不涉及送电方在营销系统中对受电方"立户"的相关要求，因此不能通过营销系统实现电费业务的自动生成的目标，只能通过线下开具发票，并通过协同抵消系统发起协同业务，增加了财务人员的工作量，且与营财一体化的要求存在一定差异。

3. 改进措施

一是在后续更新的结算框架及购售电合同中明确现场抄表、电量校核的具体要求。以受电方表计读数为数据统一出口，利用信息化技术共建信息共享平台，实现表计数据的采集和共享。电费结算单按受电方确认的电量结算电费。二是拓展营销系统应用功能，准确标记系统内单位。贯通营销系统与协同平台的数据接口，营销系统自动识别系统内单位并将电费结算信息推送给财务管控，财务管控再推送至协同抵消平台，实现数据自动流转功能，强化营财一体化。

三、项目实施效果

通过运用约束资源优化管理会计理念，整合、互补约束资源与非约束资源，明确价格结算机制，搭建起省（市）间互供电费结算体系。长三角区域省（市）间配电网互联互供电费结算体系已在浙江、上海、江苏、安徽全面应用。浙江地区的嘉兴、湖州，上海地区的青浦，江苏地区的吴江，安徽地区的广德均已按上述结算体系完成了省（市）间配电网互联互供电费结算的首单业务。结算体系打通了长三角区域省（市）间配电网互联互供电力交易的"最后一公里"，标志着长三角区域省（市）间配电网进入了"共建、共享、共赢"时代。本次建设的结算体系是建设高弹性电网和推动长三角区域电价一体化的一项重要措施，实现了互联双方的合作共赢，大幅度减少了电网投资和运维支出。

（一）节省电网投资

长三角交界区域电网水平参差不齐、配电网络建设滞后、源网荷发展不协调、资源优化配置能力差，造成边缘交界区域保障民生用电能力不足。传统模式下各省（市）需在边缘区域增加变电站等大额投资来保障电力供应，其投入产出效益并不明显。而配电网联络线路投资额在 100 万～150 万元，仅为变电站投资额的 6%，大幅节省投资，提升投资效率。嘉兴供电公司贯彻"节省的投资是最高效投资"理念，以精准投资促进提质增效，深挖电网存量资产潜力，通过与周边省份搭建配电网联络线路，打通了与青浦、吴江的电力"断头路"，累计节省电网投资约 0.37 亿元。

（二）节约检修成本

嘉善公司组织开展了跨省联合不停电作业工程，按照常规方案检修某一线路，会涉及多个公用变压器和用户专变停电，停电用户面广、时间长。利用省（市）间配电网互联互供电力交易可有效降低交界区域输配电线路的检修损失，组织成立联合工作小组，开出"大型联合不停电作业"的诊疗单，有效降低因电网检修造成的电网、用户的经济损失。互联区域应深化横向协同的运检机制，围绕电网互联互通互建互检，深化配网联络、带电作业、线路运检等方面合作，整合三方供电优势的科技资源，切实发挥出"1＋1＋1＞3"的保障能力，全力降低检修成本，促进公司提质增效。

（三）增强电网弹性

嘉善公司完成长三角区域省（市）间配电网互联互供电费结算体系建设工

作，配合省公司推动召开“三省一市”结算价格协商会议，统一结算价格，建立协同机制，贯通省间配电网互联互供电力交易的全流程，有利于实现跨区域配电网互联互通，打造线路联络充裕、负荷转移灵活、网架结构坚强的示范区一体化配电网建设，支撑长三角区域内多元融合高弹性智慧电网建设。

第二节　低压台区资产组成本效益分析

输配电价改革后，低压台区配电资产占有效资产的比重逐年上升，且具有种类多、分布广、更新快、运维难等特点。因此，构建低压台区资产组的成本效益分析管理体系，是输配电价改革后优化公司经营管理策略的重点方向，也是下一轮成本监审及输配电价核定的核心关切。2018 年，嘉兴供电公司以嘉善为试点，开展低压台区资产组成本效益分析，组织五县两区探索实践、总结经验，优化配网资产投资方向，积极做大有效资产，推动实现“投资带动电量、电量促进效益、效益支撑投资”的良性循环。

一、项目实施背景与目标

《中共中央、国务院关于进一步深化电力体制改革的若干意见》《中共中央、国务院关于推进价格机制改革的若干意见》《输配电定价成本监审办法（试行）》和《关于推进输配电价改革的实施意见》等文件出台后，不到三年时间，输配电价改革顶层设计已涵盖跨省跨区专项工程、区域电网、省级电网、地方电网和增量配电网等输配电各个环节、全部领域。尤其在投资方面，强化约束机制，与电量增长、负荷增长、供电可靠性不匹配的电网投资不能纳入输配电价；建立了投资定期校核输配电价改革的成效、问题及措施建议机制，防止电网企业虚报投资；建立了成本节约分享机制，线损率低于政府核定标准的，节约部分由企业和用户 1∶1 分享。因此，在输配电价改革的背景下，低压台区资产组的成本效益分析，对政府监管、成本监审、价格核定具有非常重要的意义。

（一）存在问题

当前很难对低压台区资产组或配网项目直接开展成本效益分析，主要存在如下问题。

1．缺乏成本归集体系，无法准确分摊低压台区运维成本

输配电成本核算以成本要素为出发点，财务侧仅以项目为单位进行成本归

集,业务侧没有建立项目类型与电压等级、资产类型及成本对象之间匹配关系。缺乏健全、完整的成本归集体系,各地尚没有统一的台区资产公共运维成本分摊思路,直接运维成本也没有明确的计算路径,因此无法准确分摊低压台区运维成本。

2.交叉补贴错综复杂,无法可靠计算低压台区实际收入

长期以来,电压等级高的工商业电价高于电压等级低的居民、农业电价。交叉补贴的普遍性,使台区资产对应售电收入直接用"电量"乘以"电价"失去意义。工商业补贴居民、农业,高电压等级补贴低电压等级,输配电价改革后仍然没有准确、统一的方式方法对交叉补贴进行测算,电力的商品属性仍然没有得到完全体现。依托现有的SAP系统、营销系统与财务管控系统,财务部门无法精确、可靠地分析台区资产组的实际收入。

3.成本与收入不匹配,无法精准分析台区资产经济效益

通常所说的台区资产组成本仅含台区的表计轮换、低压线路检修等费用,售电收入也主要来源于居民和农业生产用电,两者无法直接匹配对应。在会计核算方面,电力负荷从变电站传输至用户过程中的输配电成本没有传递至终端用户。在电价执行方面,居民、农业的销售电价偏低。这两个因素导致现在台区资产的成本与收入无法对应匹配,基于现有的成本、收入数据分析财务经济效益没有意义。

(二)实施目标

为促进加强管理会计工作、提升内部管理水平、促进经济转型升级,根据《管理会计基本指引》,财政部发布了《管理会计应用指引第405号——多维度盈利能力分析》(财会〔2018〕38号)。多维度盈利能力分析是指企业对一定期间内经营成果,按照区域、产品、部门、客户、渠道、员工等维度进行计量,分析盈利动因,从而支持企业精细化管理、满足内部营运管理的一种分析方法。为支持公司实现精细化内部管理,为电网项目投资决策、投资绩效评价等提供相关、可靠的信息,嘉兴供电公司基于当前存在的问题,结合电网企业资产特点,大胆创新,运用多维度盈利能力分析这一管理工具,提出了"精确重构、精准分摊、精研收入、精品台区"16字工作目标。"精确重构"即重构低压台区"资产组",理顺上下游资产关系,缩减管控目标;"精准分摊"即引入成本传导关系,设计成本分摊体系,逐项、逐级分摊输配电成本至最小单元;"精研收入"即深入研究交叉补贴机制,合理测算交叉补贴金额,还原台区资产组实际收入;"精品台区"即建立成本效益分析模型,试行效益与绩效挂钩机制,推广项目精准投资方案,打造精品台区。

二、项目实施途径与流程

(一)理顺资产树型网络结构、“精确”重构台区资产组

按照“设备资产树”的“干、枝、叶、果”的网络关系(见图7-9),以变电站为起点、终端用户为终点,整理输、变、配的上下游关系,确保每一台区用户有“父”资产(资产组)编码与之对应。

低压用户
10kV用户
低压用户
10kV用户
台区3
台区1
低压用户
35kV用户
10kV开闭所
10kV开闭所
台区4
10kV开闭所
35kV开关站
35kV开关站
10kV开闭所
10kV用户
台区1
35kV用户
110kV
变电站
110kV用户
低压用户
10kV用户

图7-9 资产树网络关系

以嘉善公司为例,2016年完成低压台区资产卡片合并约3.4万项,2017年完成低压台区资产卡片合并约1.2万项,2018年完成低压台区资产卡片合并约800项,资产卡片由原来的约18万条缩减到约13万条,最终形成嘉善公司低压台区“资产组”4261项,末端管理对象缩减90%。将这4261项低压台区资产组与台区用户群建立对应关系,编制原资产卡片、资产组卡片中的资产组与台区用户对应关系明细表,为进行台区资产组成本效益分析提供基础。

此外,重构的低压台区“资产组”,能够扩大有效资产规模,解决传统电缆等低压资产因价值小难以技改等问题。同时,以有效资产为核心主线,结合设备资产树建设工作,以资产组为基本单元,建立业财协同纽带,还实现资产、收入、成本等相关数据的分配归集,搭建有效资产投入产出评价指标体系以及基于“资产组”效益与台区经理绩效的考核机制,将考评结果应用于项目评价、预算安排和考核对标,对于“做实存量、管控增量、以效优先、精益运营”也具有重要意义。

(二)搭建输配电成本分摊体系、"精准"分摊输配电成本

根据《管理会计应用指引第 405 号——多维度盈利能力分析》第十一条,企业按照管理最小颗粒度(前述台区资产)进行内部转移定价、成本分摊、业绩分成及经济增加值计量等,并根据盈利能力分析模型,生成管理最小颗粒度盈利信息。企业应遵循"谁受益、谁负担"原则,通过建立科学有效的成本归集路径,将实际发生的完全成本基于业务动因相对合理地分摊到管理最小颗粒度。基于当前会计核算没有区分电压等级、输配电成本无法直接分摊的难题,嘉兴供电公司构建了输配电成本的"金字塔"分摊体系(见图 7-10),采取"直接认定""动因分解""四级分摊"这三种方式分别对三个层次的输配电费用进行处理。

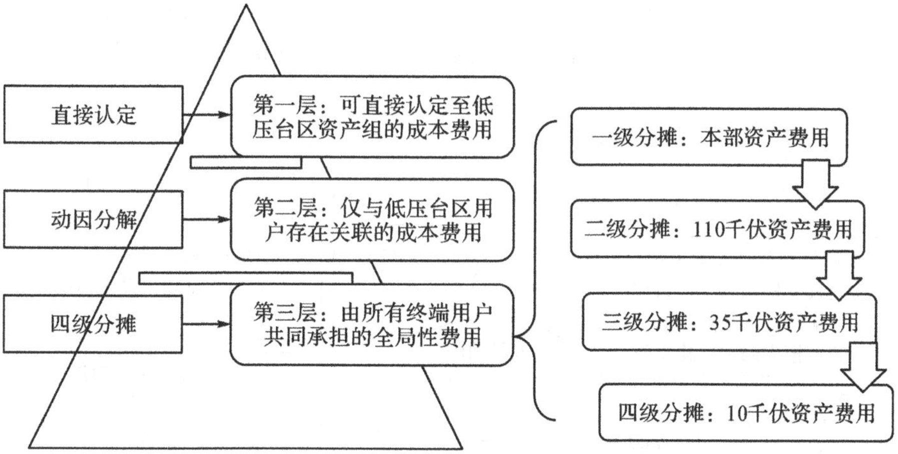
直接认定
动因分解
四级分摊
第一层：可直接认定至低压台区资产组的成本费用
第二层：仅与低压台区用户存在关联的成本费用
第三层：由所有终端用户共同承担的全局性费用
一级分摊：本部资产费用
二级分摊：110千伏资产费用
三级分摊：35千伏资产费用
四级分摊：10千伏资产费用

图 7-10 金字塔分摊体系与四级分摊机制

第一层,可直接认定至低压台区资产组的成本费用。该层次费用指输配电成本费用的发生与低压台区资产组存在直接关联,现有会计信息系统已经指明该部分费用发生在低压台区资产组中,通常为大修项目或专项费用。2017 年嘉善公司第一层输配电成本总共有 812.56 万元,如"国网浙江嘉善县供电公司西塘区后洋港台区等 0.4kV 配电线路及设备大修项目"下有西塘镇大舜村加工厂台区、西塘镇下甸庙村沙塔浜西台区、嘉兴嘉善姚庄镇北鹤村七家浜台区等 25 个台区,2017 年发生的 385.25 万元直接可通过项目明细归集到上述 25 个台区资产组中。

第二层,仅与低压台区用户存在关联的成本费用。该层次费用指输配电成本费用与所有台区用户存在关联关系,但现有的会计信息系统无法直接指明每个台区的发生金额,通常为表计轮换等费用、委托运行维护费等。如 2017 年低

压台区的电能表轮换费用 604.30 万元，该部分费用通过成本动因分解至低压台区。

第三层，由所有终端用户共同承担的全局性费用。该层次费用旨在确保终端用户的成本与收入相匹配，即除第一层、第二层外的其他输配电成本，主要包括折旧费、管理人员薪酬福利、可控费用等。

第一层费用在会计核算时已经确定属于某一低压台区，不需要做任何处理。下面具体说明第二层“动因分解”和第三层“四级分摊”的具体做法。

1. 动因分解

通过关联分析法 $\rho_{XY}=\frac{\mathrm{COV}(X,Y)}{\sqrt{DX}\sqrt{DY}}$ 计算输配电成本与低压台区资产组的关联程度并确定该部分公共成本的动因参数（见图 7-11），从而梳理那些属于第二层的输配电成本费用。根据一年多的实践经验，本书构建了 34 类第二层费用的成本动因分摊公式（部分示例见表 7-5）。

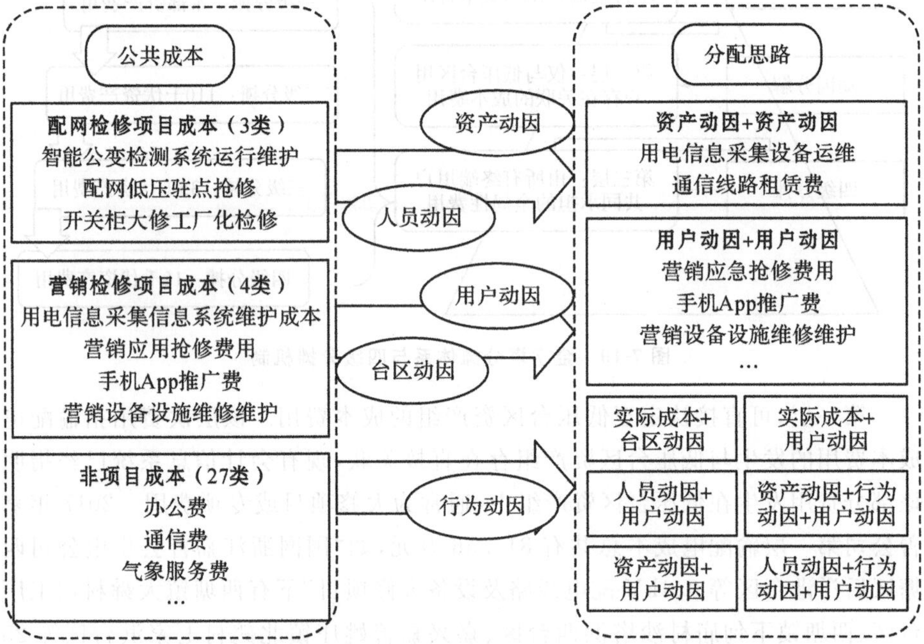
公共成本
配网检修项目成本（3类）
智能公变检测系统运行维护
配网低压驻点抢修
开关柜大修工厂化检修
营销检修项目成本（4类）
用电信息采集信息系统维护成本
营销应用抢修费用
手机App推广费
营销设备设施维修维护
非项目成本（27类）
办公费
通信费
气象服务费
…
资产动因
人员动因
用户动因
台区动因
行为动因
分配思路
资产动因+资产动因
用电信息采集设备运维
通信线路租赁费
用户动因+用户动因
营销应急抢修费用
手机App推广费
营销设备设施维修维护
…
实际成本+台区动因
实际成本+用户动因
人员动因+用户动因
资产动因+行为动因+用户动因
资产动因+用户动因
人员动因+行为动因+用户动因

图 7-11　第二层成本费用分配思路

表 7-5　第二层成本费用分摊公式(示例)

序号	一级项目	二级项目	成本分摊公式	数据来源说明
9	大修项目	剩余电流动作保护器检修项目	$某农村台区成本 = \frac{某台区线路出数}{农村台区线路总出数} \times 项目总成本$	农村台区线路总数;配电线路台账(供电所)
11	大修项目	配网低压驻点抢修项目	详见委托运行维护费用成本数据确认部分	
…	…	…	…	…
13	大修项目	开关柜大修工厂化检修项目	$某农村台区成本 = \frac{项目总成本}{台区总数}$	… 台区总数:用电信息采集系统(营销部)
…	…	…	…	…

以第二层低压台区电能表轮换费用为例,分摊公式为:某台区成本＝该台区采集终端数量/(高压采集终端总数＋低压采集终端总数)×表计总采购成本。动因参数为用户动因,按每一台区领用表计用于“更换、轮换、新装”的不同动因类型予以分摊。计算每一台区应分摊的成本前,按“更换、轮换、新装”的三类动因类型,嘉兴供电公司制定了具体的单位标准成本(见表 7-6)。

根据单位标准成本、动因参数及电能表类型计算标准成本合计,以不同成本动因发生的标准成本占所有材料的标准成本为比重,计算每一成本动因实际(分摊)成本,实际成本＝标准成本×实际总成本/标准成本合计,其中:标准成本＝单位标准成本×工作次数,并根据工作次数计算单位成本(见表 7-7)。

表 7-6 电能表标准成本计算

电能表类型	工作类型	主材耗用																成本标准（元）
		电能表		单表位表箱安装（5KG一台）		PVC 配管 DN32		PVC 配管 DN40		电流互感器		电流互感器支架		BV2.5MM 电流互感器(一)电压		BV4.0MM 电流互感器(一)电压		
		数量（只）	单价（元/只）	数量（台）	单价（元/台）	数量（米）	单价（元/米）	单价（米）	数量（元/米）	数量（只）	单价（元/只）	数量（个）	单价（元/个）	数量（只）	单价（元/只）	数量（只）	单价（元/只）	
单相表（低压）	故障更换	1	105.52															105.52
	轮换	1	105.52															105.52
	新装	1	105.52	0.04	2,698.29	0.43	0.87	0.43	2.22									222.48
三相不带互感器（低压）	故障更换	1	295.72															295.72
	轮换	1	295.72															295.72
	新装	1	295.72	0.05	2,589.75	1.5	0.87	1.5	2.22									429.84
三相带互感器（低压）	故障更换	1	288.43							3	59.69	1	106.62	20	0.95	30	1.44	636.38
	轮换	1	288.43							6	59.69	1	106.62	20	0.95	30	1.44	815.45
	新装	1	288.43	1	282.05	60	0.87	60	2.22	3	59.69	1	106.62	20	0.95	30	1.44	1,103.87
高压带互感器	故障更换	1	288.43											20	0.95	30	1.44	350.69
	轮换	1	288.43							3	59.69			20	0.95	30	1.44	413.38
	新装	1	288.43							3	59.69			20	0.95	30	1.44	413.38

表 7-7 电能表单位成本计算

电能表类型	工作类型	工作次数(A)(次)	成本标准(B)(元/次)	标准成本(C)=工作次数(A)×成本标准(B)(元)	实际成本(D)=标准成本(C)×实际材料总成本/标准成本合计(元)	单位成本(E)=实际成本(D)/工作次数(A)(元/次)
单相表(低压)	故障更换	1112	105.52	117336.15	109916.97	98.85
	轮换	11050	105.52	1165975.23	1092250.44	98.85
	新装	10879	222.48	2420400.31	2267358.03	208.42
小计				2352970.42	3469525.44	—
三相不带互感器(低压)	故障更换	365	295.72	107938.16	101113.21	277.02
	轮换	2295	295.72	678679. 64	635766.62	277.02
	新装	3644	429.84	1566352.63	1467311.91	402.67
小计				2352970.42	2204191.74	—
三相带互感器(低压)	故障更换	2	636.38	1272.76	1192.28	596.14
	轮换	36	815.45	29356.22	27500.02	763.89
	新装	136	1103.87	150126.84	140634.30	1034.08
小计				180 755.83	163326.61	
高压带互感器	故障更换	36	350.69	12624.84	11826.57	328.52
	轮换	127	413.38	52499.24	49 179.70	387.24
	新装	359	413.38	148 403.36	139019.79	387.24
小计				213527.43	200026.06	
合计				6450965.38	6943069.85	—

最后依据不同低压台区所发生电能表安装、轮换、故障更换工作记录(成本动因的发生频率),计算低压台区“资产组”的材料总成本(见表 7-8)。

同理,其他第二层费用按制定的不同动因参数,按上述思路进行分摊,如委托运行维护费(农维)核算的是农电人员工资福利等,按人员动因将其分摊至低压台区资产组。

表 7-8　台区工作量统计与材料成本计算

名称	工作次数(次)									台区材料总成本=实际工作量×实际单位成本(元)
	单相表(低压)			三相不带互感器(低压)			三相带互感器(低压)			
	故障更换	轮换	新装	故障更换	轮换	新装	故障更换	轮换	新装	
干窑镇公用变(58号)东 ** 小区 5 号箱变			18						3	6853.72
干窑镇公用变(59号)东 ** 小区 6 号箱变			76							15839.62
干窑镇**村范南	1	1	2	1		4				2502.21
干窑镇 ** 村 ** 糖西	1	1	3							822.94
魏塘街道城东社区**箱变1号变	3	6	3			1				1917.53
魏塘街道城东社区**台区					1	1				402.67
端庄镇前汇集镇公用变(05号)**	1	1								474.71
端庄镇**村**荡						2				805.33

2. 四级分摊

为解决成本费用与收入不完全匹配的问题，确保全口径成本费用分摊至低压台区资产组。嘉兴供电公司构建了输配电成本四级分摊机制，即将第三层输配电成本按资产原值比例及电量传输关系(见表 7-9)逐级分摊至终端用户的成本分摊方法。一级分摊针对公共资产折旧、人员工资、部分可控费用(剔除第一层、第二层费用)打包后按 110kV 资产、35kV 资产、10kV 资产、低压台区资产组的原值比例进行分摊。二级分摊针对 110kV 资产折旧费、检修费用和一级分摊所承担的费用按 110kV 电量传输比例进行分摊，三、四级分摊以此类推。

表 7-9　嘉善公司 2017 年电量传输比例关系

序号	电压等级	本级售电量(%)	向 35kV 传输电量(%)	向 10kV 传输电量(%)	向不满 1kV 传输电量(%)	总输送电量(%)
1	110kV	19.3	64.5	16.2	—	100.00
2	35kV	9.5	—	90.5	—	100.00
3	10kV	71.5	—	—	28.5	100.00
4	<1kV	100.0	—	—	—	100.00
5	合计	—	—	—	—	—

2017 年嘉善公司本部资产发生的输配电成本约 20836.16 万元，110kV 资产发生的输配电成本约 668.46 万元，35kV 资产发生的输配电成本约 787.30 万元，10kV 资产发生的输配电成本约 8260.65 万元，0.4kV(低压台区)资产发生的输配电成本约 1880.16 万元。经分摊后 110kV 直供用户承担的输配电成本为 153.14 万元，35kV 直供用户承担的输配电成本约为 258.02 万元，10kV 直供用户承担的输配电成本约为 20418.87 万元，台区用户承担的输配电成本约为 11602.69 万元(见表 7-10)。具体到某一台区时，对四级分摊后的台区资产组总成本按某一台区电量占所有台区电量的比重作进一步分摊即可。

表 7-10　嘉兴地区输配电成本四级分摊计算　　单位:元

项目		1.调控大楼及其他公共资产折旧及其他费用	2. 110kV 资产折旧及其他费用	3.35kV 资产折旧及其他费用	4.10kV 资产折旧及其他费用	5.台区资产折旧及其他费用	合计
一级分摊	一、本部及公共资产	20836.16					
	1. 110kV 资产承担(0.6%)	125.02					
	2. 35kV 资产承担(6.8%)	1416.86					
	3. 10kV 资产承担(85%)	17710.73					
	4.低压台区资产组承担(7.6%)	1583.55					

续 表

	项目	1. 调控大楼及其他公共资产折旧及其他费用	2. 110kV资产折旧及其他费用	3. 35kV资产折旧及其他费用	4. 10kV资产折旧及其他费用	5. 台区资产折旧及其他费用	合计
二级分摊	二、110kV资产	125.02	668.46				
	☆1. 本级用户承担(19.3%)	24.13	129.01				153.14
	2. 35kV资产承担(64.5%)	80.64	431.16				
	3. 10kV资产承担(16.2%)	20.25	108.29				
三级分摊	三、35kV资产	1497.49	431.16	787.30			
	☆1. 本级用户承担(9.5%)	142.26	40.96	74.79			258.02
	2. 10kV用户承担(90.5%)	1355.23	390.20	712.51			
四级分摊	四、10kV资产	19086.22	498.49	712.51	8260.65		
	☆1. 本级用户承担(71.5%)	13646.65	356.42	509.44	5906.37		20418.87
	2. 台区用户承担(28.5%)	5439.57	142.07	203.06	2354.29		
末端	☆五、台区资产组	7023.12	142.07	203.06	2354.29	1880.16	11602.69

(三)测算台区用户交叉补贴、“精研”收入计算方式

在输配电成本逐级分摊至终端用户的基础上,由于低压台区用户价格偏低,目录电价直接计算的售电收入无法与之对应,应计算交叉补贴还原低压台区资产组实际收入。因此,嘉兴供电公司采取价差法测算交叉补贴,其基本思路是对居民、农业用户的补贴能够降低其电力产品的终端价格。利用价差法测算补贴数额和补贴程度的公式为:

$$S_i = (M_i - P_i) \cdot C_i$$

$$\eta_i = (M_i - P_i)/M_i$$

其中，S_i 为居民、农业的补贴额；M_i 为基准价格，P_i 为终端到户价格，C_i 为居民、农业用电量，η_i 为价格补贴程度，i 为种类。价差法的优点是基于公平的原则来测定交叉补贴，其核心在于基准价格的选择标准。通过搭建模型，嘉兴供电公司明确了交叉补贴测算的五步骤，量化补贴金额，还原低压台区"资产组"实际收入。

第一步：通过核定的准许成本以及各电压等级固定资产占总固定资产的比例，计算各电压等级的输配电成本（见表 7-11）。

表 7-11　各电压等输配电成本计算

项目	各电压等级固定资产占总固定资产比例（%）	各电压等级线路发生的输配电成本（元）
500kV(330kV)	14.25	1024392.00
220kV	26.04	1872902.00
110kV(66kV)	16.26	1169435.00
35kV	3.36	241610.00
10kV(20kv)	25.37	1824156.00
<1kV	14.72	1058655.00
合计	100.0	7191150.00

第二步：通过营销系统的关口结算报表，结合各类电量平衡实际需求，编制各电压等级电量关系表（见表 7-12），计算不同电压等级的总输送电量。

表 7-12　2017 年各电压等级电量关系　　单位：万千瓦时

序号	电压等级	本级售电量	向 220kV 传输电量	向 110kV 传输电量	向 35kV 传输电量	向 10kV 传输电量	向不满 1kV 传输电量	总输送电量
1	500kV		23919058					23919058
2	220kV	505908		26787093	3261479	192839		30747319
3	110kV	2393900			1320800	24469106		28183806
4	35kV	2971438				2911879		5883317
5	10kV	19265756					8443285	27709041
6	<1kV	8147747						8147747
7	合计	33284749						

第三步：通过本级向下级输送电量的占比、各电压等级线路发生的输配电成本计算各电压等级的输配电价，经测算不含税平均输配电价为 0.2019 元/千瓦

时，其中不满 1kV 不含税配电价格为 0.3004 元/千瓦时(见表 7-13)。

表 7-13 各电压等级输配电成本计算

序号	电压等级	本级输配电成本(元)	输送电量(kV)	输配电价(不含税)(元/千瓦时)
1	500kV(330kV)	1024392.00	23919057.93	0.0428
2	220kV	2897294.00	30782788.70	0.0942
3	110kV(66kV)	3690651.79	28351644.64	0.1302
4	35kV	720516.35	6091647.39	0.1183
5	10kV(20kV)	5371966.95	29059781.75	0.1849
6	<1kV	2619473.60	8718993.41	0.3004

第四步：通过平均购电单价 446.6 元/千千瓦时、综合线损率 4.6%和上述测算产生的各电压等级输配电价可计算各电压等级理论“落地电价”(见表 7-14)。即理论落地电价＝平均购电单价＋线损折价＋输配电价。

表 7-14 2015—2018 年浙江省理论落地电价 单位：元/千千瓦时

项目	2008 年	2017 年	2016 年	2015 年
不满 1kV	805.23	817.03	816.47	854.82
1—10kV	670.01	681.81	681.24	719.60
20kV	670.01	681.81	681.24	719.60
35kV	592.11	603.91	603.35	641.70

第五步：各电压等级理论“落地电价”分别与大工业、一般工商业、居民、农业类别内不同电压等级的实际销售电价比较，差额即为应承担(享受)的交叉补贴金额。最终根据补贴电量计算得出交叉补贴单价(见表 7-15)，其中 2018 年 1—7 月为 63.73 元/千千瓦时，2017 年为 62.66 元/千千瓦时，2016 年为 67.26 元/千千瓦时，2015 年为 68.19 元/千千瓦时。

表 7-15 2015—2018 年交叉补贴单价计算 单位：元/千千瓦时

项目	2018 年(1—7 月)	2017 年	2016 年	2015 年
居民享受交叉补贴	110.47	180.03	171.28	167.07
农业享受交叉补贴	1.57	3.63	3.38	3.93
承担交叉补贴电量	1758.06	2931.05	2596.83	2507.66
交叉补贴单价	63.73	62.66	67.26	68.19

基于上述交叉补贴的计算结果可在开展台区“资产组”成本效益分析时收集营销系统台区电量数据及用电结构，用“售电收入＋补贴收入（成本）”模式，对居民、农业的电量给予正向补贴，对工商业的电量给予反向补贴，由此计算台区“资产组”的“实际”收入（见表 7-16）。具体到某一台区，再按该台区不同用户类型的实际电量分别予以计算还原。

表 7-16　2017 年台区资产组实际收入汇总

供电区域	台区资产组数量（组）	原电费收入（万元）	交叉补贴收入（万元）	调整后实际收入（万元）
魏＊所	2081	30725.37	2133.99	32859.36
西＊所	1323	15952.05	187.99	16140.04
干＊所	857	10466.94	23.56	10490.50
合计	4261	57144.36	2345.54	59489.89

（四）构建经济效益分析模型、“精品”高价值型台区

1. 成本效益分析

经分摊后，2017 年嘉善公司台区资产成本合计为 55616.39 万元（见表 7-17）。

表 7-17　2017 年嘉善公司台区资产组成本费用

供电所	台区资产组数量（组）	输配电成本（万元）			购电成本（万元）	合计（万元）
		第一层	第二层	第三层		
魏＊所	2081	457.06	2677.66	6526.44	21622.71	31283.88
西＊所	1323	215.45	1262.18	3076.40	10192.40	14746.42
干＊所	857	140.05	820.50	1999.85	6625.69	9586.09
合计	4261	812.56	4760.33	11602.69	38440.80	55616.39

根据《管理会计应用指引第 405 号——多维度盈利能力分析》第八条，企业应以营业收入、营业成本、利润总额、净利润、经济增加值（EVA）等核心财务指标为基础，构建多维度盈利能力分析模型。嘉兴供电公司建立了“低压台区资产组成本效益＝售电收入＋补贴收入（成本）－购电成本－输配电成本”的评价模型，为 4261 个台区实现的毛利率进行排名考核，同时精确定位“高品质”台区，为输配电价改革后“做大有效资产、强化投资监管”提供坚实基础。如 2017 年魏塘区域低压所有台区资产组实现毛利合计约为 1575.48 万元（假如不考虑交叉补

贴魏塘区域低压台区居民用户较多，用电价格偏低，则毛利为－558.51万元)。西塘区域所有低压台区资产组实现毛利合计1393.62万元，干窑区域所有低压台区资产组实现毛利合计为904.41万元。

2.投资项目决策

根据《管理会计应用指引第405号——多维度盈利能力分析》(财会〔2018〕38号)第十三条：企业编制多维度盈利能力分析报告时，可采用排序法、矩阵法、气泡图、雷达图等方法对各维度盈利能力进行评估与分类。其中，矩阵法是指将一定期间内各维度下的指标值纳入盈利矩阵的相应位置，以表示其盈利能力的类型。通常盈利矩阵以成本类指标为横坐标，以收入类、利润类指标为纵坐标，组合成四个象限。嘉兴供电公司采取了矩阵法，将所有低压台区资产组按"收入为纵轴，成本为横轴"绘制散点图，其收入、成本的平均值作为象限划分标准(见图7-12)，对四个象限的台区资产组采取不同的投资策略方式，突出"精准投资"重点方向。

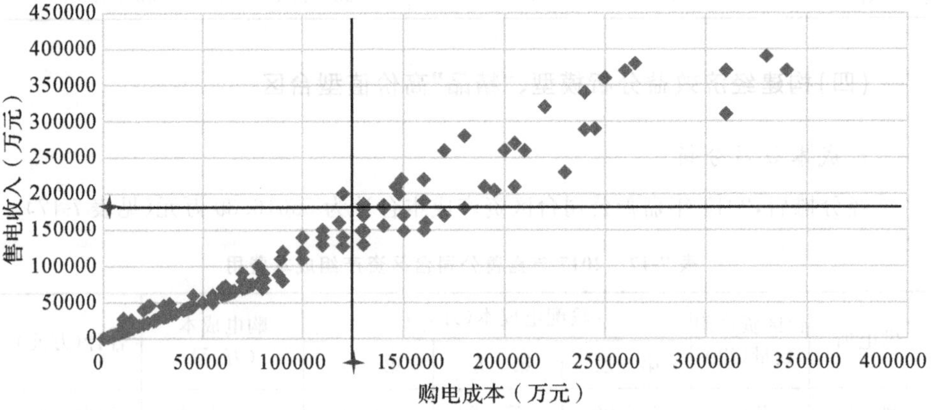
450000
400000
350000
300000
250000
200000
150000
100000
50000
0
售电收入（万元）
0
50000
100000
150000
200000
250000
300000
350000
400000
购电成本（万元）

图7-12　台区购电成本效益分布

第一、二象限内低压台区"资产组"毛利率相对较高，后续应增加投资，加快资产更新改造进度。第三、四象限内低压台区"资产组"毛利率较低，应减少投资，保障基本运行即可，同时应注重控制输配电成本，提升台区资产组整体成本效益。

在配网项目的新建或更新低改造时，通过$CEA=-k+\frac{y_1}{1+r}+\frac{y_2}{1+r}+\cdots+\frac{y_n}{(1+r)^n}$实现了低压台区资产组净现值(NPV)、年金净流量(ANCF)、现值指数(PVI)、内涵报酬率(IRR)及回收期(PP)等多维度指标的计算分析，精确判断项目可行性。如2018年拟对魏塘区域公用变＊＊4区低压台区资产组进行更新改造。2017年该低压台区资产组成本约为54.41万元(见表7-18)，预计每年运维

表 7-18　2017 年嘉善公司低压台区资产组成本计算

单位：元

序号	所属区域	台区编码	台区名称	成本合计	购电成本	输配电成本分类合计					
						配网检修成本	营销检修成本	非项目成本	输配电成本合计	大修项目成本	日常检修成本
107	县直属	32 * * 7	魏城公用变(131 号) * * 4 区	544105.19	537504.33	101.95	890.09	1176.92	2168.96	0.00	7.30
108	县直属	208 * * * 4	魏城公用变(844 号) * * 1 号备用箱变	64100.50	38908.42	104.38	3831.97	19004.00	22940.35	0.00	9.70
363	西塘所	3 * * 95	西塘镇 * * 村 * * 河	118515.51	103147.85	157.04	3843.12	7547.27	11547.43	0.00	62.39
…	…	…	…	…	…	…	…	…	…	…	…

成本增长 3%。2017 年该低压台区资产组对应的电费收入为 61.49 万元(含交叉补贴 3.2 万元),增长率为 7%。更新改造后预计延长使用 10 年,投资预计 180 万元,资本成本 5%,则该低压台区资产组未来现金流入现值为 201.3 万元(见表 7-19),项目净现值(NPV)为 21.03 万元。若项目投资大于 201.03 万元,则项目不可行,投资额与净现值呈线性关系,且投资额和电量的变动对净现值的敏感度高于运维成本和资本成本(见图 7-13)。在进行该项目的投资方案决策时应重点关注投资额和电量预测的准确性,从而达到精准投资的目的。低压台区资产组精准投资管理模型填补了当前系统内配网项目经济效益分析的空白。

表 7-19　**4 区低压台区资产组更新改造成本效益分析　单位:万元

项目	投资期	第 1 年	第 2 年	第 3 年	第 4 年	第 5 年	第 6 年	第 7 年	第 8 年	第 9 年	第 10 年
收入		61.49	65.79	70.40	75.33	80.60	86.24	92.28	98.74	105.65	113.05
成本		54.41	56.04	57.72	59.46	61.24	63.08	64.97	66.92	68.92	70.99
投资	180.00										
折旧抵税		4.28	4.28	4.28	4.28	4.28	4.28	4.28	4.28	4.28	4.28
残值											9.00
净流量	−180.00	11.36	14.03	16.95	20.15	23.64	27.44	31.59	36.10	41.00	55.33
折现值	−180.00	10.81	12.72	14.64	16.58	18.52	20.48	22.45	24.43	26.43	33.97

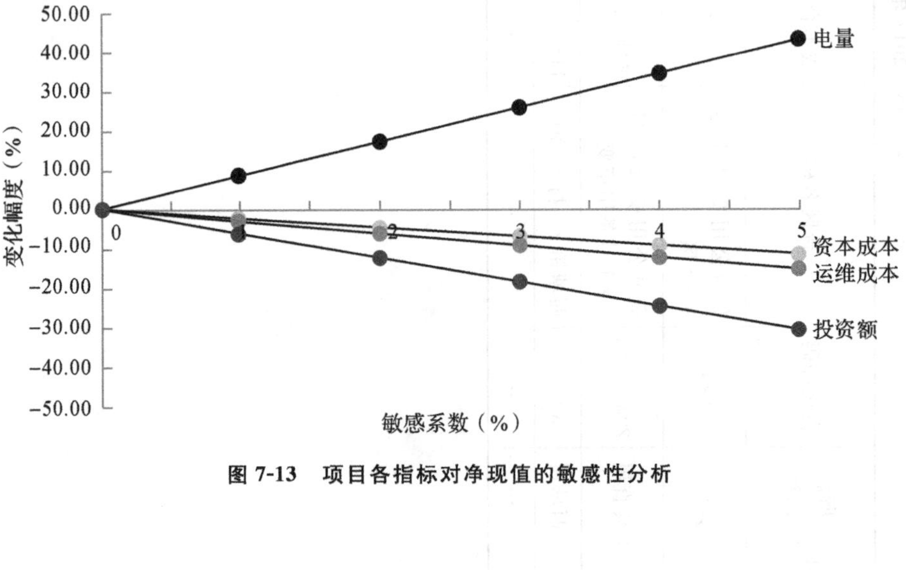
50.00
40.00
30.00
20.00
10.00
0.00
−10.00
−20.00
−30.00
−40.00
−50.00
变化幅度(%)
0
1
2
3
4
5
电量
资本成本
运维成本
投资额
敏感系数(%)

图 7-13　项目各指标对净现值的敏感性分析

三、项目实施效果

(一)加快推动“全能型”供电营业所建设进程

通过台区资产组的精益化管理，提升台区管理水平。2018年嘉善公司全部完成“全能型”供电营业所创建，利用台区资产组效益分析模型对各“全能型”供电营业所进行考核评价，通过成本效益分析结果每年对台区“资产组”成本效益进行排名，每台区指定负责人，建立低压台区“资产组”效益与台区负责人的绩效挂钩机制。将台区按照居民户比例、台区用电量两个特性分为四类(见表7-20)，将四类台区的“成本绝对值”和“成本收入比”两个指标纳入台区负责人效益评价体系，并对不同类别的台区“资产组”的盈利能力进行预警，促进强化运维管控，提升预算的精益化管理水平。

表7-20　台区成本管理重点分析

台区类别	台区特征		购电成本	
			成本绝对值	成本/收入
第一类	居民户比例高	用电量高	高	高
第二类	居民户比例低	用电量高	高	低
第三类	居民户比例低	用电量低	低	低
第四类	居民户比例高	用电量低	低	高

第一类台区的成本绝对值和成本收入比均较高，因购电成本不可控且占总成本比重大(大于80%)，该类台区给予“亏损高危”警示，亟待通过后续降低运维成本的预算方式来提升效益。相反，第二类台区总体成本效益较高、规模大、盈利能力强，属于“精品”台区，应适当安排较多的运维支出，促进发展。

(二)引导企业做大有效资产、做优输配电成本

通过分析台区资产组成本效益分析，为寻找每类台区的最高收入成本率或者台区盈亏平衡点提供依据。特别是输配电价改革后，政府部门加强投资监管，低压台区资产组的成本效益分析能直接关联输配电成本、决策投资项目，避免因低效、无效投资、与输配电成本不相关等问题被监管部门核减。

搭建的输配电成本金字塔分摊体系，实现分电压等级核算成本、收入，为成本监审提供依据。确定的34类标准成本，有助于预算编制及审核。如单相表的故障更换单位标准成本为105.52元，轮换为105.52元，新装为222.48元；三相

表带互感器的故障更换为636.38元，轮换为815.45元，新装为1103.87元等。上述标准成本与实际相差很小，可直接采用。在下达电能表轮换费用时，可通过不同类型的电能表的数量直接套用单位标准成本编报预算额度。

(三)精准分析配网项目投资方案的可行性

输配电价改革后，电网投资面临政府部门的多重监管，核定的投资总额远小于投资需求。嘉兴供电公司构建的低压台区资产组成本效益分析体系，精确计算配网项目投资方案的各项指标，准确分析各种投资方案是否可行，解决当前缺乏可靠的分析模型使得财务参与项目合规性审核流于形式的问题，填补了配网项目成本效益分析的空白，也为电网企业应用“多维度盈利能力分析”这一管理会计工具提供了实践样板。

第三节　单一电力用户成本效益分析

一、项目实施背景与目标

嘉兴供电公司长期关注电力资产研究，并在台区资产组成本与效益分析领域取得了一系列成果。而针对单一用户的成本效益分析，基于现有的会计核算体系或技术手段则无法解决，其主要原因有两方面：一是缺乏成本归集体系，无法准确分摊用户输配电成本；二是成本与收入不能匹配，无法精准分析单一用户成本效益。

为此，嘉兴供电公司利用多维核算体系变革契机和泛在电力物联网建设契机，融合运用财务、营销、调控等多来源数据进行模型研究，构建了基于输配电价改革的单一电力用户成本效益分析模型。应用这一模型，实现目标：一是有利于精益分析不同用户供电效益，订制分层分压供电服务；二是精准判断投资项目可行性，满足政府强监管的要求；三是精细计算增量配电市场报价，掌握争取市场的主动权。

二、项目实施路径与流程

(一)理清数据来源

项目以输配电成本为主要着眼点，研究针对单一电力用户的成本效益，数据主要来源于ERP系统、财务管控系统、营销业务系统、一体化电量与线损管理系统等四个业务系统，其中财务管控系统数据和ERP系统的部分数据直接取自浙电云，而其他数据则从业务系统中导出后再上传到位于浙电云的运算环境，以便统一调用。数据以10张数据表的形式获取，清单如表7-21所示。

表7-21　项目数据表清单

序号	表名	数据来源	取数方式
1	科目汇总表	ERP系统	浙电云
2	购售电明细表	财务管控系统	浙电云
3	公变用户电费信息表	营销业务系统	浙电云
4	台区用户电量信息	营销业务系统	浙电云
5	台区用户电费信息	营销业务系统	浙电云
6	高压用户管理	一体化电量与线损管理系统	浙电云
7	台区档案管理	一体化电量与线损管理系统	浙电云
8	分压同期月线损	一体化电量与线损管理系统	浙电云
9	全省平均购电单价	财务管控系统	浙电云
10	直接归集清单	ERP系统	浙电云

(二)建立模型算法

1. 模型总体说明

单一电力用户成本效益分析模型是一个基于收入、成本计算用户效益的综合模型。模型的总体设计思路是：第一，借助成本动因，将账面成本转换成不同电压等级的输配电成本；第二，将不同电压等级的输配电成本转换成不同用户类别的输配电成本；第三，根据单一用户占同类别用户的电量比例计算单一用户的输配电成本；第四，根据单一用户的售电量、线损、平均购电单价计算，结合分配到该用户的输配电成本，计算单一用户成本效益。

基于上述思路，综合模型针对当前缺乏成本归集体系、无法分摊运维成本的问题，建立两个子模型(输配电成本归集模型和成本分摊模型)，并最终使用一个综合模型来实现模型总体目标：输配电成本归集模型将账面成本按电压等级归集，成为不同电压等级的输配电成本；成本分摊模型将每个电压等级的输配电成本分摊到单一用户；综合模型则对单一用户的成本效益进行分析。模型整体结构如图7-14所示，其中A、M、T表示下文中提到的等级输出成本向量A、等级间成本分摊向量M、单一电力用户某电压等级的输配电成本T。

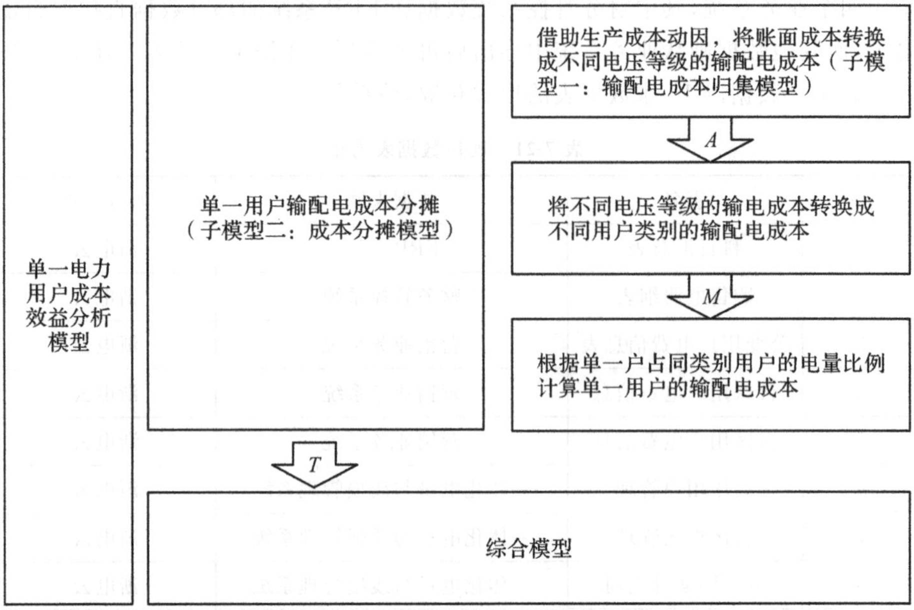
单一电力用户成本效益分析模型
单一用户输配电成本分摊（子模型二：成本分摊模型）
借助生产成本动因，将账面成本转换成不同电压等级的输配电成本（子模型一：输配电成本归集模型）
A
将不同电压等级的输电成本转换成不同用户类别的输配电成本
M
根据单一户占同类别用户的电量比例计算单一用户的输配电成本
T
综合模型

图 7-14　单一用户的成本效益分析模型整体结构

上述两个子模型的输配电成本归集与分摊是基于三个基本假设。

(1)具有同一成本动因的分项生产成本，在不同电压等级间的比例相同。

(2)不同电压等级之间，输配电成本传导与电量输送呈正比。

(3)不同的单一用户之间，某类型输配电成本分配与其对应的售电量呈正比。

模型普遍适用于辖区各电压等级，包括 500kV(嘉善无)、220kV(嘉善无)、110kV、35kV、10kV，以及低于 1kV 的低压台区用户。下文分别使用 500、220、110、35、10、<1 代表上述电压等级。

2. 输配电成本归集模型

输配电成本归集模型按电压等级归集输配电成本，输出等级成本向量 A。A 包含归集到每一个电压等级的输配电成本。流程如图 7-15 所示。

$$A=(A_{500},A_{220},A_{110},A_{35},A_{10},A_{<1}) \tag{7-1}$$

其中，500、220、110、35、10、<1 为模型所适用的各电压等级。

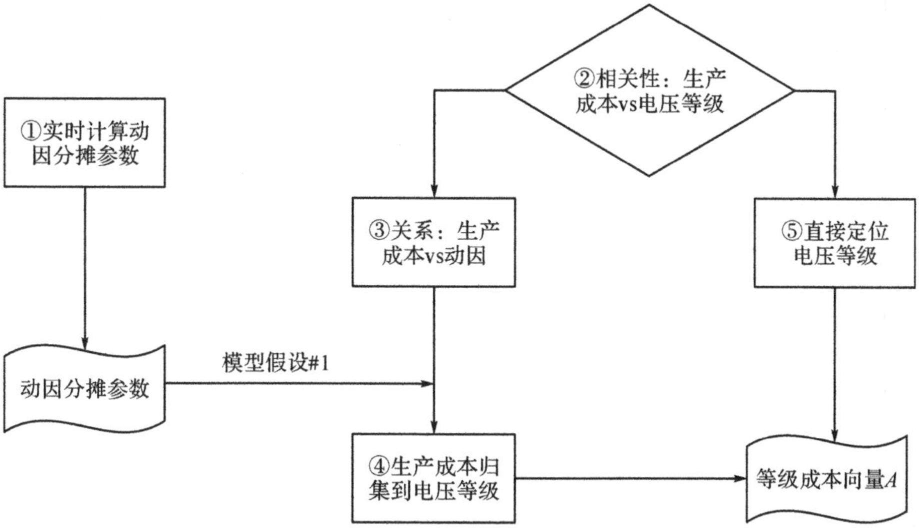
①实时计算动因分摊参数
②相关性：生产成本vs电压等级
③关系：生产成本vs动因
⑤直接定位电压等级
动因分摊参数
模型假设#1
④生产成本归集到电压等级
等级成本向量A

图 7-15 输配电成本归集模型流程

(1)输配电成本来自购电以外的生产成本。首先根据这些生产成本与成本动因之间的相关程度,确定本项与成本动因之间的对应关系。

(2)本次研究共确定 34 项生产成本与 3 项成本动因(资产原值、销售电量和输送电量)。生产成本—成本动因相关度如表 7-22 所示,最终确定的生产成本—成本动因关系如表 7-23 所示。

(3)根据上一年财务成本数据,计算三种成本动因在各电压等级上所对应的体量,并计算每种成本动因在各电压等级上的成本比例,即动因参数。对资产原值,即为每个电压等级上的资产原值占比,合计为 100%;对输送电量,即为每个电压等级上的输送电量占比,合计为 100%;对售电量,即为每个电压等级上的售电量占比,合计为 100%。

表 7-22　生产成本—成本动因相关度

序号	成本项	资产原值	输送电量	售电量	用户数量	工资总额	线损电量	新增用户数	新增电量	减少用户数	减少电量
1	折旧费	0.94	0.58	0.67	0.25	0.24	−0.09	−0.23	0.43	0.43	−0.08
2	材料费	0.92	0.37	0.45	0.42	−0.11	0.24	0.21	−0.28	0.44	−0.27
3	工资	0.24	0.81	−0.3	0.12	—	−0.01	0.41	0.01	0.25	−0.18
4	工会经费	0.17	0.93	0.4	0.4	0.2	0.41	0.29	0	−0.18	−0.1
5	职工教育经费	0.26	0.8	0.37	0.46	0.06	−0.25	0.14	0.36	−0.16	0.31
6	社会保险费	0.27	0.88	0.05	0.2	0.11	0.29	0.02	0.1	0.1	−0.18
7	住房公积金	0.02	0.89	0.28	−0.13	0.04	0.2	0.28	0.25	−0.02	0.36
8	职工福利费	0.28	0.83	0.03	−0.06	−0.26	−0.17	0.09	−0.14	0.09	0.31
9	辞退福利	0.22	0.92	0.26	0.44	0.14	0.45	0.5	−0.12	0.5	0.44
10	设定受益计划离职后福利	0.37	0.95	−0.17	0.14	0.22	0.44	0.18	0.36	0.01	0.39
11	其他短期薪酬	0.42	0.83	−0.19	0.14	0.27	0.38	−0.13	−0.09	−0.26	−0.29
12	其他长期职工福利	0.14	0.81	0.44	−0.26	0.29	0.07	0.19	0.12	0.29	−0.25
13	劳务派遣费	0.01	0.88	−0.19	−0.07	0.14	0.25	0.47	0.13	0.18	0.33
14	临时用工薪酬	0.43	0.95	−0.03	−0.23	0.34	−0.07	−0.18	0.23	0	−0.08
15	修理费(检修费)	0.85	0.25	0.23	0.17	−0.16	−0.19	0.36	0.33	0.04	−0.26
16	委托运行维护费	0.91	0.34	−0.3	0.28	−0.2	0.06	0.27	−0.17	−0.24	0.44
17	电力设施保护费	0.89	0.34	0.03	0.39	0.4	0.04	−0.21	−0.23	−0.03	0.22

续　表

序号	成本项	资产原值	输送电量	售电量	用户数量	工资总额	线损电量	新增用户数	新增电量	减少用户数	减少电量
18	租赁费	0.91	−0.25	0	0.28	−0.05	−0.2	0.04	0.36	0.3	0.4
19	财产保险费	0.81	−0.14	0.49	−0.2	0	0.13	−0.26	0.5	−0.15	0.32
20	安全费	0.92	0.13	0.42	0.06	0	−0.23	0.09	−0.1	0.45	0.27
21	设备检测费	0.93	0.47	0.5	0.15	0.34	0.33	0.39	−0.26	−0.05	0.23
22	劳动保护费	0.03	0.87	0.15	0.47	0.12	0.04	0.23	0.35	0.49	−0.07
23	办公费	0.25	0.87	0.06	−0.06	−0.17	0.49	−0.13	0.01	0.06	−0.13
24	水电费	0.04	0.5	0.81	−0.01	−0.07	0.35	−0.18	0.05	0.46	0.06
25	差旅费	0.09	0.94	0.24	0	0.47	−0.28	0	−0.23	−0.11	0.09
26	会议费	0.36	0.86	0.07	0.46	0.46	0.42	−0.1	0.13	0.21	0.16
27	低值易耗品摊销	0.12	0.09	0.93	−0.1	0.18	0.31	0.22	0.42	0.16	0.12
28	无形资产摊销	0.45	−0.06	0.93	0.12	0.37	0.35	0.41	−0.06	0.04	0.17
29	生产用车辆使用费	0.5	0.22	0.87	0.45	−0.03	0.35	0.27	−0.07	−0.09	−0.02
30	输电费	0.86	0.46	0.3	0.22	0.45	0.34	0.43	−0.19	0.25	0.41
31	地方政府收费	0.47	−0.03	0.92	0.03	−0.3	0.01	0	−0.05	0.49	−0.22
32	其他费用—资产动因	0.83	−0.28	0.25	0.35	0.24	0.06	0.34	0.05	0.18	0.5
33	其他费用—输送电量动因	0.24	0.87	0.14	−0.19	−0.28	0.23	0.09	0.3	0.49	−0.07
34	其他费用—售电量动因	0.13	0.38	0.94	−0.03	0.3	−0.03	0	0.05	0.43	−0.27

表 7-23 生产成本—成本动因关系

序号	成本项目	明细项目	成本动因	序号	成本项目	明细项目	成本动因
1	固定资产折旧	折旧费	资产原值	18	其他运营费用	租赁费	资产原值
2	材料费	材料费	资产原值	19	其他运营费用	财产保险费	资产原值
3	人工费	工资	输送电量	20	其他运营费用	安全费	资产原值
4	人工费	工会经费	输送电量	21	其他运营费用	设备检测费	资产原值
5	人工费	职工教育经费	输送电量	22	其他运营费用	劳动保护费	输送电量
6	人工费	社会保险费	输送电量	23	其他运营费用	办公费	输送电量
7	人工费	住房公积金	输送电量	24	其他运营费用	水电费	售电量
8	人工费	职工福利费	输送电量	25	其他运营费用	差旅费	输送电量
9	人工费	辞退福利	输送电量	26	其他运营费用	会议费	输送电量
10	人工费	设定受益计划离职后福利	输送电量	27	其他运营费用	低值易耗品摊销	售电量
11	人工费	其他短期薪酬	输送电量	28	其他运营费用	无形资产摊销	售电量
12	人工费	其他长期职工福利	输送电量	29	其他运营费用	生产用车辆使用费	售电量
13	人工费	劳务派遣费	输送电量	30	其他运营费用	输电费	资产原值
14	人工费	临时用工薪酬	输送电量	31	其他运营费用	地方政府收费	售电量
15	其他运营费用	修理费（检修费）	资产原值	32	其他运营费用	其他费用—资产动因	资产原值
16	其他运营费用	委托运行维护费	资产原值	33	其他运营费用	其他费用—输送电量动因	输送电量
17	其他运营费用	电力设施保护费	资产原值	34	其他运营费用	其他费用—售电量动因	售电量

嘉兴供电公司借助省公司多维核算变革契机，已实现了实时成本动因参数计算，如表 7-24 所示。实时成本动因归集流程如图 7-16 所示。

表 7-24　成本动因参数

序号	成本动因	电压等级	售电量占比(%)
1	售电量	500kV 及以上	0
2		220kV(330kV)	0
3		110kV(66kV)	23.31
4		35kV	4.92
5		10kV 及以下(含 20kV)	71.77
序号	成本动因	电压等级	输送电量占比(%)
1	输送电量	500kV 及以上	0
2		220kV(330kV)	0
3		110kV(66kV)	48.25
4		35kV	4.65
5		10kV 及以下(含 20kV)	47.10
序号	成本动因	电压等级	资产原值占比(%)
1	资产原值	500kV 及以上	0
2		220kV(330kV)	0
3		110kV(66kV)	0.74
4		35kV	1.86
5		10kV 及以下(含 20kV)	97.40

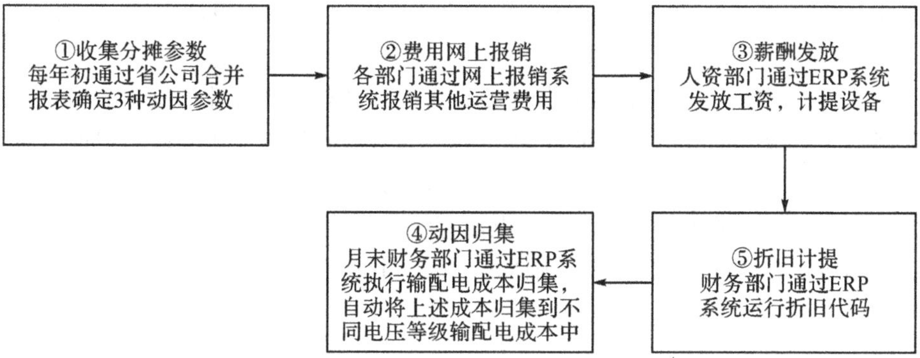
①收集分摊参数
每年初通过省公司合并报表确定3种动因参数
②费用网上报销
各部门通过网上报销系统报销其他运营费用
③薪酬发放
人资部门通过ERP系统发放工资，计提设备
④动因归集
月末财务部门通过ERP系统执行输配电成本归集，自动将上述成本归集到不同电压等级输配电成本中
⑤折旧计提
财务部门通过ERP系统运行折旧代码

图 7-16　实时成本动因归集固化流程

(4)根据模型假设 1,具有同一成本动因的分项生产成本在不同电压等级间

的比例相同，因此按照成本动因在不同电压等级间的成本比例，将各项生产成本分摊到不同的电压等级上。

(5)对系统卡片明确标识的电压等级的生产成本，可直接定位并归入相应的电压等级。

(6)各电压等级的直接定位归入成本与按成本动因分摊归集成本，二者相加即为归集到各电压等级的输配电成本，即获得等级成本向量 A。

3. 成本分摊模型

成本分摊模型在输配电成本归集模型的基础上，将不同电压等级间的电量流动、同一电压等级间的用户差异，体现到用户成本分摊中，模型流程如图 7-17 所示。

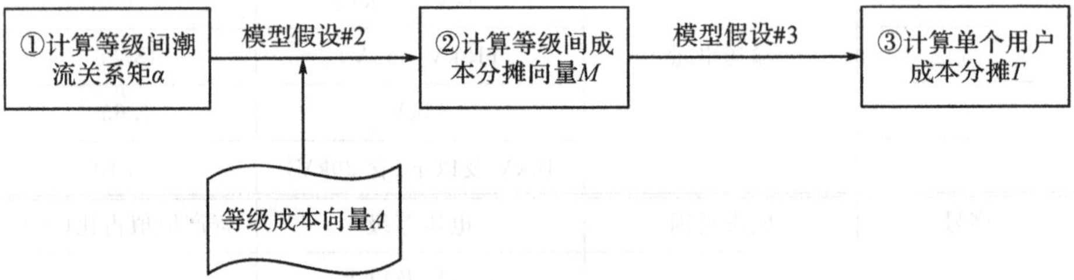
①计算等级间潮流关系矩α
模型假设#2
②计算等级间成本分摊向量M
模型假设#3
③计算单个用户成本分摊T
等级成本向量A

图 7-17　成本分摊模型流程

(1)首先拆分上月每个电压等级向其他电压等级输送的电量，以及在本等级出售的电量，并计算占比，构建不同电压等级间的电量潮流关系矩阵，即等级间潮流关系矩阵 α，如表 7-25、表 7-26 所示。

$$\alpha = [\alpha_{i,j}]_{i,j=1,2,3,4,5} \tag{7-2}$$

其中，$\alpha_{i,j}$ 是从电压等级 i 向电压等级 j 的电量传输占比，即电压等级 i 中有占比 $\alpha_{i,j}$ 的电量传输去了电压等级 j。

在模型实施中，每月依托调控中心或者发展部相关系统计供电量数据，并收集各电压等级的结算关口电量，再提取各电压等级直供本电压等级用户的电量，最后依据电量平衡关系，拆分不同电压等级向其他电压等级输送的电量。

各电压等级的上月电量向其他电压等级的传输情况如表 7-25 所示，对角线上是本级直供售电量。表 7-26 则体现了该表中所传输电量的占比关系。

表 7-25　电压等级间输送电量　　单位:万千瓦时

压等级	向 500kV 传输电量	向 220kV 传输电量	向 110kV 传输电量	向 35kV 传输电量	向 10kV 传输电量	向不满 1kV 传输电量	总输送电量
交流 500kV	—	—	—	—	—	—	—
交流 220kV	—	—	—	—	—	—	—
交流 110kV	—	—	9477	404	30772	—	40654
交流 35kV	—	—	—	2238	1681	—	3919
交流 10kV	—	—	—	—	28151	5770	33921
不满 1kV	—	—	—	—	—	5770	5770
合计	—	—	9477	2642	60604	11540	84264

表 7-26　等级间潮流关系矩阵

电压等级	向 500kV	向 220kV	向 110kV	向 35kV	向 10kV	向不满 1kV
交流 500kV	—	100%	—	—	—	—
交流 220kV	—	—	100%	—	—	—
交流 110kV	—	—	23.31%	0.99%	75.69%	—
交流 35kV	—	—	—	57.10%	42.90%	—
交流 10kV	—	—	—	—	82.99%	17.01%
不满 1kV	—	—	—	—	—	100%

(2)根据模型假设 2,不同电压等级之间输配电成本传导与电量输送呈正比。因此可按等级间潮流关系矩阵中的潮流比例,来对归集到电压等级的输配电成本进行再次分配,实现输配电成本传导,从而计算等级间成本分摊向量 M。

结合前文输配电成本归集模型得到各电压等级的输配电成本,即等级成本向量 A,计算等级间成本分摊向量 M:

$$M = \alpha \times A \tag{7-3}$$

其中,向量 M 的每一个分量即为该电压等级所分摊到的输配电成本。

(3)根据模型假设 3,不同的单一用户之间某类型输配电成本分配与其对应的售电量呈正比。因此可将各级输配电成本按电量、类型分摊到单个终端用户。

$$T = M_i \cdot \beta \cdot \gamma \tag{7-4}$$

其中, T 为单一电力用户某电压等级的输配电成本;

M_i 为该用户所在电压等级上所分摊到的输配电成本;

β 为该用户所在电压等级的本级输送电量占比；

γ 为单一电力用户占该等级用户售电量的占比。

4. 综合模型

综合模型对单一用户，依据其售电量、销售电量收入、线损折价、输配电成本，以及公司购电成本，精确计算单一用户成本效益 Y。

模型直接从财务管控系统月度报表采集平均购电单价；依托营销业务系统导出的用户基本信息，以及当期销售电量、线损率、售电单价等数据，分别计算不同用户的电费收入、线损折价等数据，并以此保证每一用户的电费收入、购电成本、输配电成本一一对应，从而确保模型准确性。线损折价按平均购电单价×线损率/(1－线损率)计算。

$$Y = F \times (\mu - \rho - \theta) - T \tag{7-5}$$

其中，Y 为单一用户的效益或毛利；

F 为单一用户的售电量；

μ 为单一用户的销售电价；

ρ 为公司的平均购电单价；

θ 为单一用户的线损折价。

(三)模型应用演算

以嘉善公司某终端用户为例，应用上述模型，对其进行 2019 年 5 月的单一电力用户成本效益分析。

1. 输配电成本归集

应用输配电成本归集模型，将输配电成本归集到各电压等级。

(1)折旧费

嘉善公司输电线路、变电设备、配电线路及设备等都在 ERP 系统中设定了资产卡片的电压等级，5 月共计提折旧费用(生产成本－折旧费) 1587.60 万元，其中有 1405.89 万元的折旧费用可以通过卡片标识直接归集至不同电压等级中。但是房屋、土地、车辆等全局性资产无法设定电压等级，因此还有 181.71 万元的折旧费用需要按照统一的资产原值比例分摊至电压等级，分摊结果如表 7-27 所示。

表 7-27 折旧费归集

电压等级	直接归集(元)	分摊归集(元)	折旧费归集(元)	动因参数
500kV 及以上	—	—	—	0
220kV(330kV)	—	—	—	0
110kV(66kV)	104028.14	13445.25	117473.39	0.74%
35kV	261302.06	33774.65	295076.71	1.86%
10kV 及以下(含 20kV)	13693594.49	1769846.62	15463441.11	97.40%
合计	14058942.69	1817066.53	15876009.22	100.00%

(2)材料费

嘉善公司 5 月发生材料费(生产成本一自营材料)294.61 万元。其中 18.02 万元归入各电压等级直接归集,本月领料 276.60 万元应按资产原值比例进行分摊,结果如表 7-28 所示。

表 7-28 材料费归集

电压等级	直接归集(元)	分摊归集(元)	材料费归集(元)	动因参数(资产原值)
500kV 及以上	—	—	—	—
220kV(330kV)	—	—	—	—
110kV(66kV)	1334.77	20466.22	21800.99	0.74%
35kV	3385.07	51411.41	54797.08	1.86%
10kV 及以下(含 20kV)	175440.25	2694041.38	2869481.63	97.40%
合计	180160.75	2765919.01	2946079.76	100.00%

(3)人工费用

以工资为例,嘉善公司 5 月发生工资 486.26 万元。工资无法直接归集到电压等级汇总,应通过输送电量关系按比例分摊计入不同电压等级的人工费用中,分摊结果如表 7-29 所示。

表 7-29 人工费归集

电压等级	直接归集(元)	分摊归集(元)	人工费归集(元)	动因参数(输送电量)
500kV 及以上	—	—	—	0
220kV(330kV)	—	—	—	0

续 表

电压等级	直接归集(元)	分摊归集(元)	人工费归集(元)	动因参数(输送电量)
110kV(66kV)	—	2346201.96	2346201.96	48.25%
35kV	—	226110.66	226110.66	4.65%
10kV 及以下(含 20kV)	—	2290282.12	2290282.12	47.10%
合计	—	4862594.74	4862594.74	100.00%

(4)其他运营费用

嘉善公司 5 月发生其他运营费用 2431.03 万元。其中 1018.51 万元归入各电压等级直接归集,本月领料 1412.52 万元应按比例进行分摊,结果如表7-30所示。

表 7-30 其他运营费归集

电压等级	直接归集(元)	分摊归集(元)	其他运营费归集(元)	动因参数(资产原值、输送电量、售电量)
500kV 及以上	—	—	—	0
220kV(330kV)	—	—	—	0
110kV(66kV)	75370.10	534771.12	610141.22	2.51%
35kV	189443.75	312131.15	501574.90	2.06%
10kV 及以下(含 20kV)	9920334.25	13278316.16	23198650.41	95.40%
合计	10185148.10	14125218.43	24310336.53	100.00%

最终依托每一生产成本对应的成本动因和动因参数,将公司除购电外的生产成本分摊至不同电压等级,并按折旧、材料、人工、其他运营 4 类反映 10kV 至 500kV 的输配电成本,如表 7-31 所示。

表 7-31 输配电成本归集

单位:元

序号	电压等级	折旧费用	材料费用	人工费用	其他运营费用	合计
1	500kV	—	—	—	—	—
2	220kV	—	—	—	—	—
3	110kV	117473.39	20466.22	2346023.84	534776.94	3018740.40
4	35kV	295094.71	51411.41	226161.00	738012.85	1310679.98

续 表

序号	电压等级	折旧费用	材料费用	人工费用	其他运营费用	合计
5	10kV	15463441.11	2874202.13	2290409.90	23037576.73	43665629.87
合计		15876009.22	2946079.76	4862594.74	24310366.53	47995050.25

2. 成本分摊

(1)电量潮流矩阵

应用成本分摊模型,计算该用户所分摊的输配电成本。根据 2019 年 5 月统计数据计算当月的各电压等级电量传输潮流矩阵,如表 7-32 所示。

表 7-32 2019 年 5 月嘉善各电压等级电量潮流矩阵

电压等级	向 500kV	向 220kV	向 110kV	向 35kV	向 10kV	向不满 1kV	合计
交流 500kV	—	100%	—	—	—		100%
交流 220kV	—	—	100%	—	—		100%
交流 110kV	—	—	23%	1%	76%		100%
交流 35kV	—	—	—	57%	43%		100%
交流 10kV	—	—	—	—	83%	17%	100%
台区						100%	100%

(2)将输配电成本分摊到不同电压等级的用户

将不同电压等级的折旧、材料、人工和其他运营 4 类输配电成本按电量传输关系逐级进行分摊。分别计算本级用户对应的输配电成本和向其他电压等级传导的输配电成本,直至所有的输配电成本全部分摊至终端用户。

将输配电成本从原来不同电压等级分摊至不同类型的电力用户。再按单一用户电量占同类型用户电量的比例,计算单一用户承担的输配电成本。最终将公司所有生产成本分摊至单一的电力用户,确保收入和成本一一对应。

嘉善公司 5 月 500kV 的输配电成本为 0,220kV 的输配电成本为 0。

嘉善公司 5 月 110kV 的输配电成本为 301.87 万元,承担高电压等级传导的输配电成本为 0,共计参与分摊的输配电成本即为 301.87 万元。根据电量传输关系:

本级直供用户承担=301.87×23.31%=70.38 万元;

向 35kV 传导=301.87×0.99%=3.00 万元;

向 10kV 传导=301.87×75.69%=228.49 万元。

嘉善公司5月35kV的输配电成本为131.07万元，承担110kV电压等级传导的输配电成本3.00万元，共计参与分摊的输配电成本134.07万元。根据电量传输关系：

本级直供用户承担＝134.07×57.10％＝76.56万元；

向10kV传导＝134.07×42.90％＝57.51万元。

嘉善公司5月10kV的输配电成本为4366.56万元，承担110kV电压等级传导的输配电成本228.49万元，承担35kV电压等级传导的输配电成本57.51万元，共计参与分摊的输配电成本4652.57万元。根据电量传输关系：

本级直供用户承担＝4652.57×82.99％＝3861.15万元；

向低压台区传导＝4652.57×17.01％＝791.42万元。

经逐级分摊后，嘉善公司5月不同类别用户的输配电成本如表7-33所示。

表7-33　2019年5月嘉善各电压等级用户输配电成本　　单位：元

序号	用户类型	输配电成本/万元	其中：折旧	其中：材料	其中：人工	其中：其他
1	500kV	—	—	—	—	—
2	220kV	—	—	—	—	—
3	110kV	27386.91	4771.35	546935.28	124674.09	703767.63
4	35kV	169178.58	29474.30	142474.25	424473.67	765600.80
5	10kV	13012318.17	2416521.44	3463312.52	19719356.38	38611508.50
6	低压台区	2667125.56	495312.67	709872.69	4041862.39	7914173.32
合计		15876009.22	2946079.76	4862594.74	24310366.53	47995050.25

(3)输配电成本分摊到单个用户

以天凝集镇公用变(16号)***箱变(16****)为例，依据单一用户电量占同类用户电量的比重(γ)，计算该用户承担的输配电成本。

该用户2019年5月购电量约为1.00万千瓦时，售电量约为0.97万千瓦时，线损率为2.45％，所有台区供电量合计为5792.17万千瓦时，γ＝1.00/5792.17＝0.02％。该用户承担输配电成本＝791.42×0.02％＝0.16万元。

3.成本效益分析

嘉善公司5月平均购电单价为393.55元/千千瓦时，上述用户售电量0.97万千瓦时，线损折价＝0.394×2.45％/(1－2.45％)＝0.0099元/千瓦时，因此其成本效益＝1.00×(0.639－0.394－0.0099)－0.16＝0.08万元。

三、结果展示

模型输出一套计算结果表，包括实时动因参数表、不同电压等级输配电成本汇总表、单一电力用户成本效益计算表、线路效率计算表。

（一）实时动因参数表

表 7-34 为实时计算的动因参数。当前动因有资产原值、售电量、输电量等三项。

表 7-34　实时动因参数

动因及电压等级	动因	电压等级	动因参数
资产原值 500kV 及以上	资产原值	500kV 及以上	0.00%
资产原值 220kV(330kV)	资产原值	220kV(330kV)	0.00%
资产原值 110kV(66kV)	资产原值	110kV(66kV)	0.74%
资产原值 35kV	资产原值	35kV	1.86%
资产原值 10kV 及以下(含 20kV)	资产原值	10kV 及以下(含 20kV)	97.40%
售电量 500kV 及以上	售电量	500kV 及以上	0.00%
售电量 220kV(330kV)	售电量	220kV(330kV)	0.00%
售电量 110kV(66kV)	售电量	110kV(66kV)	23.31%
售电量 35kV	售电量	35kV	4.92%
售电量 10kV 及以下(含 20kV)	售电量	10kV 及以下(含 20kV)	71.77%
输送电量 500kV 及以上	输送电量	500kV 及以上	0.00%
输送电量 220kV(330kV)	输送电量	220kV(330kV)	0.00%
输送电量 110kV(66kV)	输送电量	110kV(66kV)	48.25%
输送电量 35kV	输送电量	35kV	4.65%
输送电量 10kV 及以下(含 20kV)	输送电量	10kV 及以下(含 20kV)	47.10%

（二）不同电压等级输配电成本汇总

表 7-35 是将生产成本按电压等级进行归集的结果，体现不同电压等级的输配电成本，以及其中的固定资产折旧费、材料费、人工费、其他运营费用等四项成本金额。

表 7-35 不同电压等级输配电成本汇总 单位：元

序号	电压等级	本月数				
		固定资产折旧	材料费	人工费	其他运营费用	合计
1	500kV及以上	—	—	—	—	—
2	220kV(330kV)	—	—	—	—	—
3	110kV(66kV)	117473.39	20466.22	2346023.84	534776.94	3018740.40
4	35kV	295094.71	51411.41	226161.00	738012.85	1310679.98
5	10kV及以下(含 20kV)	15463441.11	2874202.13	2290409.90	23037576.73	43665629.87
合计		15876009.22	2946079.76	4862594.74	24310366.53	47995050.25

(三)单一电力用户成本效益计算表

该表为用户级，每个电力用户编号为一条数据，给出该用户当月成本效益相关计算量。模型计算结果部分示例如表 7-36 所示。

(四)线路效率计算表

该表为线路级，每个线路编码为一条数据，给出该线路的效益，计算结果部分示例如表 7-37 所示。

四、数据模型建模

(一)综合模型

$$Y = F \times (\mu - \rho - \theta) - T$$

其中，Y 为单一用户的效益或毛利；

F 为单一用户的售电量；

μ 为单一用户的销售电价；

ρ 为公司的平均购电单价；

θ 为单一用户的线损折价；

T 为单一电力用户某电压等级的输配电成本。

表 7-36　单一电力用户成本效益计算(示例)

序号	线路明称	电量（千瓦时）	电费收入（元）	购电量（千瓦时）	购电成本（元）	输配电成本（元）	毛利润（元）	毛利率（%）	毛利排名	电量排名
80	横港****线	77987610.48	44169726.71	79095080.73	31128045.14	749040.86	12292640.71	27.83	30.00	1
242	西塘****线	16392519.00	8359877.26	16624412.94	6542574.73	110057.73	1706944.60	20.42	79.00	2
125	晋亿****线	10042560.00	5589841.72	10184625.34	4008181.98	67424.74	1514234.99	27.09	34.00	3
223	桃源****线	4689818.57	2898305.14	4770478.24	1877432.33	66195.37	954677.44	32.94	23.00	4
201	申力****线	3888836.01	2441402.89	3949197.58	1554215.50	1429.66	885757.73	36.28	9.00	6
90	洪学****线	2536471.02	1886433.20	2572974.28	1012599.76	9767.99	864065.46	45.80	4.00	17
226	腾龙****线	4050511.98	2377491.61	4108586.75	1616943.47	4253.42	756294.72	31.81	25.00	5
52	东珠****线	2740307.33	2016487.92	2779408.76	1093842.51	429132.92	493512.20	24.47	45.00	15
36	大同****线	3253128.26	2244705.60	3299747.20	1298622.86	509787.95	436294.79	19.44	85.00	9
100	惠工****线	1668732.81	1406782.42	1692343.64	666025.61	261417.75	479339.07	34.07	14.00	54

表 7-37　线路效率计算(示例)

序号	用户编码	用户名称	用户分类	用户类别	电压等级	线路名称	电量（千瓦时）	电费收入（不含税，含基金）（元）	购电量（千瓦时）	购电成本（元）	固定资产折旧（元）	人工费（元）	材料费（元）	其他运营费用（元）	输配电成本（元）	成本合计（元）	毛利润（元）	毛利率（%）	毛利排名	电量排名	Z-score分值
1	4520 ***0	**电气集团有限公司			交流10kV	罗秋****线	17660.00	24394.03	17909.82	7048.45	933.17	173.3	248.37	1414.16	2768.99	9817.44	14576.58	59.75	113	2787	0.33
2	4510 ***0	嘉善**模具厂(普通合伙)			交流10kV	晋西****线	11782.00	7658.44	11948.67	4702.43	622.57	115.62	165.7	943.47	1847.35	6549.78	1108.66	14.48	2605	3849	0.09
3	4510 ***0	嘉善县**培训学校有限公司			交流10kV	商城****线	2155.00	1368.71	2185.49	860.1	113.87	21.12	30.31	172.57	337.89	1197.99	170.71	12.47	3600	7450	0.07
4	4510 ***0	嘉善**箱包有限公司			交流10kV	晋西****线	14466.00	9386.19	14670.64	5773.66	764.39	141.96	203.45	1158.39	2268.19	8041.85	1344.33	14.32	2629	3266	0.08
5	4510 ***1	中国**浙江省嘉善县分公司			交流10kV	城北****线	11267.00	7083.23	11426.39	4496.88	595.36	110.96	158.46	902.23	1766.60	6263.48	819.75	11.57	3881	3958	0.07
6	4510 ***0	嘉善**化工密封件有限公司			交流10kV	城西****线	1906.00	1350.32	1932.96	760.72	100.71	18.70	26.81	152.63	298.85	1059.57	290.75	21.23	1594	7581	0.12
7	4510 ***3	嘉善**电子厂			交流10kV	商城****线	1382.00	879.83	1401.55	551.58	73.03	13.56	19.44	110.67	216.69	768.27	111.56	12.68	2825	7852	0.08
8	4512 ***5	嘉善**金属贸易有限公司			交流10kV	兴贤****线	27791.00	17553.01	28184.14	11091.93	1468.50	272.72	390.85	2225.42	4357.48	15449.41	2103.60	11.98	3793	1842	0.07
9	4512 ***4	嘉善**索具有限公司			交流10kV	光明****线	4333.00	2924.12	43943.30	1729.38	228.96	42.52	60.94	346.97	34698.64	2408.78	515.34	17.62	2181	6289	0.10
10	4515 ***6	嘉善县**大酒店|			交流10kV	邮电****线	7784.00	4664.35	7894.12	3106.75	411.31	76.38	409.47	623.32	1220.49	4327.24	337.12	7.23	4606	4895	0.05

(二)成本分摊模型

$$T=\alpha\times A\cdot\beta\cdot\gamma$$

其中，T 为单一电力用户某电压等级的输配电成本；

A 为不同电压等级的输配电成本；

α 为不同电压等级向其所在电压等级传输电量的比例；

β 为该用户所在电压等级的本级输送电量占比；

γ 为单一电力用户占该等级用户售电量的占比。

(三)输配电成本归集模型

$$A=B+C+D+E$$

$$B=B_{全局}\times\Delta_{电压等级}+B_{电压等级}$$

$$C=C_{全局}\times\Delta_{电压等级}+C_{电压等级}$$

$$D=D_{全局}\times\Delta_{电压等级}+D_{电压等级}$$

$$E=E_{全局}\times\Delta_{电压等级}+E_{电压等级}$$

其中，A 为不同电压等级的输配电成本；

B 为不同电压等级的折旧费；

C 为不同电压等级的人工成本；

D 为不同电压等级的其他运营成本；

E 为不同电压等级的材料费。

五、项目实施效果

该项目利用模型联通财务、营销、发展等业务系统，打造效益攻坚的“三叉戟”，即动态分摊生产成本、实时匹配电费收入、精准研判项目投资。实现了“单一用户”“单条线路”“单片区域”成本投入产出效率效益的计算和分析；突破了当前电网系统内无法“精准营销”“精准投资”“感知用户”的瓶颈，深入挖掘成本投入产出效率效益的增长点。该模型在2019年浙江省数据价值挖掘大赛中获得一等奖，实效得到省内各行业专家的认可，同时为嘉兴供电公司进一步完善与深化企业经营全过程成本效益分析、实现“降本增效”提供了有力的技术保障。

第八章　稽核与内控精益化管理创新与实践

2018年8月17日，财政部发布《管理会计应用指引第700号——风险管理》《管理会计应用指引第701号——风险矩阵》《管理会计应用指引第702号——风险清单》等指引(财会〔2018〕22号)，要求企业应加强信息技术在风险管理中的应用，建立与业务财务相融合的信息系统。《关于全面推进我国会计信息化工作的指导意见》(财会〔2009〕6号)提出，要推动内部控制流程信息化，根据企事业单位内部控制规范制度要求，将内部控制流程、关键控制点等固化在信息系统中。供电企业也面临着完善财务稽核、内部控制等方面的巨大挑战。

第一节　前置报销控制助力智慧稽核

近年来，随着国网公司、浙江省公司巡视巡察、内外部审计力度不断加强，供电企业普遍存在重复报销差旅补贴、多报差旅补贴等现象。为了有效规避此类问题，规范制度刚性执行，2018年，嘉兴供电公司确立了依托大数据分析和信息化支撑实现差旅补贴前端管控、刚性执行的策略。通过梳理差旅费管理制度，提炼计算和判断的逻辑；优化电子报账系统功能，实现报销补贴自动计算；通过出差时间进行强控，自动校验筛选重复补贴单据；前置报销控制、规范制度执行，从源头上防范财务风险。

一、项目实施背景与目标

从国网公司、浙江省公司巡视巡察的结果来看，差旅费报销频率最高、涉及面最广。据统计，2017年嘉兴供电公司约有费用报销单据8233笔，其中差旅费报销单据约5920笔，占比71.91%，涉及每个部门和每位员工。面对海量的数据，财务人员很难对重复报销差旅补贴、多报补贴情况进行一一识别。

原有的差旅补贴报销需要报销人工计算补贴金额，手工输入报销系统，财务人员对照相关标准逐一完成审核。这在执行过程中存在两方面的问题：一是差旅补贴填报计算烦琐。每位员工对于差旅补贴计算方法的掌握程度不同，因为补贴计算错误被财务退单的情况屡屡发生，导致员工对补贴报销的抱怨不断增多。二是财务审核效率低下。财务人员每天要面对大量的差旅费单据，非常容易出现漏查错查的问题，不仅个人需要承担成本信息不真实、不准确的检查风险，企业也面临一定的财务风险。

嘉兴供电公司确定了差旅补贴报销的目标是“精准”和“高效”，避免出现重复报销差旅补贴的情况，同时便于补贴的计算和填报，提高审核效率。具体项目考核指标与目标值如表 8-1 所示。

表 8-1　项目考核指标体系及目标值

序号	管理指标	指标说明	目标值
1	报销填报时间降低率	[(旧模式报销填报环节耗时－新模式报销填报环节耗时)/旧模式报销填报环节耗时－1]×100％	≥30％
2	审核差旅报销单据数量	每人每天可审批差旅费报销单笔数	≥150
3	审核处理环节耗时降低率	[(旧模式审核处理环节耗时－新模式审核处理环节耗时)/旧模式审核处理环节耗时－1]×100％	≥30％
4	重复报销补贴数量	重复报销补贴单据笔数	＝0
4	多报补贴数	多报补贴单据笔数	＝0
5	报销单据退单数	报销单据退单数量	＝0

二、项目实施路径与流程

嘉兴供电公司根据项目实施目标提出以下策略与路径：

一是利用信息系统，减少人为干预，提高效率和准确率。通过在电子报账系统中增加补贴计算页签来实现补贴自动计算、自动校验审核，提高补贴计算的效率和准确率。

二是利用数据抓取技术，前移报销控制，规避差旅补贴重复报销。通过大数据技术抓取报销人出差时间，并以此来进行逻辑判断。如果出差时间重复，系统强控提示不能提交单据，从而达到从报销前端控制、规避重复报销的目的；而对于电子发票，通过抓取发票号码来进行强控，规避电子发票重复报销。

项目实施分为项目准备、优化执行、回溯检查三个阶段，具体流程如图 8-1 所示。

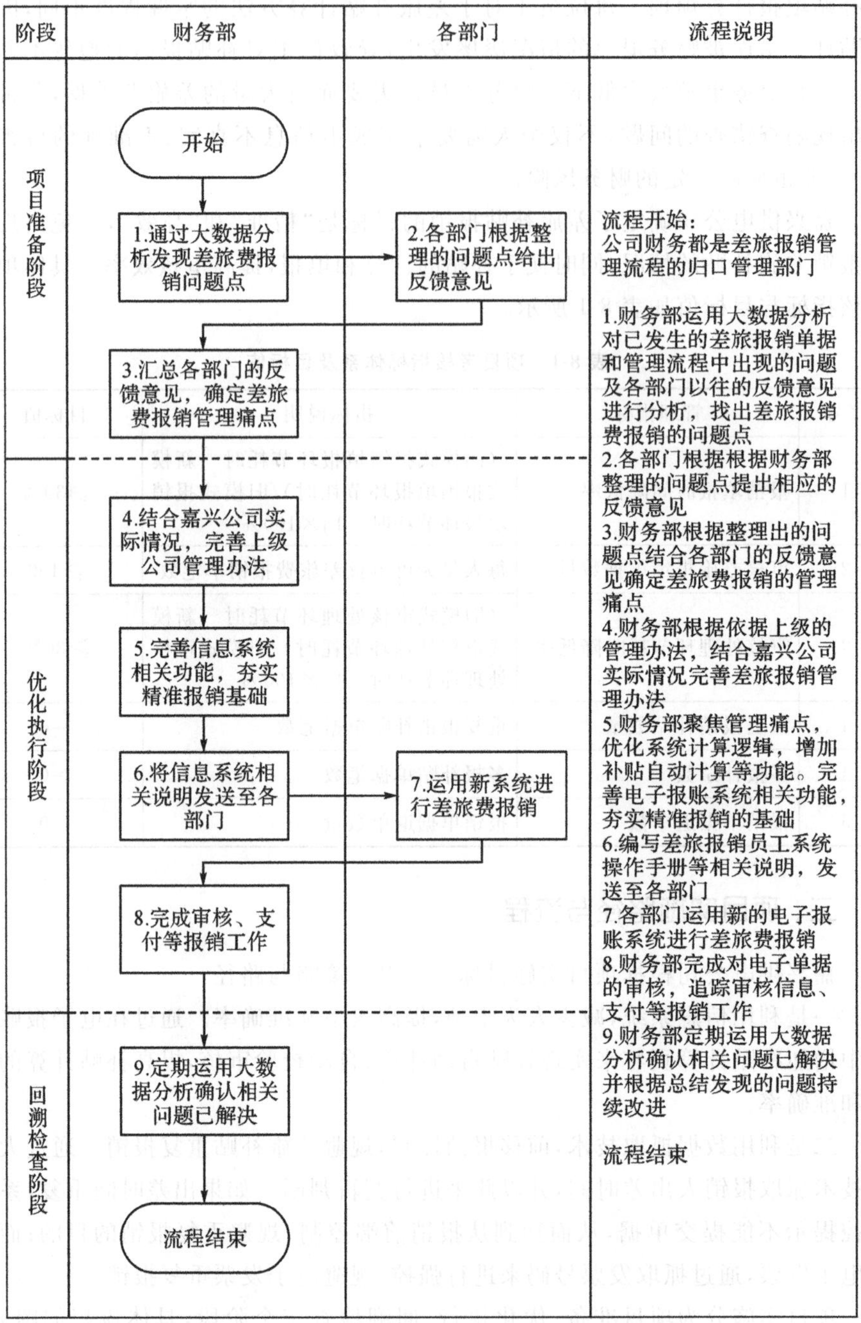
阶段
财务部
各部门
流程说明
项目准备阶段
开始
1.通过大数据分析发现差旅费报销问题点
2.各部门根据整理的问题点给出反馈意见
3.汇总各部门的反馈意见，确定差旅费报销管理痛点
优化执行阶段
4.结合嘉兴公司实际情况，完善上级公司管理办法
5.完善信息系统相关功能，夯实精准报销基础
6.将信息系统相关说明发送至各部门
7.运用新系统进行差旅费报销
8.完成审核、支付等报销工作
回溯检查阶段
9.定期运用大数据分析确认相关问题已解决
流程结束
流程开始：
公司财务都是差旅报销管理流程的归口管理部门
1.财务部运用大数据分析对已发生的差旅报销单据和管理流程中出现的问题及各部门以往的反馈意见进行分析，找出差旅报销费报销的问题点
2.各部门根据根据财务部整理的问题点提出相应的反馈意见
3.财务部根据整理出的问题点结合各部门的反馈意见确定差旅费报销的管理痛点
4.财务部根据依据上级的管理办法，结合嘉兴公司实际情况完善差旅报销管理办法
5.财务部聚焦管理痛点，优化系统计算逻辑，增加补贴自动计算等功能。完善电子报账系统相关功能，夯实精准报销的基础
6.编写差旅报销员工系统操作手册等相关说明，发送至各部门
7.各部门运用新的电子报账系统进行差旅费报销
8.财务部完成对电子单据的审核，追踪审核信息、支付等报销工作
9.财务部定期运用大数据分析确认相关问题已解决并根据总结发现的问题持续改进
流程结束

图 8-1　差旅精准报销管理流程

(一)运用大数据分析,发现差旅报销问题点

差旅费报销是财务报销中频率最高、涉及面最广的。2017 年,嘉兴供电公司差旅费用报销单据占总数的 71.91%。嘉兴供电公司将近五年已发生的差旅报销单据输入大数据分析平台,从中提取报销人员、出差地点、出差时间(包括出发时间、返回时间)、报销金额等关键数据,并对照相关标准进行比对,发现以往的报销工作中确实存在少数不规范的现象,例如差旅费补贴计算错误、工区补贴导入数据错误、发票(主要是电子发票)重复报销等。

(二)业财联动,充分听取业务人员意见

财务部将大数据分析发现的问题发送至各部门,提醒相关人员应该注意的事项,同时听取各部门对原有差旅费报销管理的反馈意见。经过汇总,问题主要集中在两点:一是差旅费报销需要手动操作,计算内容烦琐,填报效率低下。特别是对工区而言,因为“三多”(日常出差多、报销频次多、报销人员多)且原有模式为 Excel 填写,填报工作量极大。二是电子报账系统需要人工填写(有些基本信息无法自动导出,每次报销需要重复输入),操作体验感差。

(三)汇总反馈意见,确定差旅报销管理痛点

结合大数据分析和各部门反馈的结果,嘉兴供电公司基于自身实际情况,确定了差旅费报销管理过程中的四大痛点:差旅费补贴计算、工区数据导入、人工信息填写审核和发票重复报销。

(四)结合实际,细化差旅费管理办法

嘉兴供电公司对国网公司差旅管理办法进行必要的细化和完善,出台了《国网嘉兴供电公司差旅费实施方案》,其中差旅报销补贴计算方式和省公司的逻辑大同小异,差异主要体现在公杂费的计算是否考虑派车、伙食补贴标准的细微差异。

除此之外,嘉兴供电公司结合本地区实际情况,围绕交通费、住宿费、伙食补助费、公杂费、培训和工作调动差旅费进行细化,同时增加交流干部返家、差旅费用审核流程、遗失发票处理、差旅报销材料规范等内容,在严格执行国网规定的基础上,明确相关文字和单据的具体要求,确保各部门明确差旅报销的职责分工和报销办法,做到有法可依、有规可循。

通过以上举措,差旅管理办法更加具备指导实际报销工作的作用。

(五)完善信息系统功能,实现差旅费精准报销

嘉兴供电公司在细化和完善差旅费管理办法之后,采取"三步走"的方法完善信息系统功能,夯实精准报销的基础。第一步,对相关标准进行梳理,按照设定的计算逻辑,将差旅费补贴分为两个维度,纵向维度围绕差旅的类别进行划分,即一般差旅和培训差旅,每类差旅又包括伙食补贴和公杂费两个类目,其中伙食补贴分为是否统一食宿,公杂费分为公共交通出行和单位提供交通工具。横向维度针对出差地域进行划分,即嘉兴区域范围内和区域外。具体如表 8-2 所示。

第二步,在标准完成全面梳理后,分类提炼规则,将规则嵌入电子报账系统中。通过系统固化报销规则,最大限度地减少了人为干预,使制度得到强化执行,在践行依法治企的道路上迈出了关键的一步。

第三步,聚焦管理流程痛点,对电子报账系统进行完善和优化。为解决差旅费补贴计算的准确性问题,嘉兴供电公司在现有电子报账系统的六个页签(文本信息、发票信息、流程跟踪、审批信息、附件信息)外增加补贴信息页签。所有补贴信息全部在此页签进行填报,采用手工录入的方式,内容包括人员编号、人员姓名、国家区域、差旅作业类型、出差开始日期、出差结束日期、长期异地出差标识、是否安排食宿标识、是否派车、伙食补贴金额、公杂费金额等。系统默认导出填报人编号、姓名信息,填报人只需下拉选择国家区域和作业类型,勾选开始和结束日期、安排食宿、派车天数即可。补贴信息页签的增加极大地提高了补贴信息的录入速度,降低了信息录入的错误率,在提升填报人员系统体验感的同时实现了差旅补贴精准报销。

补贴信息页签还添加了增加、删除、复制增加一行、补贴计算等全新功能,在补充信息填好后,点击"补贴计算"按钮,系统自动算出每个人的补贴信息,在使用过程中也可以点击"补贴计算",查看补贴计算是否正确。如果有多人出差,可继续增加或者复制增加一行,添加其他人的补贴明细。补贴自动计算功能的添加,取代了人员手工计算,提升了从补贴信息录入到财务审核全流程的效率,实现了从源头控制财务风险的目标。

在补贴计算得到结果后,系统自动生成补贴的行项目,无须手工输入。补贴费用类型的金额即使手工更改,也会被下方的补贴金额替换,一方面提高了补贴信息录入的效率,另一方面防止信息被篡改造成资金损失。

现有工区差旅报销采用 Excel 表格上报审核的方式,非常容易出现数据错误的问题,逐条手工计算审核也造成财务工作效率低下。为解决此类痛点,嘉兴供电公司增加工区补贴批量导入功能,实现了打包电子录入,主要做法是在电子

表 8-2　嘉兴公司差旅费补贴标准

						青海、新疆、西藏	异地挂职锻炼、培养锻炼、借调支援	特殊事项
一般差旅	伙食补贴	嘉兴区域范围内		嘉兴区域范围外				
		统一食宿	未统一食宿	统一食宿	未统一食宿	一般差旅		1. 援藏工作
		途中 25 元/天，头尾 2 天	25 元/天	100 元/天，头尾 2 天	100 元/天	120 元/天，头尾	工作期间 30 元/天	120 元/天
	公杂费	嘉兴区域范围内		嘉兴区域范围外				80 元/天
		公共交通出行	单位提供交通工具	公共交通出行	单位提供交通工具			
		60 元/天	头尾 0，期间 60 元/天	80 元/天	头尾 0，期间 80 元/天			
培训差旅（异地）	伙食补贴	嘉兴区域范围内		嘉兴区域范围外				2. 政治保电
		统一食宿	未统一食宿	统一食宿	未统一食宿			
		仅限头尾 25 元，期间无	头尾 25 元/天，期间 15 天以内 100 元/天；超 15 天 80 元/天；超 30 天 70 元/天	仅报头尾 100 元/天，期间无	头尾 100 元/天，期间 15 天以内 100 元/天；超 15 天 80 元/天；超 30 天 70 元/天			
	公杂费	嘉兴区域范围内		嘉兴区域范围外				
		公共交通出行	单位提供交通工具	公共交通出行	单位提供交通工具			
		头尾 60 元/天，期间 15 天以内 60 元/天；超 15 天 50 元/天；超 30 天 40 元/天	头尾无，期间 15 天以内 60 元/天；超 15 天 50 元/天；超 30 天 40 元/天	头尾 80 元/天，期间 15 天以内 60 元/天；超 15 天 50 元/天；超 30 天 40 元/天	头尾无，期间 15 天以内 60 元/天；超 15 天 50 元/天；超 30 天 40 元/天			

报账页签系统导航中设置郊县补贴导入管理，可以进行郊县补贴表格的上传，根据模板的要求进行相关信息的填报并上传。通过工区补贴批量导入，取代了原有Excel的填写方式，减少了填报人员的操作流程和录入时间，提升了录入信息的质量和财务人员的审核效率。

工区补贴导入时会将所有手工填写的补贴信息全部清除，防止两者信息出现混淆。补贴不允许手工添加或更改，必须通过补贴界面重新导入。即使手工添加也会在保存单据和提交单据时自动删除手工添加的伙食补贴和公杂费，所有信息在纳入系统时自动进行校验，防止了重复报销问题，提升了补贴报销的过程管控。

围绕系统自动校验，嘉兴供电公司从报销统计的基本逻辑入手，增加补贴界面的时间校验，具体功能体现为终止时间一定比起始时间大，同一个人不能在同一个时间段报销补贴，同一期间内不允许多次报销补贴，报账系统在报销信息提交时自动校验是否为重复报销，若判定为重复报销则无法进行单据的提交，并提示"报销人员重复报销存在的单据号"。

通过电子报账系统计算逻辑的强化，补贴信息的错误率大大降低，消除了重复报销补贴的现象，同时缩短了财务人员的审核时间，实现了差旅费的精准报销，为防范财务风险提供了强有力的信息化支撑。

通过大数据的分析提炼，可发现电子发票重复报销也是差旅报销的一大痛点。嘉兴供电公司根据以往发生的问题，总结出电子发票重复报销的难点，通过系统计算逻辑的优化实现自动校对发票代码或发票号，以此强控问题的重复发生。具体做法为在系统中增加发票信息页签，系统则根据发票代码或发票号对已报销或正在申报的发票进行信息校对，如重复提交发票，系统会提示此发票号已存在，不可继续用于报销。

如何提升财务人员在审核过程中的准确率和效率同样是信息系统优化的方向。具体做法为在进入审批阶段时，所有审批界面同时扩展这两张表的信息，允许补贴结算结果和填报结果不同。审批界面也进行相应的公司代码判断。通过信息化信息扩展和代码判断，审批效率得以提高，为差旅费报销流程管控提供最后的保障。

（六）编制系统操作手册，发送各部门学习使用

为确保电子报账系统优化升级后，各部门可以在最快时间掌握并熟练使用，嘉兴供电公司财务部编制了《嘉兴供电公司员工差旅补贴报销操作手册》，并邀请外部专家对财务人员和各部门人员进行培训宣讲。

(七)主动服务,员工体验感大大提升

各部门对照《嘉兴供电公司员工差旅补贴报销操作手册》,使用优化后的电子报账系统,快速完成差旅报销单据信息的录入,自动完成补贴计算,保存后自动生成差旅费报销明细和单据。新系统的上线使用得到了各部门良好的反馈,系统操作体验感提升,单据信息差错率和退单率都大幅下降。

(八)程序代人,审核进度大大加速

在各部门使用新的电子报账系统完成差旅报销提报后,嘉兴供电公司财务部在系统中对提报的单据进行审核,跟踪报销流程,并及时反馈审核进度,在审批通过后,进行报销支付、结算等工作。新系统的应用极大地提升了财务审核工作的效率,规避了审核过程中人为造成的漏查、错查等问题,在财务审核环节确保差旅费精准报销,进一步提升防范财务风险的能力。

(九)定期检查,确保问题充分解决

在系统优化完成、各部门熟练使用后,自检自查以保证问题不重复发生至关重要。嘉兴供电公司聚焦大数据应用,制定了以月为周期的定期自检流程,通过组织人员开展针对差旅报销的大数据分析,听取各部门在新系统使用过程中的反馈意见,确保痛点已经解决。依托大数据分析的自检流程的建立进一步实现了差旅费的精准报销,使嘉兴供电公司财务报销管理水平呈螺旋式提升。

三、项目实施成效

(一)提高了财务报销审核效率

嘉兴供电公司自 2018 年 4 月开始试运行新的补贴计算和工区导入功能,在人员手工审核时,每人每天大约可审批 80 张差旅费报销单,利用补贴自动计算功能后,每人每天可以审批 200 多张,效率得到巨大的提高。同时,补贴计算规则完全按照文件标准植入,准确性也大大提升。

(二)提升了员工报销体验感

各部门对于补贴信息点选、补贴自动计算等功能普遍反映良好,电子报账系统用户体验大幅提升。员工针对差旅补贴金额相关问题的咨询电话直线下降,由差旅补贴金额错误而产生的退单数同步下降,差旅补贴问题的退单率由原来的 22%下降到 5%。

(三)筑牢了报销风险隔离墙

从具体项目考核指标来看,嘉兴供电公司取得的实际成效远远超过可预期目标。报销填报时间降低率为60%(目标值≥30%),审核差旅报销单据数量为200张(目标值≥150),审核处理环节耗时降低率为45%(目标值≥30%),重复报销补贴数量为0(目标值=0),多报补贴数为0(目标值=0),补贴错填退单数为0(目标值=0)。

第二节　合规管理“三合一”联动机制

2018年8月17日,财政部印发《管理会计应用指引第700号——风险管理》《管理会计应用指引第701号——风险矩阵》《管理会计应用指引第702号——风险清单》等指引(财会〔2018〕22号),企业应根据相关法律法规的要求和风险管理的需要,建立组织架构健全、职责边界清晰的风险管理结构,明确董事会、监事会、管理层、业务部门、风险管理责任部门等在风险管理中的职责分工,建立风险管理决策、执行、监督与评价等职能既相互分离与制约,又相互协调的运行机制。

国家电网公司作为特大型中央企业,一直以来都非常重视依法治企、合规管理。但由于承担合规管理职能的部门众多(包括审计、财务、法律、监察等),条块分割造成了各监督部门各自为政,不能有效发挥监督合力,合规管理往往流于形式。嘉兴供电公司加强部门协同,创新建立了财务稽核、制度合规、党建监察三方联动的“三合一”模式,有效提升了依法治企合规管理水平。

一、项目实施背景与目标

(一)财务稽核单打独斗,稽核工作无法在公司内部得到重视,不利于落实整改、防范风险、“降本增效”

针对日常经济业务审核过程中发现的不合规之处及风险点,财务部门单方面要求提出解决措施,业务部门常常拖延或者无法给予有效的回复,稽核工作无法在公司内部得到重视,提出的合理整改措施无法完全落实到位,未能充分助力公司“降本增效”。

(二)外部检查提出问题才进行整改的被动模式,不利于从内部业务源头彻底清查并提出完善和预防措施

以往公司的合规管理都是针对外部检查提出的问题采取相应的整改措施,相关业务部门没有从业务流程上做根本性的梳理和完善,几乎是应付完问题了事,几乎没有从内部业务源头彻底清查提出完善措施,难以避免同类问题的再次发生。

嘉兴供电公司充分重视与整合财务部稽核检查、办公室制度管理、党建部内控审计这三股重要资源,打破各自为战的旧有做法,加强流程再造,实现有嘉兴特色的合规性管理升级,形成既能发现问题又能督促整改,既能熟悉法律、制度规定又能提供有效咨询服务,既能做到事中、事后控制又能做到事前有效防范的综合管理体系。

二、项目实施路径与流程

(一)建立"三合一"联动模式,创新合规管理机制

(1)区别于财务稽核的单打独斗,借力办公室和党群审计资源。原有稽核模式下,财务部既是问题的提出方,又是督促问题整改的监督方。"三合一"模式下,财务部更多是不合规线索提出方,而办公室则是下发整改联系单以及督促问题整改的监督方(办公室下发整改联系单 OA 抄送公司分管领导,明确整改日程,按时催促整改进度),党群部也参与其中的审计监察,三方共同督促问题整改落实。再次发生此类问题时,由人资部落实绩效考核到相应部门、责任人。

(2)区别于原有的检查发现问题才去整改的被动模式,推动问题整改的前置落实,避免重复发生。原有模式下,财务稽核体现的是事后整改。"三合一"模式下,重点突出的是通过问题、风险点的暴露,检查公司业务流程和管理运营的规范性,从业务源头彻底清查提出完善措施,有效避免同类问题的再次发生。

(3)助力公司"降本增效",为不合理的费用提供新的压降措施。在"开源节流"专项行动中响应省公司提质增效的号召,财务部相继出台了相关费用管控文件,指导各专业部门制定开源节流子方案予以实施。针对支出不合理或者压降空间较大但难以推动削减的费用,充分借助"三合一"的管理机制开展实际调研和压降推动工作。

(二)建立合规综合管理工作小组,统一落实协调工作

成立合规综合管理工作小组,组长由公司总经理担任,副组长由公司财务部

主任、办公室主任和党群部主任共同担任，固定组员由财务部、办公室、党建部相关专职担任，变动组员为涉及事项对应的归口部门负责人及相关专职人员。合规综合管理工作小组在公司合规管理委员会与全面风险管理与内部控制委员会的领导下，发挥合规管理、监察审计、财务稽核的专业管控职能，加强公司的合规和风控管理。

(三)明确职责分工，保证各司其职

(1)财务部。发挥全覆盖和持续性的稽核职能。以账务数据为出发点，全方位、不间断查证企业经营管理中各事项的合理性、合规性、合法性，把发现的“疑似不合规线索”提交会议讨论；收集和维护合规管理风险库。

(2)办公室。发挥全方面法律和制度管理职能。下发整改联系单，督促整改落实销号；根据发现的问题，组织完善制度、规范流程。

(3)党建部。发挥全方位监察和审计查偏纠错职能。在监察以及审计工作开展中，把发现的“疑似不合规线索”提交会议讨论；在研判核查阶段，组织开展调查，并对结果进行定性。

(4)业务部门。负责各自领域日常合规与风控管理工作。按照要求完善业务管理制度和流程，按照整改联系单要求组织整改，并及时反馈整改落实销号申请表。

(四)合理设计流程，保证联动机制工作高效

“三合一”联动机制工作流程如图 8-2 所示。

三、项目实施效果

合规综合管理工作小组自成立以来，多次召开合规管理会议，调研核查了多项经营风险，“三合一”联动机制的作用得到充分发挥。

以平湖公司为例，截至 2020 年 4 月 30 日，已发现 8 项公司经营不合规之处，内容涵盖招投标、合同管理、税务管理和费用管控等多方面，提出并落实整改意见。

(1)积极推动 6 名长期在外员工住宿方式由酒店改为租房，差旅费每月节约 1 万元。

(2)发现建设工程质量保证金预留比例违反住建部关于建设工程质量保证金不得高于 3%的规定。发现问题后，财务部梳理了涉及施工的项目类型，发挥“三合一”联动机制作用，将相关制度宣贯至业务部门，在合同会签审核时严格把关，次年无此现象。

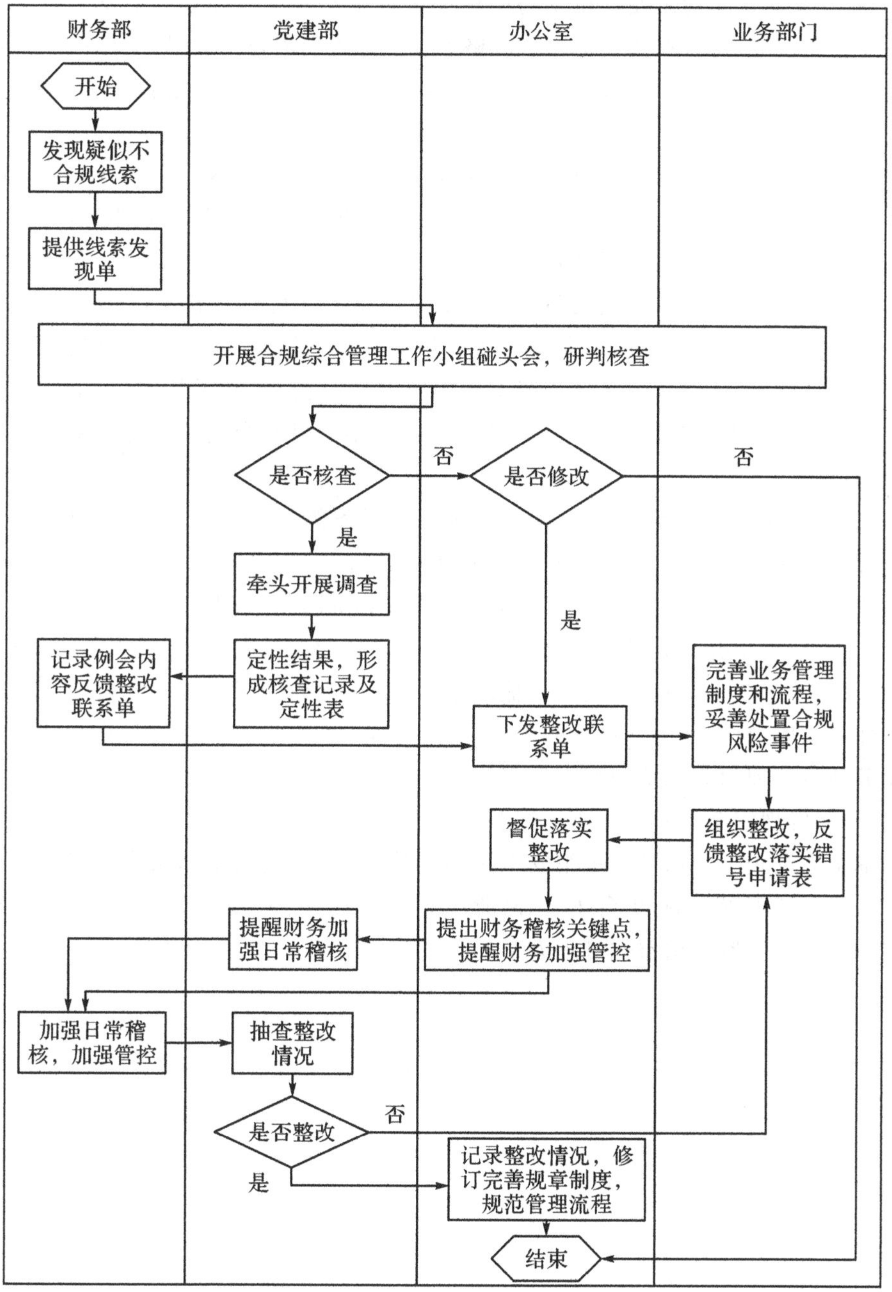
财务部
党建部
办公室
业务部门
开始
发现疑似不合规线索
提供线索发现单
开展合规综合管理工作小组碰头会，研判核查
是否核查
否
是否修改
否
是
牵头开展调查
是
定性结果，形成核查记录及定性表
记录例会内容反馈整改联系单
下发整改联系单
完善业务管理制度和流程，妥善处置合规风险事件
督促落实整改
组织整改，反馈整改落实错号申请表
提醒财务加强日常稽核
提出财务稽核关键点，提醒财务加强管控
加强日常稽核，加强管控
抽查整改情况
是否整改
否
是
记录整改情况，修订完善规章制度，规范管理流程
结束

图 8-2　“三合一”联动机制工作流程

(3)发现合同约定发票税率与中标单位资质不匹配。办公室下发通知给各合同管理人员，要求在招投标环节严格审核投标人资质，严格按照中标单位实际的开票税率签订合同，要求在特殊情况下在合同中进行特别约定：相应的税额损失应由中标单位承担。

(4)发现接收的部分发票填写不规范，存在一定的涉税风险。财务部专项制定了《发票填写规范》，在“三合一”联动机制下，下发至各相关业务部门，组织学习培训，加强宣传贯彻，杜绝同类问题再次发生。

(5)发现集体企业配电线路设备运维检修类项目发票适用税率不准确，存在一定的税务风险。财务部研究了税法等相关资料，联合业务部门、集体企业，以2019年17个项目为例，开展了多次税率界定研讨会，明确了其中11个项目需要进行税率变更。“三合一”联动机制下，2020年项目在合同签订时税率得到准确确定。

(6)发现费用管控不到位、使用不规范。财务部下发了费用管控文件，建立分管费用的部门负责人与“兼职记账员”的“1+1”管理模式，设置费用事前审批模式加强费用管控，在“三合一”联动机制下得以充分落实到位。

(7)发现中介公司收取业务外包管理费过高，与合同约定不符，公司经济利益受损。“三合一”小组下发调查梳理通知，要求业务部门对接中介公司获取收费详细清单，财务部一一进行账务核对，人资部牵头对此类问题进行排查并建立业务外包管理相关规章制度。

(8)发现安全工器具保管、领用不合理。“三合一”小组下发整改联系单，安监部全面调查了公司基层班组安全工器具管理现状，制定了基层班组安全工器具数量参考配置定额，出台了《国网浙江平湖市供电有限公司安全工器具管理规定》和《安全工器具精益化管理方案》。

第九章　智慧财务赋能企业数字化转型展望

第一节　国家电网企业数字化转型回顾与展望

国家电网有限公司以提升企业信息流通与运行效率、建设覆盖全业务范围的企业级信息系统为目标，经过十多年的快速发展，公司信息化建设逐步实现主要业务从分散向集中、线下向线上、孤岛向集成的转变，在运信息系统较好地支撑各项生产经营管理活动。目前，数字化基础建设取得长足发展，业务应用建设取得积极成效，企业级数据管理和应用持续推进，跨界融合的能源互联网生态初步构建，进入数字化转型的攻坚阶段。

一、企业数字化转型概念

近年来，数字化已嵌入社会方方面面和企业经营管理体系中。打造数字化企业已深入人心，由此引发企业经营理念、商业模式、资源禀赋与管控制度的变革与转型。

(一)企业数字化转型的概念

2020 年 8 月 21 日，国务院国资委发布《关于加快推进国有企业数字化转型工作的通知》，不仅布局了国有企业数字化转型的方向与策略，还明晰了几个与企业数字化相关的概念。

一是构建以能力为主线的数字化转型战略布局和实施体系，加强数据、流程、组织和技术四要素统筹和协同创新，有效推进企业数字化转型工作。

二是企业数字化的重心是充分发挥数据要素驱动作用，打通全产业链、全价值链、全创新链，共建产业发展生态，获得价值增量发展空间，强化数据驱动、集成创新、合作共赢等数字化转型理念，加强多线条协同并进。

三是企业要从真正获得转型价值出发，谋划从产品创新数字化、生产运营智能化、用户服务敏捷化、产业体系生态化四个方面系统推进数字化转型。

四是企业推进数字化转型，既要加强顶层规划、制定数字化转型战略，还要强化协同推进和新型能力建设，统筹规划、科技、信息化、流程等管控条线。此外，还要做好资源保障，建立相匹配的治理体系并推进管理模式持续变革，包括领导机制、管理机制、资金机制、人才机制等，进而为企业提供资源和管理保障。

从以上内容可以看出，此次国务院国资委力推的“企业数字化转型”不是企业信息化、ERP和无纸化的简单升级改造，也不是把“企业数字化”简单定义为“企业信息化”。毫无疑问，打造数字化企业的本质是要求通过企业数字资产的运营整合数据资源，挖掘数据价值，搭建数据管理平台，通过数据全流程化管理，推动企业管理创新与体系变革，最终赋能企业整体经营与管理机制。

(二)企业数字化转型的方向

实现数字化转型的总体目标，需要重点把握四个转型方向。

1.生产数字化转型

融入区块链、物联网、人工智能等新兴成熟技术，推进智能生产和产业转型升级，保持核心产业竞争优势，促进基于数据的跨区域、分布式生产及运营，实现生产“智能化”，全面提升企业竞争力。

2.管理数字化转型

推进ERP、人力资源、财务、营销、风控等业务全面数字化、智能化建设，加快数据治理体系建设，深化各管理系统融合，降低管理成本，提升运营管理效率，实现企业业务管理流程的数字化全覆盖，共享数字化管理价值，实现管理“精益化”。

3.决策数字化转型

充分利用业务运营分析洞察和机器学习模型，自动对业务过程提出建议或采取行动，提升公司决策的数字化、智能化能力。全面优化辅助决策能力，通过异构计算、知识计算、社会计算、可视化等方法，打造精细化的数据管理看板、全员数据赋能系统和全方位的数据决策支持。构建自适应、自寻优的数字化决策能力，实现经营决策“科学化”。

4.构建数字化生态

构建合作共赢的数字化生态体系。吸纳市场、技术、知识、关系、资金、服务等方面的资源，开展广泛跨界联系，实现资源动态重组，打造生态运营平台，不断推进数字化生态建设。通过各业务领域的数字化整合，实现全要素、全产业链、全价值链的全面连接，推动实现智能感知、网络协同、敏捷响应、高效决策、动态优化,形成“创新型”生态。

二、国家电网对数字化转型的认识

近年来,国家电网坚持把数字化转型摆在重要位置,持之以恒推进,主要基于以下考虑。

(一)数字化是适应能源革命和数字革命相融并进趋势的必然选择

随着“大、云、物、移、智”等现代信息技术和能源技术的深度融合、广泛应用,能源转型的数字化、智能化特征进一步凸显。无论是适应新能源大规模高比例并网和消纳要求,还是支撑分布式能源、储能、电动汽车等交互式、移动式设施广泛接入,都需要以数字技术为电网赋能,促进源网荷储协调互动,推动电网向更加智慧、更加泛在、更加友好的能源互联网升级,持续提高能源供给清洁化、终端消费电气化、系统运转高效化水平,在引领能源生产和消费革命中发挥更大作用。

(二)数字化是提升管理改善服务的内在要求

国家电网运营着全球电压等级最高、能源资源配置能力最强、并网新能源规模最大的特大型电网,迫切需要以数字化、现代化手段推进管理变革,实现经营管理全过程实时感知、可视可控、精益高效,促进发展质量、效率和效益全面提升。面对日益多元化、个性化和互动化的客户需求,也需要以数字化提高电力精准服务、便捷服务、智能服务水平,提升客户获得感和满意度。

(三)数字化是育新机开新局培育新增长点的强大引擎

加快数字化转型、发展数字经济已成为国内外大型企业促进新旧动能转换、培育竞争新优势的普遍选择。2020 年,新冠肺炎疫情在全球的蔓延进一步加速了数字化进程,线上消费、新零售等数字经济新模式、新业态不断涌现、蓬勃发展。经过这些年的发展,国家电网在网络、平台、用户、数据等方面已拥有丰富的资源。在电价持续降低、经营压力巨大的严峻形势下,深挖资源价值和潜力,以数字化改造提升传统业务、促进产业升级,开拓能源数字经济这一巨大蓝海市场,是国家电网公司走出发展困境、培育新动能、开辟新空间的必由之路。

三、国家电网数字化转型的实践

国家电网公司始终高度重视数字化转型,在十多年企业信息化建设的基础上,加快推进新型数字基础设施建设,全面推动数字化转型发展,重点推进以下几个方面的工作。

（一）夯实数字化发展基础

数字化转型建立在数据的准确采集、高效传输和安全可靠利用的基础上，离不开网络、平台等软硬件基础设施的支撑。

1. 坚持不懈狠抓数据管理

针对电力数据采集规模大、专业覆盖广、数据类型多等特点，建立跨部门、跨专业、跨领域的一体化数据资源体系，按照“盘点—规范—治理—应用”的思路，强化数据分级分类管理，建立最小化的数据共享负面清单，推动数据规范授权、融会贯通、灵活获取，实现“一次录入、共享应用”。

2. 构建智慧物联体系

电网企业拥有海量设备资源、联系千家万户，通过接入各类边缘设备、感知设备及5亿只智能电表，构建分布广泛、快速反应的电力物联网，有力支撑了电网、设备、客户状态的动态采集、实时感知和在线监测。

3. 建设数据中心

强化“两级部署、多级应用”，建成北京、上海、陕西三地集中式数据中心，加快27家省级公司数据中心升级改造，实现核心业务数据统一接入、汇集、存储，服务器超过1.9万台，存储容量近30PB。

4. 打造企业中台

着眼满足共性需求，突出抓好数据、业务、技术中台建设，实现跨业务数据互联互通、共享应用，通过核心业务共性内容的沉淀整合，提供企业级共享服务900余项，促进了各类业务运营和创新应用。2020年以来，国家电网在数字新基建领域投入247亿元，全面部署电网数字化平台、电力物联网、能源大数据中心建设等十项重点任务，与41家互联网相关企业开展战略合作，数字基础设施建设得到进一步加强。

（二）推进业务数字化转型

利用数字技术大力改造提升传统电网业务，促进生产提质、经营提效、服务提升。

1. 推进电网生产数字化

强化电网规划、建设、调度、运行、检修等全环节数字化管控。例如，推广应用图数一体、在线交互的“网上电网”，有力支撑各电压等级电网在线可视化诊断评价、智能规划和精准投资，基本实现“电网一张图、数据一个源、业务一条线”。

2. 推进企业经营数字化

以人财物等核心资源优化配置为重点，利用数字技术提升精益管理水平。在财务管理方面，构建多维精益管理体系，促进业务与财务深度融合，精准核算每个业务单元的投入产出效率。在物资管理方面，初步建成现代智慧供应链，实现物资业务全流程在线办理，推动智能采购电子化、数字物流网络化、全景质控可视化，每年投标成本降低 70%，累计降低库存储备约 80 亿元，被商务部作为创新案例在全国推广。

3. 推进客户服务数字化

通过打造融合线上线下服务的“网上国网”平台，全面推行线上办电、交费、查询等 125 项业务功能，实现服务一个入口、客户一次注册、业务一网通办。平台累计注册用户数突破 1.26 亿，线上缴费 9.8 亿笔，金额 1400 亿元。特别是疫情防控期间，大力推行线上办电，让人民群众足不出户享受便捷服务，以及“欠费不停电”“不计滞纳金”等贴心服务。

(三)积极拓展数字产业化

电力大数据是一座“富矿”，有巨大的价值挖掘潜力。国家电网积极发展平台业务、数据产品业务，努力为客户提供多元服务。

1. 积极开展能源电商业务

打造了国内最大的能源电商平台，聚合产业链上下游资源，开展物资电商化采购，提供电力智能交费服务，并不断拓展平台功能，为客户提供低成本、优质高效的平台服务。截至目前，平台注册用户数已达 2.7 亿，2020 年 1—9 月平台累计交易 10441 亿元，同比增长 57.3%。

2. 积极开展智慧车联网业务

搭建了全球规模最大的智慧车联网平台，累计接入充电桩 103 万个，为经营区域 480 万辆电动汽车绿色出行提供便捷智能的充换电服务，实现“车—桩—网”高效协同的能源互动，助推电动汽车产业发展。

3. 积极拓展电力大数据征信服务

利用企业用电数据，积极开展信贷反欺诈、授信辅助、贷后预警等方面的数据分析与应用，破解金融机构对中小微企业“不敢贷”“不愿贷”的难题。目前 17 家省级公司及国网电商公司与金融机构签署战略合作协议，促成了 935 家中小微企业融资 33.8 亿元。

4.积极服务政府精准施策

在服务环保监测方面,开发智慧环保电力大数据产品,在线监测污染源企业排污情况。四川成都已将6078家环保重点受控企业用电信息接入环保监测平台,帮助生态环境局1小时内完成对所有企业的线上巡查。在服务复工复产方面,2020年新冠肺炎疫情防控期间,公司首创"企业复工电力指数",及时准确反映各行业复工复产情况,为各级政府科学决策提供数据支撑。

(四)提升数字化保障能力

国家电网始终将组织、技术、安全等方面的能力建设,作为数字化转型的重要保证。

1.组织建设

分别在总部—省(区、市)—市三个层面设立了专业部门负责推动数字化转型工作,并依托公司科研、产业单位和互联网公司等外部合作伙伴,建立了强大的数字化支撑力量,形成了层次清晰、高效协同的数字化发展组织体系,特别是组建国网大数据中心,专门开展数据运营、大数据分析挖掘等工作,强化了公司数据管理和应用能力。

2.技术攻关

结合自主研发、联合攻关和集成应用等多种方式,推进先进信息技术和能源技术融合创新,加大电力芯片、人工智能、区块链、电力北斗等新技术攻关力度,强化数据技术研发,为电网数字化转型提供有力的技术支撑,目前公司级人工智能平台建设已经试点上线运行,北斗基站建成投运1132座,各项重点数字技术研发正在快速推进。

3.网络安全

公司坚持人防、技防并重,持续筑牢互联网大区、管理信息大区、生产控制大区三道防线,构建了全场景网络安全防护体系。同时,注重以攻促防、平战结合,常态化开展网络实战攻防,持续提升防护能力。在"护网2020"网络攻防演习中,国家电网公司夺得全国防守方第一名。

四、国家电网数字化转型的体会

(一)坚持战略引领

数字化转型涉及各层级、各领域、各业务,既是一项极具创新性的复杂系统工程，也是一个长期的动态过程。需要纳入企业战略进行统一研究、整体部署，确保方向正确、上下同欲。

（二）坚持顶层设计和基层创新相结合

数字化转型不是传统的自上而下推进，而是双向发力、迭代创新。在技术路线、通信协议、接口标准、数据规范等方面，需要通盘考虑、系统规划、统筹推进；在具体应用开发、业务开拓上，需要更加尊重基层首创，激励广大干部职工在实践中大胆探索、迭代完善、创新突破。

（三）坚持需求牵引、价值导向

数字化转型不能盲目跟风，不是大拆大建，关键是满足需求、创造价值。一方面，要从实际出发，缺什么补什么，需要什么开发什么，着力用数字化手段解决生产、运营、服务等方面的痛点、难点问题；另一方面，要深挖资源潜力，着力将数字化优势转化为经济和产业优势，为企业、用户和社会创造更大价值。

（四）坚持数据开发与保护并重

电力数据既是企业的战略资源和核心生产要素，也能够直接反映经济运行、社会民生、产业运转、用户信用等情况，涉及大量敏感信息。因此，在挖掘数据“富矿”价值、开发数字产品、发展数字经济时，必须把安全合规作为前提条件，确保数据安全、保护用户隐私，坚决防止发生敏感数据和个人信息泄露，以及由网络安全引发的大电网安全事故。

五、国家电网公司数字化转型发展思路与目标

坚决落实“四个革命、一个合作”能源安全新战略，坚持服务党和国家工作大局，坚持服务人民美好生活用能需要，坚持“问题导向、目标导向、结果导向”，在满足自身提质增效、转型升级和可持续、高质量发展的同时，推动能源转型和产业链升级，占领能源互联网和数字经济发展制高点，引领国际能源企业发展方向，支撑“具有中国特色国际领先的能源互联网企业”新战略落地。

总体工作框架（见图 9-1）可概括为“一个目标、两个阶段、四个方向、六个着力”（“1246”框架），分别回答“向哪转、怎么转、转什么”的问题。

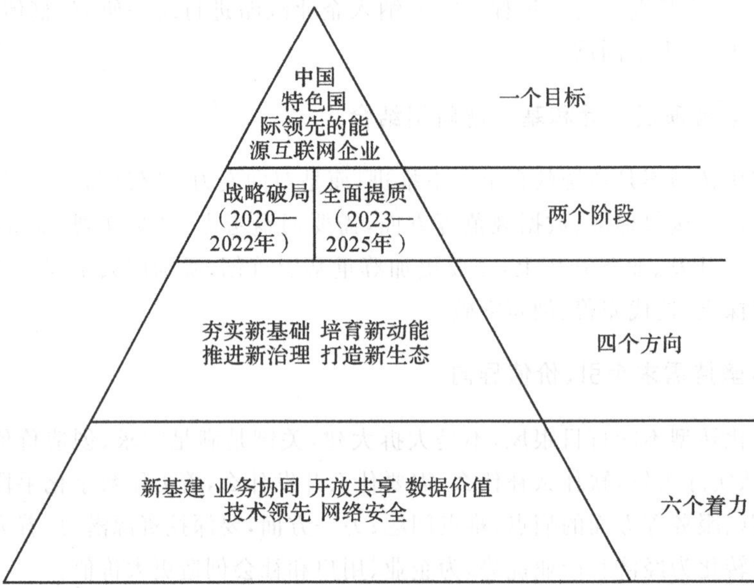
中国
特色国
际领先的能
源互联网企业
一个目标
战略破局
（2020—
2022年）
全面提质
（2023—
2025年）
两个阶段
夯实新基础 培育新动能
推进新治理 打造新生态
四个方向
新基建 业务协同 开放共享 数据价值
技术领先 网络安全
六个着力

图 9-1 公司数字化转型基本框架

（一）一个目标

总体目标：通过数字化转型，为能源革命注入数字化新动力，为公司发展打造数字化新引擎，形成浓厚的数字文化和数据驱动的发展模式，让电网更智能、能源更绿色、企业更智慧、用能更美好，形成互联互通、互利共赢的能源互联网生态，推动构建具有绿色安全、泛在互联、高效互动、智能开放等特征的能源互联网，全面支撑具有中国特色国际领先的能源互联网企业建设。

到"十四五"末，公司数字化发展指数达到国际领先水平；初步建成新型数字基础设施，基本实现电网业务、企业经营、客户服务等领域的数字化转型，形成覆盖电能生产、传输、转换、交易、消费、结算全环节的能源互联网数字化服务体系；初步形成以能源电力为核心和根基的数字化产业集群，形成创新、协同、高效、开放的能源互联网生态。

（二）两个阶段

1. 战略突破阶段（2020—2022 年）

重点补齐公司数字化基础短板，突出价值引领、创新驱动，推动能源互联网建设。公司数字化发展指数基本达到国内领先。基础建设方面，建成云平台、数据中台、物联平台及运营体系，初步建成 5G、人工智能等一批新型数字基础设施；业务数字化方面，实现流程贯通，打通数据壁垒，基本实现业务线上化、业财深度融合和营配贯通，电网资源配置、安全保障、智能互动和经营管理、品质服务能力明显提升；数字产业化方面，以能源电力为核心和根基的数字化产业快速发展；能源互联网生态方面，公司数字化转型标准制度逐步完善，探索构建互利共赢的能源互联网生态，能源互联网功能形态作用初步显现。

2. 全面提质阶段(2023—2025 年)

公司数字化发展指数基本达到国际领先水平；新型数字基础设施初具规模，在电网业务、经营管理、客户服务等领域基本完成数字化转型，形成覆盖能源互联网的数字化服务体系；初步建成能源互联网生态圈，引流和赋能规模化聚集效应初显，全员数字化素养明显提升，形成数据驱动、创新引领的数字文化，支撑基本建成具有中国特色的国际领先的能源互联网企业。

(三)四个方向

1. 夯实新基础，建设新型数字基础设施，实现对企业运营服务的全方位覆盖和支撑，为能源互联网提供物质基础。

2. 培育新动能，加强数字化应用对业务创新发展的放大、叠加、倍增作用，推动能源互联互通与共享互济发展。

3. 推进新治理，构建数据驱动的集团管控新模式，形成市场化、高透明度、高效率的企业运营体系。

4. 打造新生态，深化数据开放共享与跨界创新应用，拓展能源生态边界，共筑更具竞争力的能源互联网生态圈。

(四)六个着力

聚焦公司改革创新发展面临的国情、网情、企情，坚持六个着力，在发展重点和实施路径上重点做好“六抓六创”：一是着力以新型基建为抓手，创新发展数字化生产力；二是着力以业务协同为抓手，创新推动产业数字化；三是着力以开放共享为抓手，创新推动数据产业化；四是着力以数据价值为抓手，创新培育公司发展新动能；五是着力以技术领先为抓手，创新推动数字化创新应用；六是着力以网络安全为抓手，创新提升数字化保障能力。

第二节 国家电网公司财务数字化转型回顾与展望

自 2018 年以来，具有“大财务”职能架构的国家电网财务部审时度势，把握

“数字化、网络化、智能化”融合发展契机，应用“大、云、物、移、智、链”等关键技术，在构建公司敏捷前台、精益中台和创新后台的基础上，深度业财融合，彰显公司“一体四翼”发展战略，创新性地设计与实施了一系列几乎涵盖国家电网财务管理全部重点议题的数字化应用场景，亦已系统构成有效运作的财务数字化管理体系的国网模式。

一、财务数字化转型十大创新应用实践

为配合公司的数字化转型发展战略，国家电网财务部推出的十大创新应用实践着力推动了以下工作：推进财务管理创新与数字化转型，建设国际领先的财务管理体系；坚持数智驱动，推动资金、价格、预算、成本、工程财务和税务等方面向精益管理、数字管理转变；打通数据壁垒，激活数据价值，推动财务管理体系数智化转型升级。

（一）多维精益管理

国家电网财务部在对会计实施管理化改造、构建业务活动到价值创造价值图谱的基础上，以可视化、多元化数据服务为手段，建设智慧共享运营中心，构建188类应用场景，实现监管信息、法定报表、管理数据以“频道化”定制输出，为开展数字化洞察和价值贡献能力评价提供数据支撑。

（二）“1233”资金管理体系

通过搭建一套公司级集团账户，建立了收款、付款两个结算池，架构了以中国电财为主体的内部资金市场、境内资本市场和境外资本市场等三个市场，实施“事前”“事中”“事后”三个环节全闭环资金管控。

（三）国网商旅云

国网商旅云是全公司商旅共享服务新模式，实施集团规模化集中采购，全面覆盖员工差旅全流程，实施全在线智能处理、全过程规范管控的商旅业务应用，通过移动化、智能化应用，实现“三免”（预订免垫付、出行免取票、报销免贴票）服务。

（四）“电 e 金服”

“电 e 金服”是国家电网财务部打造的数字化产业链金融服务平台，于 2020 年 5 月正式上线。“电 e 金服”以电网公司优良资信为背书，以产业链真实交易为背景，以电力大数据为支撑，将自身资源禀赋和要素优势拓展辐射到全产业

链，帮助电力产业链上下游、中小微企业从银行等金融机构获得更加优质高效的普惠金融服务。

（五）以零基预算为主导的全面预算管理

国家电网财务部基于信息化构建了由零基预算主导的全面预算管理系统，优化构建了三个全面预算管理体系，打造了四项预算工具，实施了零基预算主导和细化标准成本作业化改造，建立由 16 万条支出标准组成的标准成本库，有力支撑了公司全面预算与细颗粒业务的融合对接。

（六）智慧竣工决算

国家电网财务部全力打造的智慧竣工决算管理体系已成功实现了工程成本自动归集、资产价值自动生成、竣工决算报表的智能出具，推动公司各项工程全过程数字化转型。同时，该体系还实现了精益过程管控，其主要做法是基于数据中台，建立工程财务数字化管理平台，收集整理工程全过程全量数据，可视化展示全网项目建设情况。

（七）智慧税务管理

国家电网的智慧税务管理，建立了“企业级”税务管理标准体系，即以“业财税”流程为主线，统一环节执行标准，建立了“互联网＋”办税新模式，即对外连接“企税银”信息，推动“业财、税企、银企”联动，实现五大环节的智能应用，实现税务业务“e”网通办。

（八）财务家园

财务家园是国家电网全体财务人员的掌上移动家园，是集沟通交流、工作组织、知识传递和成果展示于一体的辅助办公移动平台。一是开发了财务人员通讯录和工作通知功能，二是构建财务共享知识中心，三是通过荣誉榜样宣传展示优秀个人与团队风采，四是搭建财务重点工作专栏。依托多元数据展示、多维场景分析、平台个性应用等手段，支撑公司“电 e 金服”和资金管控优化提升等重点任务有序推进。

（九）资本运营全过程管控

国家电网财务部依托信息系统加强资本运营全过程管控。一是在增量配电、综合能源、抽水蓄能、智能制造等领域大力引资，服务公司改革攻坚与业务转型升级；运用收购、重组、IPO（首次公开发行）等多种方式开展上市运作，构建国家电网上市集群；设立科技成果转化基金，发挥资本引领功能，助力科技创新和成果转化。二是强化资本精准投入，建立股权投资项目提出与遴选、计划与预算、实施与运营、分析与评价闭环管理机制，落实管投向、管程序、管回报、管风险等“四位一体”的监管要求。三是制定股权投资项目可行性研究操作指引，将资本管理要求延伸至业务前端，强化业、财、投的融合。

（十）融合风险、内控、合规一体化运作，深化风险联防联控管理体系

将内部控制要求嵌入信息系统，实施过程监测预警，确保内部控制执行到位；构建以风险为导向、流程为载体、制度为保障、授权为约束、评价为手段、信息系统为支撑的全面风险与内部控制管理体系。

二、财务数字化转型的主要成功经验

国家电网财务部推出十大数字化应用场景，财务部门在对自身职能范围与责任边界进行梳理的基础上，架构“大财务”职责概念，全面发力企业数字化、赋能管理体系转型升级，推动业财深度融合和精益闭环管理。同时，财务部门还要以业务数据化为导向，深度参与数据中台的设计与建设，通过数据驱动流程重塑，依托技术创新推动管理转型。此外，还要围绕数据采集、传输、集成、共享的全过程，借助ABCDI（人工智能、区块链、云计算、大数据、物联网）等新技术，强化财务管理中各种应用场景的系统设计、分步推进，直面企业经营与管理的痛点，实现流程全程在线、信息高效转化、管理柔性对接，推动建立数据驱动、智能高效、个性鲜明、使用便捷的财务管理数字化体系，助力企业实现高质量发展。

（一）深度嵌入企业数据中台的架构与建设

企业数字化是整个企业的数字化，是典型的“一把手”工程。不过，本书聚焦的是企业财务部门如何赋能企业数字化转型的议题。财务部门必须也应该有所作为，深度参与。财务部门在面对企业数字化的建设与实施时，既不能是对现有财务信息系统的修修补补，更不能是基于公认会计原则和对外披露财务报告模式的“场景”设计企业数字化。而是既要以“大财务”重构自身的职责范围，又要避免财务部门的“单打独奏”。应与战略、技术、经营、信息等部门通力合作，针对企业自身的业务模式、资源禀赋、组织管理和文化基础等特征，推出个性化的企业数字化整体设计与实施方案。

数据中台是集合整个企业的运营数据能力、产品技术能力，对各前台业务形成强力支撑，保障前台一线业务更敏捷、更快速适应瞬息万变的市场。数据中台的实质就是通过数据技术，对海量数据进行采集、计算、存储、加工，同时统一标

准和口径。数据中台将数据统一之后会形成标准数据，再进行存储，形成大数据资产层，进而为各业务前台提供速度更快、更精准的高效数据服务。只有打通各业务系统的数据孤岛，将数据标准、口径、模型、存储统一，形成具备完整性、规范性、一致性、准确性和及时性的高质量数据，才能逐渐提升数据价值。数据中台包括数据模型、算法服务、数据产品、数据管理等。构建数据中台必须形成一个优先级顺序：一是以管理驾驶舱为驱动的数据仓库建设，二是面向各业务主题的全面数据治理，三是“非结构化数据＋海量数据”加速的大数据平台，四是将数据变成个性化服务的数据中台。

在当今企业数字化进程中，数据中台的架构与建设基本上都是由信息部而非财务部主导的。国家电网财务部有直接参与公司数据中台建设的许多做法，比如：在多维精益管理模块中，财务部主动施策构建企业级数据图谱：以财务记录为“锚”，以业务主线为“经络”，明确业务逻辑，提炼数据元素形成清晰的数据关系，增强全业务场景梳理；通过持续抽象提炼，围绕 6 项管理对象、16 类数据载体和 1.7 万个业务标签构建可视化的数据图谱；针对电网经营活动中常见的电压等级、资产类型等跨专业共同使用的业务描述，建立企业级统一的业务标签分类体系。国家电网将这些建设成果（数据标准、数据关系、信息传递规范、操作管理规范）转化为数据模型、业务处理规则、控制校验规则，形成共性服务植入公司级数据和业务中台，进而支撑多维精益体系的系统固化和常态运行。

此外，公司财务部自主设计出符合企业中台路线的“智慧财务电子档案馆”项目。在数据链接方面，通过银企、政企、税企、企企互联的外部通道，推进数据贯通，以信息互联为主、离线采集为辅，全量采集涉及财务相关的电子文件信息及其对应的结构化信息，并进行集中规范、统一管理。在基础能力方面，基于中台设计路线，建设合同中心、发票中心、档案中心等可共享到各业务系统的公用服务，支持业务前端的业务处理和智慧分析。在档案管理方面，设计完整的收集归档、档案借阅、检索统计、安全管理、档案保管、体系管理等功能，保障智慧财务电子档案的管理规范。

总之，推进企业数字化转型，财务部门对于数据中台的建设不能“袖手旁观”，而是要运用专业智慧，精准发力。

（二）着力打造众多应用场景，布局企业数字化转型的“主赛道”

企业数字化的应用场景分为内部运营管理数字化、外部商业模式数字化和行业平台生态数字化，财务部门主导的应用场景主要属于内部运营管理数字化。财务部门要着力打造彰显财务管理的众多应用场景，布局企业数字化转型的“主赛道”。从国家电网财务部推出的十大数字化应用场景来看，也有涉及外部商业模式数字化和行业平台生态数字化的内容，打造财务管理应用场景应着重关注以下几个要点。

1.财务体系上关键场景的全面设计

国家电网财务部推出的十大数字化应用场景，包括财务投资、融资、资金调剂、供应链金融，也包括预算管理、经营分析、内审稽核、标准作业成本、费用管控，还包括财务人员的沟通交流平台等。国家电网财务部这些“宏观”上的应用场景已比较周全，覆盖了公司财务管理几乎所有重大议题，这就是“财务体系上关键场景的全面设计”。

2.实施节奏上分项推进

各应用场景的分期推出是非常合适的进程安排。关于各应用场景先后推出的顺序与节奏安排：首先，要视各场景系统的建设程度和数据中台的匹配情况而定。其次，要分析哪个应用场景是企业经营管理最大的“短板”，最能解决企业的管理“痛点”。毋庸置疑，像国家电网这样一个超大型央企日常差旅的审批、购票、报销、审核等是公司全局性的“痛点”。“国网商旅云”的上线运作在公司内部“大快人心”，每个职员的获得感立竿见影，公司管理的效率与效果也是不言而喻的。以此类推，财务部门推出的数字化应用场景要确保企业内部的“前台”包括外部市场或利益相关方的获得感，这也应该是企业数字化转型的“初心使命”。

3.推出符合自身特色、独立创造价值的财务应用场景

财务部各处室不仅持续完善现有的十大应用场景，还顺势而为推出一些规模小、针对性更强的具体应用场景。尽管各分支机构更多的是对总部大应用场景的细化或简并，但各分支机构的财务部也都因地制宜推出了符合自身特色的多个应用场景。由此可见，国家电网财务部团队上下都具有很强的制度建设能力、管理沟通能力和行动学习能力。

此外，财务部门要更多推出“名称别致鲜明、能独立运作并能独立创造价值”的财务应用场景。在当今社会环境中，企业财务部门或财务人员难免会给他人留下“说话总离不开会计科目语言、语言表达呆板、不善言辞、沟通交流缺乏感召力”等印象。此外，实务中，一般都把财务部门认定为“行政职能部门”“公司后台”或“费用中心”等，财务部门不能直接增收节支和创造价值是社会大众的“基本共识”。

（三）财务部门与人员积极转变

在推进企业数字化转型的进程中，财务部门或财务人员要做到以下几个方面的转变。

1. 改进"说话方式"

财务人员在表达专业问题时要改进"说话方式",尽量创新性地"调整、补充",诸如"预算管理""成本控制""资金管理"等教科书中的概念与表述。比如,"国网商旅云""多维精益管理""电e金服""'1233'资金管理体系"等表述不仅有很强的业务场景、功能明确,也朗朗上口、极易记忆。财务人员要学会"创新表达",增强财务部门的各种工作尤其是创新性管理方案在企业的"亲近感"。

2. 致力于设计财务应用场景

财务部门要创造出能独立运作、精准赋能、非财务"用户"体验感强烈的财务应用场景。财务部门设计或参与企业数字化转型,在理念上不能像设计ERP或RPA(财务机器人)一样局限于财务系统自身"自娱自乐",而是要深入业财融合,直接赋能非财务单元甚至基层员工。比如,"国网商旅云"是国家电网财务部面向全体员工的移动化和智能化商旅共享服务新模式,实现了"三免"(预订免垫付、出行免取票、报销免贴票)服务,这也直指员工差旅全过程的各种痛点。又如,"多维精益管理"应用平台围绕电网业务过程,形成完整的资源消耗、贡献分解链路,实现对公司160万名员工、13万个基层班组、16万个作业、4万亿元电网资产、4亿客户的精准管理。这个多视角、可视化、可追溯、可穿透、智能运营、在线管理的应用场景直指财务报表信息的"粗糙"和"马后炮",也解决了集团内部各种信息孤岛、信息淤积和多口径导致数据冲突的种种痛点。总之,未来直面痛点、平台化运作、线上流程、实时预警、赋能效率等是企业数字化财务应用平台"高质量"的基本特质。

3. 直面经营痛点

国家电网财务部推出的"国网商旅云""多维精益管理""资本运营全过程管控""智慧竣工决算""智慧税务管理"等应用平台直面经营痛点,提升了管理效率,但难以精准预测或呈现其增收节支的具体效果。尽管改变不了相关处室或场景属于成本费用中心,但不可否定的是显著提高了管理效率。基于此,在推进企业数字化转型时,财务部门始终要赋能全公司的工作流程,提升全公司的管理效率。

4. 展现直接创造价值

国家电网财务部推出的"'1233'资金管理体系"和"电e金服"应用平台,可直接测算出其财务绩效,展现财务系统直接创造价值的利润中心形象。

三、财务数字化转型发展方向

财务数字化转型的本质是以数字技术驱动价值创造,建立以数据为核心而不是流程为核心的管理体系，用数据驱动战略、运营和创新是财务数字化转型最核心的工作（见图 9-2）。

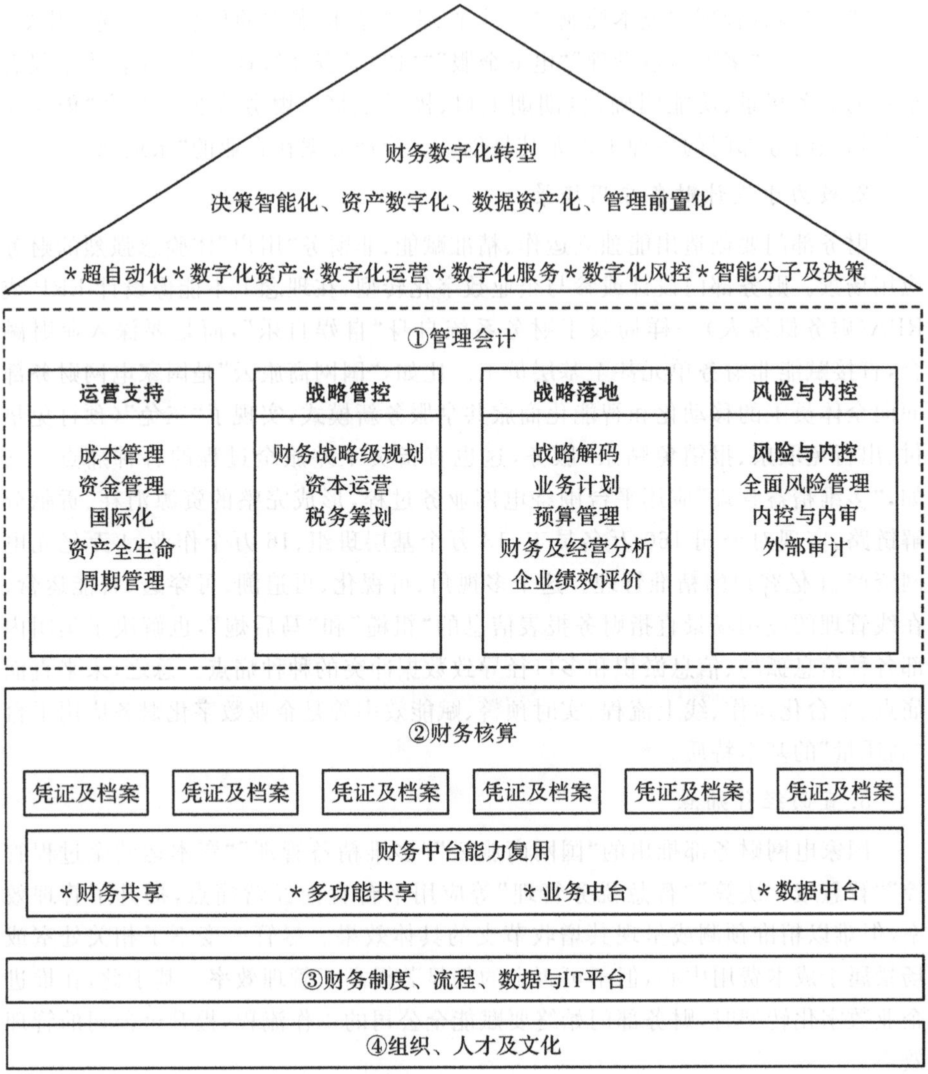
财务数字化转型
决策智能化、资产数字化、数据资产化、管理前置化
*超自动化*数字化资产*数字化运营*数字化服务*数字化风控*智能分子及决策
①管理会计
运营支持
成本管理
资金管理
国际化
资产全生命周期管理
战略管控
财务战略级规划
资本运营
税务筹划
战略落地
战略解码
业务计划
预算管理
财务及经营分析
企业绩效评价
风险与内控
风险与内控
全面风险管理
内控与内审
外部审计
②财务核算
凭证及档案
凭证及档案
凭证及档案
凭证及档案
凭证及档案
凭证及档案
财务中台能力复用
*财务共享
*多功能共享
*业务中台
*数据中台
③财务制度、流程、数据与IT平台
④组织、人才及文化

图 9-2　财务数字化转型发展方向

（一）数字技术驱动企业管理模式变革

随着新一代数字技术向各行各业渗透融合，企业数字化转型不仅体现在技术的应用及深度融合，企业的管理模式也发生了重大的改变。转型驱动力从流

程驱动转变为数据驱动，组织模式从科层式组织转变为生态型组织，管理理念从管控转变为赋能，运营模式从金字塔模式转变为能力引擎模式。

（二）数字技术渗透财务的速度在加快

在企业管理模式发生变化的同时，数字技术的影响力也在财务领域发挥了显著作用，衍生出一系列的财务数字化场景。

财务数字化转型路径是通过“三化”螺旋式上升实现的，即“在线化、协同化、智能化”。其中，“在线化”主要体现在信息流、影像流、实物流的在线；“协同化”主要体现在业务财务协同、产业上下游协同、社会化协同三个方面；“智能化”主要体现在智能决策、人机协同、机器人、区块链的应用上。

（三）价值创造是财务数字化转型追求的目标

不论数字技术的影响如何深刻，回归本心，财务管理的终极目标永远是推动乃至引领企业的价值创造。价值创造可以分解为对存量业务进行精益化管理产生的精益价值和发掘潜在价值区带来的创新价值。按照价值创造的难度和创造的价值空间大小，可以分为价值基础、价值保障、价值挖掘和价值乘数四个层面。

（四）数字化时代的财务角色再定义

回顾财务组织在企业发展中的角色定位，会计电算化时代财务组织充当交易处理者，到信息化时代财务组织定位为管控者和服务者，而在数字化时代，财务组织在企业的角色定位将是赋能者和创新引领者。数字化时代，需要对财务角色及职能地图进行重新定义，展现完整的财务职能体系及子职能之间的关系，而全新的财务职能地图对财务部门和财务人员的能力要求与工业时代的传统财务相比将有显著的变化。

第三节　国家电网嘉兴供电公司财务管理转型方向

从发展历程总结来看，嘉兴供电公司更多的是对国网总公司和浙江省公司管理会计大应用场景的细化或简并，但财务部一直对标企业经营改革发展的重点方向，因地制宜推出了符合自身特色、针对性更强的多个精益化的管理会计应用场景，财务部团队上下都具有很强的制度建设能力、管理沟通能力和行动学习能力。未来，嘉兴供电公司财务将进一步提升管理会计应用水平，大力提高财务赋能企业数字化转型的能力。

一、建立从上至下的全面数字化思维

(一)建立数据治理就是价值创造的基础认识

在数字时代,企业内外部的各项活动、消费者、供应商、行业、社会等相关信息都可以被收集转化为数据。财务作为数据的加工方,成为数据汇聚、管理、共享、分析、决策的关键节点。以财务系统为中心,整合其他业务系统资源,以业务数据化和数据业务化为抓手,形成内部数据和外部数据的归集。通过制定数据规范,对相关数据进行标准化处理,可实现数据服务、交换共享、数据战略、数据管理的有效协同,同时为企业决策提供支撑。以数据为基础实现实时监控、动态预警、经营预测、风险控制等功能,最终达到价值创造的目的。大型企业数据治理体系如图 9-3 所示。

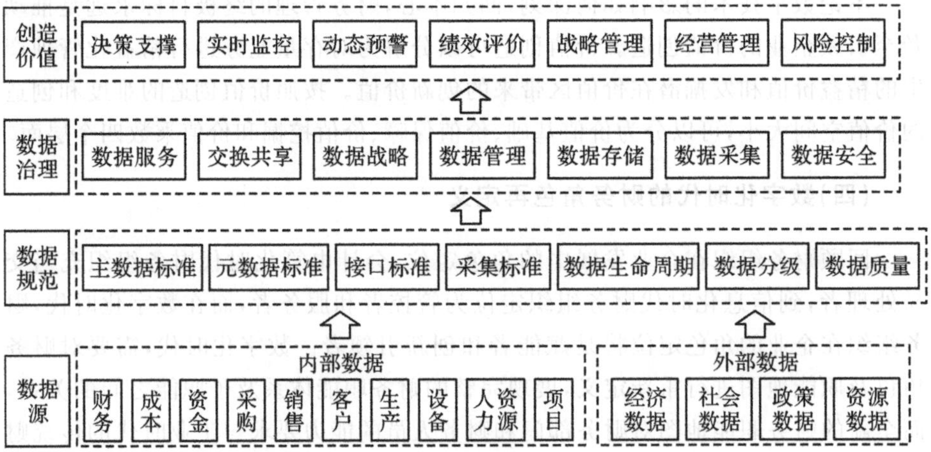
创造价值
决策支撑
实时监控
动态预警
绩效评价
战略管理
经营管理
风险控制
数据治理
数据服务
交换共享
数据战略
数据管理
数据存储
数据采集
数据安全
数据规范
主数据标准
元数据标准
接口标准
采集标准
数据生命周期
数据分级
数据质量
数据源
内部数据
财务
成本
资金
采购
销售
客户
生产
设备
人资力源
项目
外部数据
经济数据
社会数据
政策数据
资源数据

图 9-3 大型企业数据治理体系

(二)了解做好顶层设计全面规划的重要性

财务数字化转型是企业数字化转型战略的重要组成部分,应统筹规划,科学制定转型目标和转型路径。回归企业的价值本质,财务管理的最终目的是推动乃至引领企业的价值创造。财务应以数字技术为支撑,持续赋能业务部门,识别潜在的数据价值,支持创新和生态发展。同时加强配套保障机制建设,以数字化转型战略指导数字化运营管理,不断服务企业提质增效。

(三)掌握流程再造创新管理模式的方法

数字技术与财务领域的融合对传统财务管理模式带来冲击。在业务流程上,实现流程驱动到数据驱动的转变;在组织结构上,由传统的科层级管理变为平台级的扁平化管理;在运营模式上,以财务场景的智能化实现决策支撑的实时、动态管理;在管理思维上,依托数字赋能,财务人员实现从价值记录者向价值创造者的定位转变。

(四)大胆探索深度融合业务场景设计

不断探索应用数字技术与财务场景的智能融合是财务数字化转型的重要环节。在财务会计领域,数字化转型可以实现传统的事后核算向智能识别、实时自动核算、自动记录、自动报送和智能稽核的转变;在管理会计领域,财务应主动赋能业务,实现智能分析、人机交互、风险监测、智能预警、实时决策、智能评价。财务人员的工作重心从业务操作逐步转向规则设计和异常处理,真正实现财务信息化到财务数字化的转变。

二、理清财务数字化转型的新逻辑

(一)从技术赋能到数据治理

目前企业财务信息化建设多表现为数字技术与某一具体业务的结合,如电子发票自动审核、数字签名、在线审计等,对改善局部业务流程、优化财务管理方式起到一定的支撑作用。然而"补丁式"的财务升级方式并不能从根本上满足财务整体数字化转型需求,越来越多的企业认识到数据作为新的生产要素对保障财会信息准确性的重要意义。财务应以数字技术为依托,充分利用长期沉淀的大量数据,建立全面的数据治理思维,开展全业务、全流程数据管控。应用大数据、云计算、人工智能、物联网等技术,对企业内外部数据进行有效管理,丰富数据来源,提升数据质量,形成智能分析、动态预警、实时决策的财务数据治理新局面。

(二)从效率提升到价值创造

长期以来,财务部门多为企业价值的记录者,传统的财务信息化建设大多聚焦于重复、标准化流程的优化。数字技术的应用可有效提升财务效率、压缩经营成本,逐步实现财务半自动化向全自动化管理转变。回归企业转型的价值本质,财务数字化转型理念应从效率提升向财务价值创造转变。财务数字化转型的实质应是以数字技术为支撑，用数据驱动财务价值创造。因此，数字化环境下的财务定位不仅是价值的记录者，更应是价值的创造者。通过数据的自由流动，全局化、动态化应对不确定性风险，一方面能够助推探索企业的隐匿商业价值，另一方面也可以依托数据资产创造新的价值。

（三）从业财融合到生态建设

业财融合是实现企业内部财务信息化转型的第一步，从会计信息化时代开始，企业便依托ERP系统逐步探索业财融合建设实践，并取得一些成效。在数字化转型的新时期，国有企业还应肩负起社会责任，实现相应的社会价值。国企因其在关键领域的核心地位，容易发挥对上下游企业的汇聚作用，建立数字化转型的生态效应。因此，国企财务应从企业内部延伸到外部，构建合作伙伴、上下游企业、行业以及监管机构的生态协同关系，对生态体系内的整体财务状况进行分析评价，在行业内发挥数字化转型的示范引领作用，不断推动行业整体财务数字化发展进程。

三、构建数字化转型的新型组织架构

（一）重视数据价值，以数据治理引领企业价值创造新趋势

数字化时代，数据已成为企业重要的生产要素。随着企业内外部数据的爆发式增长，企业必须提升数据治理的战略地位，用数据支撑决策，不断提高自身竞争力。应制定企业内部数据治理标准，提高数据质量和可用性，加快企业内部数据流动和共享整合，实现企业数据价值最大化，服务企业运营管理和经营决策。

（二）做好统筹规划，以财务数字化带动企业整体数字化转型

企业数字化转型应以财务数字化转型为切入点，实现企业运营管理和商业模式的创新。第一，在制定数字化转型规划时，应通盘考虑财务、业务、运营、人员、组织、技术等各个方面，以财务数字化转型为核心，带动企业整体数字化转型。第二，充分评估企业自身数字化发展现状，结合外部环境的变化趋势，全面梳理数字化转型需求，形成系统化、体系化的设计思路。第三，建立短期目标与长期规划相结合的转型路线，战略上自顶向下，实施上由点及面，建立切实可行的实施路径。第四，企业数字化转型是一项长期系统性项目，应作为“一把手工程”持续开展，在推进的过程中应注重阶段性成果评价，并根据发展需要适时调整优化策略，形成敏捷性强的转型方案。

（三）以开放融合为原则，共建数字化转型生态体系

在财务数字化转型的进程中，对内要突破财务部门的职能界限，与业务深度融合；对外财务还需走出企业的组织边界，发挥国有企业在产业链上下游的汇聚作用，聚焦财务生态，引领生态体系的财务价值建设。生态财务应秉承“共赢”的发展思路，形成良性财务生态体系，维护产业链稳定、安全，带动产业链中的上下游企业加快数字化转型步伐，夯实产业整体数字化水平，共同促进产业发展和转型升级。

四、强化落实财务数字化转型的保障机制

（一）组织保障

按照顶层设计方案，构建并运行支撑数字化转型的新型组织架构。在公司层面成立数字化转型专项工作组，打破原有部门边界和利益壁垒，强化组织内部协同，切实保障数字化转型工作顺利开展，为数字化转型工作扫清制度障碍和人为干扰。

（二）人员保障

财务数字化转型工作涉及业、财、技等多方融合，企业内部应建立从上至下的全面数字化思维，形成“一把手”统筹管理、中高层管理人员推进部署、基层财务人员积极响应的数字化治理氛围。财务人员应不断加强自身数字化能力培养，与业务人员同频共振，站在战略和全局高度共同推动财务数字化顺利转型。

（三）安全保障

数据与网络安全是数字化转型的基础与前提，国有企业在财务数字化转型过程中应统筹平衡技术更新与风险防控、数据共享与数据安全的关系，优先采用国内自主可控的信息技术，支持 5G 网络、处理器、操作系统等数字基础设施的国产化应用及创新。

五、把握发展着力点规划财务管理改革工作重点

智慧是一种创造思维能力，包含对自然与人文的感知、记忆、理解、分析、判断、升华等。随着互联网经济的迅猛发展，大数据、人工智能、移动互联、云计算等新技术的不断创新应用揭示了智慧财务时代的来临。智慧财务是以提升财务工作效率、改善会计信息质量、促进财务发挥管理控制和决策支持作用为目标，

以数据为新型资产，以智能技术为工具，通过完善系统平台等财务数字基础设施建设，推动实现传统财务向数据共享和信息传输自动化、财务职能智能化以及机器学习智慧化的财务变革。智慧财务是企业数字化转型的重要突破口，财务与业务更紧密结合、逐渐丰富的应用场景正在重新构建企业经营分析体系和决策逻辑，财务部门将成为辅助企业运营的“智慧大脑”。

把握发展着力点，结合财务数字化转型的未来方向，展望未来3～5年，国网嘉兴供电公司的财务管理改革的重点工作主要是“智能化和数字化的新会计”规划。

(一)智能工具完善“新财务会计”

新核算从操作级RPA(robotic process automation，机器人流程自动化)机器人转向规则及异常管理，实现智能自动化及流程再造。

1. 便捷智能呼叫

智能呼叫支持财务制度、费用标准、报销流程等智能问答，员工快速获取财务知识，轻松唤醒财务流程，减轻财务咨询类重复工作，方便员工、会计日常财务流程。

2. 智能识别填单

进一步支持卡包导入、扫描、拍照等多种方式，支持多类型的纸质、电子票据识别，发票明细自动填充报销单，一键生成报销单，彻底告别手工录入，再也不用担心信息输入错误等问题。

3. 智能校核引擎

加强规则引擎开发，全面融合预算管理规则、标准控制规则、发票校验规则等，通过智能校核，实时提醒预算是否需要追加、出差是否超标、发票是否真实等，减少人工操作，让企业管理更精细、更合规。

4. 智能预审流程

整合流程数据及票据自动识别生成数据，借机器人预先审核业务真实性、报销单规范性、票据合规性、单据完整性、金额准确性、预算有效性等内容，减轻财务工作量，提升流程效率。

5. 智能高效记账

高效自动采集与输入费用报销、资金流转、款项收支、票据开立与接收等各种原始单据，预制财务凭证、财务审核修改、写入总账系统都更方便，完全告别手工账。

6. 智能任务管理

构建任务池，基于人员能力、岗位标准、职责分工等，实现智能化任务派工，推动财务作业流水化，基于绩效统计、服务评价等不断优化服务，快速响应员工、供应商、客户等各种服务请求，让财务有更多时间专注于增值服务。

(二)数字技术重塑“新管理会计”

新管理会计着力提供面向不确定性的决策支持，使资源配置从局部优化、静态优化转变为全局优化和动态优化。

1. 数字化财务运营

改善企业供电业务端到端的环节，优化外部和内部客户旅程，建立敏捷高效的运营模式和流程体系，设计企业智能化运营和经营分析平台，达成业务运营和客户运营一体化，降低运营成本，提高生产和作业效率，快速响应客户需求，实现客户和员工的卓越体验。具体内容包括：协助制定数字化运营战略和顶层设计方案，优化数字化运营模式，优化运营数字化流程和客户体验，建立从运营集中到能力共享的数字化运营共享模式，完善电力企业数字化运营管理和经营分析平台，构建场景化、精细化的运营体系。

2. 数字化资源配置与预算管理

预算管理的实质是企业受制于有限的资源，通过合理配置和控制投入，最终实现资源的优化配置。预算管理与资源配置之间是手段与目标的关系，资源配置战略是目标，而预算管理是手段。首先，把电力企业的资源配置战略思想和目标等通过指标分解贯穿到经营服务的全过程；其次，通过对总目标的贯彻执行以整合电力企业的经营服务行为，做到动态平衡优化；最后，通过指标分解、激励考核等手段，实现目标阶段性控制。通过引入资源消耗会计，以对电力企业资源消耗的成本计量有一个清晰的认识，通过完善预算编制与执行、控制与考评过程，实现企业资源优化配置的路径，使资源得到最佳配置和使用。在资源消耗会计的框架中，主要是基于计量的包括计划与实际在内的成本分配体系。资源消耗首先按照数量进行核算，再按每一资源单位加以评价。之后，这些成本从资源集中点向成本对象如作业、项目、产品、顾客等定向分配。经过这种处理，资源消耗会计侧重对成本的分析，并为实现收益目标而致力于对剩余和闲置生产能力进行管理。

3. 数字化绩效管理

在快速发展的社会背景下，电力企业都需要结合自身的发展阶段、业务痛点、管理成熟度、企业性质等因素，选择一个最适合电力行业的绩效管理模式，以敏捷响应外部变化，快速对员工进行反馈，最终达到电力企业和员工共同成长的目标。首先，通过可视化的方法进行战略解码，将电力企业的战略转化为全体员工可理解、可执行的明确的目标及任务。其次，通过技术化手段收集绩效数据，利用多种网络交流工具建立灵活的反馈渠道，保持高频、轻量、多维、相关的反馈机制，及时纠偏以促进目标的达成。最后，建立起一种网状目标结构，促进个体价值的动态发挥，同时员工也会获得多元评价和综合回报。

4.数字化分析与决策

电力企业应精研供电服务信息模型及数据分析技术，持续创新与开发，构建新一代供电服务综合规划管理决策支持系统。该系统应基于强劲的计算平台、完整的数据平台、卓越的仿真系统、可靠的应用系统，助力供电服务综合规划管理，为政府规划决策、行业运营管理、公众智慧用电提供一流的精细化大数据分析决策支撑系统。集宏观、中观、微观于一体的供电服务模型体系，应支持历史、实时、未来不同时域下的电力“供销耗”运营仿真，服务于不同层次的规划、建设、运营方案滚动评估，进行定量化、精细化的决策支持。全方位、持续化的供电服务综合监测评估体系依托先进大数据储备，深度洞察分析，及时发现问题，全面把握发展动态。

5. 数字化内部风控

电力企业应建立一套多渠道对接、多流量汇总的数字化内部风控系统，借助互联网技术、大数据、人工智能等先进科技，通过全线上化的、开放的、智能化的系统和服务切入场景，有效解决企业内部风险控制的一系列问题。首先，依靠财务数据中台沉淀下来的海量数据，积累并总结包括风险管理、业务运营、合规控制等的全方位行业大数据经验。其次，结合大数据和机器学习技术，持续推动创新完善内部风控体系，提高智能风控能力，提升企业风控效率。最后，根植于有效的业务服务切入场景，根据个性化需求调整和完善风控内容，及时收集反馈意见，定期升级优化系统，始终保持风控的精准度、有效性。

后　记

财务数字化转型是企业数字化转型的重要组成部分。整体来看，财务数字化转型遵循标准化、自动化、智能化的路径，整体应分三个层次推进：一是全面贯通业财流程和信息断点，实现价值流和业务流无缝衔接；二是充分挖掘数据价值，实现业财信息智能展示分析；三是打造智慧共享的数字化运营平台，实现数字化运营目标。2021 年 6 月，上海国家会计学院与浪潮等单位联合发布“2021 年影响中国会计从业人员的十大 IT 信息技术”榜单，表明新一代数字技术是驱动财务数字化转型的核心动力。

财务会计将逐步从自动化走向超级自动化和智能化；共享服务是财务数字化转型的关键切入点；在数字技术的驱动下，财务的载体越来越呈现虚拟化特征并且提供泛在的服务，而财务云是支撑虚拟化和泛在服务的重要手段；财务数字化转型不仅是财务问题，财务和业务的边界越来越模糊，业财融合更加深入，推进财务数字化转型需要新一代云 ERP 平台来支撑。数字员工与人机共生以及财务的虚拟化与泛化，打造出价值链上的生态财务，催生出新生态。基于中台架构的数字化场景和数字化平台，是夯实财务数字化转型的基础。

总结过去是为了坚定信念、明确方向、认清未来。国网嘉兴供电公司通过近三年管理会计精益化管理创新应用案例的完整汇编，看到了财务数字化转型实践丰硕的成果与良好的开局，树立了信心，鼓舞了士气，坚定了信念。未来 3～5 年，国网嘉兴供电公司将紧紧把握新形势对会计职能边界、会计服务对象和价值创造能力的新要求，建立从上至下的全面数字化思维，充分运用自动化、智能化技术手段，务求不断提升财务融合业务、服务业务和引领业务能力；同时，国网嘉兴供电公司将大力完善人才引入和培训机制，打造一支财务数字化转型的“铁军”。期待经过国网嘉兴供电公司“财务人”的十分努力，继往开来，取得“十四五”规划目标和任务的圆满完成。

黄颖

2022 年 9 月